# 小学教育教学管理摭谈

李春葵 ◎ 著

哈尔滨出版社
HARBIN PUBLISHING HOUSE

图书在版编目（CIP）数据

小学教育教学管理摭谈 / 李春葵著. -- 哈尔滨：哈尔滨出版社, 2022.12
ISBN 978-7-5484-7037-3

Ⅰ.①小… Ⅱ.①李… Ⅲ.①小学教育－教学管理－研究 Ⅳ.①G627

中国版本图书馆CIP数据核字(2022)第248792号

书　　名：**小学教育教学管理摭谈**
XIAOXUE JIAOYU JIAOXUE GUANLI ZHITAN

作　　者：李春葵　著
责任编辑：王　婷
装帧设计：百悦兰堂〔BAIYUE LANTANG〕

出版发行：哈尔滨出版社（Harbin Publishing House）
社　　址：哈尔滨市香坊区泰山路82-9号　　邮编：150090
经　　销：全国新华书店
印　　刷：廊坊市海涛印刷有限公司
网　　址：www.hrbcbs.com
E-mail：hrbcbs@yeah.net
编辑版权热线：（0451）87900271　87900272
销售热线：（0451）87900202　87900203

开　　本：787mm×1092mm　1/16　印张：18.5　字数：312千字
版　　次：2023年4月第1版
印　　次：2023年4月第1次印刷
书　　号：ISBN 978-7-5484-7037-3
定　　价：68.00元

凡购本社图书发现印装错误，请与本社印制部联系调换。

服务热线：（0451）87900279

# 目　录
## CONTENTS

学 | 习 | 篇

# 执着于副中心教育的情怀

今年是我扎根官园小学、植根于副中心教育的第三十三年。回顾三十三年的杏坛生涯，我和官园、和副中心教育有着难以割舍的情感。官园小学1987年建校，也正是这一年，我来到刚刚建成的官园小学参加教育实习，老师们积极进取、锐意改革、挥洒爱心、无私奉献的精神风貌深深地感染了我。两年后，我如愿以偿地带着对教育生活的憧憬和向往又回到了这里。

官园人是朴实热情的，老教师们对一个初出茅庐的年轻人的积极扶持，让一个怀揣教育梦想的年轻人在教书育人的道路上扬帆起航！对学校的爱让我选择了坚守，执着于官园这一方净土，始终追随着官园的脚步前行，初心不变！三十三年前，一群筚路蓝缕的开拓者，自己动手铺设操场时干得热火朝天的情景仿佛就在昨天。三十三年栉风沐雨，三十三年砥砺前行，三十三年春华秋实，三十三年薪火相传！我逐渐爱上了这里，扎根在这里，这一干就是三十三个寒暑。

官园的读书活动我是最大的受益者。多读一点好书，会让自己的思想永远活泼，才思不绝，情操高雅。回想初次站在讲台上，迷茫的我向老教师请教，向书本请教。初登讲坛的我最爱捧一本书，无关乎附庸风雅，不在乎舞文弄墨，只是偏爱那些前人的经验和思想。书中好的教学方法我会悉心摘录下来，遇到需要讲这部分知识的时候我也会照搬一下其中的精华，或者稍事修改，结合自己班的实际应用于实践，努力在前人的指引下让自己的课堂趣味横生。那时候我教两个班数学，经常"我的地盘，我做主"，我尝试着在这个班用一种教学方法，但在那个班就换了另一种新方法，课后进行测验反馈，把两种方法进行对比反思，选择最优方法。每每获得意想不到的教学效果的时候，我会悄悄地把实验反思记录下来，美其名曰"教海拾贝"。

从那时起，我开始注意在施教的科学操作性上下功夫，调动学生学习的积极性，以"需要"激励学生，以"目标"激励学生，以"情趣"激励学生。针对不同层次的学生开展教学活动，想学生所想，想学生所疑，想学生所难，根据学生的实际，及时调整教学策略，在学生"山穷水尽"的关键时刻，再抛砖引玉，指点迷津，使学生豁然开朗。我努力构建开放式课堂，鼓励学生深入、开放地提出问题，鼓励学生大胆质疑，允许有不同答案，鼓励多元思考，注重培养理性的怀疑与批判精神，引导学生实质性地参与课堂教学，对各种方法进行分析、比较、鉴别、归纳，构建优化的思维方法，学会选择、吸取和扬弃。课上，经常看到学生把手举得高高的，争着抢着回答问题的情景，经常看到学生为一个问题争论得面红耳赤，学生们会产生出一个个奇思妙想。当我把学生们的方法命名为"官园新法"时，孩子们热烈的掌声经久不息。我努力实践着，力争使自己的课达到"课伊始，趣已生；课正行，趣正浓；课已毕，趣犹存"的境界。

我把自己在教学中的感悟整理后写成论文投到各种报纸杂志上，当一篇篇论文变成铅字的时候，我也会为自己的小小成功而暗暗窃喜，为继续搞好教学工作树立了更强的信心。就这样，《中小学数学教育》《今日做教师》《中学课程辅导》及各类教学经验论文集等刊物中也能不时出现我的名字，仅《通州教育》上就刊登过我 20 余篇文章。在教海漫游中，我慢慢感到，教师生命的精彩源于学生的精彩，我慢慢爱上了这份工作，爱上了官园。在教室里、在课堂上，我用火热的爱心去传送知识、播种文明，为孩子们输入知识的琼浆，赶走无知的焦渴，使一棵棵幼苗生根、发芽，直到长成参天大树。

1998 年，我走上了学校管理岗位，全新的工作给我带来的是新的挑战。"不积跬步，无以至千里；不积小流，无以成江海。"我加强学习，博采他山之石，使自己跟上时代的足音，并自觉地将理论、方法运用到工作实践中，做到精勤不已，厚积薄发。我仔细拜读各类教育教学管理书籍、杂志，每一篇耐人寻味的课改实验的经典之作，都使我茅塞顿开；每一篇科研课题的成果展示，都能让我听到校长们走在教育改革前列的脚步声；每一篇深刻的案例反思，都使我如同在和一位智者切磋……读着一篇篇文质兼美的治校箴言，仿佛在与一位位教育同仁进行心灵的对话。"没有比脚更长的路，没有比人更高的峰"，我在书中汲取营养并付诸自己的管理工作实践。

教学离不开研究，"教而不研则惘，研而不教则殆"。我和老师们以专题研讨的形式，相互砥砺，反复切磋，共同提高。一次次教学评优活动，一节节市区各级展示课，一场场各级各类的经验分享，我和老师们一起倾诉着自己对教育教学工作的感悟与理解，其中许多思想的火花，足以让人眼前一亮，在毫不经意之中，实现了思想的交流、沟通与碰撞。一批批青年教师逐渐成长为市区骨干教师、名师。现在，学校已培养出了一支思想健康、业务精良、作风朴实、在区里有较高知名度，在市里有一定竞争实力，并具有自身教学特点的骨干教师队伍。一批批青年教师在教海中畅游，在官园的文化浸润中成长，我置身于策划与实践的教学管理中，成为一批批骨干教师幕后的指导者，以把别人托起而感到骄傲，为青年教师一步步走上讲台铺路搭桥。

教师的转变带来了课堂教学的转变。读懂儿童的需求，顺其天性而为，顺其所需而教，让孩子怀揣着浓厚兴趣，自发主动地走进精彩的学科世界。孩子们敢提问、会质疑，课堂成为学生自主学习的地方，成为放飞梦想的舞台，我们为课上学生一次次精彩的发言而由衷赞叹。这样的课堂学生"学有兴趣""学有所得""学有思考"，使教育回归本位，发现人的价值，开发人的潜能，弘扬人的个性，提升人的素质。如今，在我们的课堂上，"我给他补充一点""我不同意他的观点""我想和某某同学合作展示"……这样的语言贯穿在各科课堂学习中。孩子们你一言，我一语，真的是"百家争鸣"，而这时，教师站在教室的一角，不失时机地抛出一两个问题或学习建议，课堂成了孩子放飞自我、实现自我、发展自我的阵地，展示自我的舞台。"给我一次机会，还您一份惊喜"，我们的课堂正逐渐走向"师退生进"的境界，学习真正发生在学生身上。"试一试，我能行；拼一拼，我能赢。""我的课堂我主宰，我的人生我把握。"自信的课堂，必将铸就学生自信的人生。在官园，我们力争让学生感受到课堂的精彩，老师们同样感受着学生的精彩。

"未经凝视的世界是毫无意义的。"一个人读书的过程，就是传承文化、培植精神、润泽心灵的过程。围绕"悦读"教育办学特色，我们确立了建构"悦读"教育三级课程文化，滋养师生人文素养的工作思路：充分挖掘国家课程资源，体现特色；综合利用地方课程资源，凸显特色；合理开发校本课程资源，深化特色。我们开设了读书实践活动类校本课程，包括："爱读""乐读""美读""赏读""品读""享读""书海识路"等。几千年的中国传统文化是我们的"精神氧气"。国学启蒙教育校本课程的开展成为我们更好地落实三级课程的桥梁和纽带，学生将传统文化的精髓内化于心、外显于行。

"花香何及书香远，美味怎比诗味长？"读书足以怡情，足以博彩，足以长才！官园的孩子在"悦读教育"课程的引领下，实现了从"会学、会玩、会生活"到"慧学，慧玩，慧生活"。从官园小学毕业的学生，无论是走进了高等学府，还是已经在社会的不同岗位上实现自己的人生价值，他们都会带有官园的影子，带着读书的兴趣爱好，带着改变人生、改写命运、改造社会的理想与信念，用生命书写一个大写的"人"！在官园的读书时光一定会成为孩子们最温情的回忆，最充实的现在，最智慧的将来！"悦读"一定会点亮孩子们的智慧人生！

如今，在北京城市副中心的大背景下，我们教育人责任更加重大。我们要站在北京、全国乃至世界的高度，办适合副中心发展的拥有国际品质的教育。如今的官园正如北京城市副中心的教育那样，正处在承前启后、继往开来的新节点。"雄关漫道真如铁，而今迈步从头越。"二十四年的管理实践使我深深体会到：成功无止境，起点总是零。教学管理工作是科学、是艺术。作为副中心的教育人，我坚信，只要有求实奋进、勤耕不辍、服务育人的工作作风，有虚心好学、积极进取、努力拼搏的学风，有志者事竟成。天行健，君子以自强不息。我愿当筚路蓝缕的开拓者，不断完善自己，与副中心的教育人一同携手，阔步前行。努力使自己达到"自强不息，拒绝平庸，超越自我，止于至善"的境界。

三十三年执着于官园这一方净土，我选择了坚守，始终追随着副中心的脚步，和着时代的节拍成长着。《细节决定成败》一书中说"所谓成功，就是在平凡中做出不平凡的坚持。"忆往昔，我收获满满，那是激情燃烧的岁月；看今朝，生命如歌，这是清香四溢的硕果；望未来，我豪情满怀，副中心教育前程似锦，那是幸福萦绕的憧憬！雄关漫道真如铁，而今迈步从头越！

我愿继续坚守在副中心这片沃土上，春种一棵幸福的种子，坚持以播种的初心，带着淡淡的喜悦与感念。集于当下，不断完善自己，努力使自己达到"自强不息，拒绝平庸，超越自我，止于至善"的境界。在学习与研究中，品味教育，享受教育。让我们凭借"日积跬步，以至千里"的精神，拥有智者的大脑、仁者的情怀、行者的脚步，行走在副中心教育改革的最前沿！为学生的幸福人生奠基，让生命活力充分涌流，让智慧之花尽情绽放！

# 学习让我们走在摆脱平庸的路上

曾经，我们为学校深入发展而感到迷茫；曾经，我们为总是闭门造车而深感困惑；曾经，我们为目光短浅而无所适从；曾经，我们深感异地培训的来之不易，也倍加珍惜。"操千曲而后晓声，观千剑而后识器"，在上海学习的十余天里，我们用眼看、用耳听，用心感受，我们全方位地认识了多元的海派文化，感悟着南北教育的差异与一脉相承，反思着自己的管理工作实际，我们积极地吸收、借鉴、提升，迫切希望把学到的经验应用于教学实践中。培训让我们更新了理念，促进了交流，也传递着温暖。

## 一、更新了理念

（一）做一个有思想的管理者

在学习期间，我们被上海校长们先进的管理思想所感染。在到华东师范大学异地培训的第一天，我们就倾听了上海市甘泉外国语中学刘国华校长的《教师专业发展和校本教研》和上海市新中高级中学徐阿根校长的《关于教师教学特色的思考》专题讲座，深受触动。我们感悟到了校长在教师专业发展中的人格魅力，两位校长的教学实践印证了陶行知先生说的"校长是一个学校的灵魂"。这"魂"便是思想。一个好校长，首先必然是一个有思想的校长，两位校长都有过人的教育智慧。而更加难能可贵的是，两位校长在对实践充分思考的基础上，又积极地将自己的思想应用于教育实践。"教育不是装满一桶水，教育是点燃一把火""发现人的价值，开发人的潜能，张扬人的个性，提升人的素养""经验＋反思＝成功""给教师一个目标，使其能自我完善；给教师一个平台，使其能尽显才华；给教师一个阶梯，使其能登高望远"……一个个新理念的背后是一个个鲜活的案例，是校长们对教育思想在教育实践中的个性化解读。

（二）多元地评价课堂

上海教育同仁关于一节好课的定位让我们深入思考。叶澜教授眼中的好课"五实"，有意义——扎实、有效率——充实、有生成性——丰实、呈现常态——平实、有待完善——真实。一堂好课应是一场及时雨，浇灌学生的心田（适时）；一堂好课应是一阵春风，温暖学生的肌肤（适度）；一堂好课应是一处风景，充盈学生的眼帘（愉悦）；一堂好课应是一场演出，展示学生的才华（共享）；一堂好课应是一个游戏，展露学生的智能（体验）；一堂好课应是一场盛宴，让师生们大快朵颐（享受）。

学生评价是基础教育改革的瓶颈，一直以来，以学科知识、书本知识为主，内容过于单一，主要通过纸笔测试，日常教学与评价的关注点指向升学考试等等，使得当前基础教育学生评价饱受诟病。学生评价问题应引起我们的高度重视，但是对很多概念我们还存在模糊认识。王斌华教授关于"学生评价——夯实基础，培养能力"的专题讲座，让我们经历了一次系统的评价理论的培训，从学生评价的历程到评价的现状、学生评价的方法以及学生评价的管理等几方面澄清了认识，几个讨论题更是让我们经历了一次次头脑风暴，我们深刻地意识到，改革考试评价制度迫在眉睫。爱因斯坦说："想象力比知识更重要，因为知识是有限的，而想象力概括着世界的一切，推动着进步。"学生评价要着眼于学生的全面发展和长远发展，我们要从现在开始研究适时开展分层考试，让每个学生都有成功的愿望，树立学生的自信心，注重培养能力。多一把尺子就多一个好学生。让我们从现在开始，为每一只本是"白天鹅"的"丑小鸭"创造成为"白天鹅"的机会！

（三）促进学生全面发展

金忠明教授的讲座中，我们深刻体会到，要促进每个学生身心的健康发展，培养学生良好的思想品德，培养学生终身学习的愿望。要培养学生掌握五种能力：面对挫折的能力、爱的能力、认识生命多元价值的能力、拓宽视野的能力、表达自己情感和思想的能力，要构建充满生命力的课堂教学运行体系。

上海市甘泉外国语中学刘国华校长的"四人"教育理念让我们印象深刻。教育要回归本位，发现人的价值，开发人的潜能，弘扬人的个性，提升人的素质。"让师生拥有幸福"，教育不是注满一桶水，教育是点燃一把火，为学生的幸福人生奠基，在教育过程中关注生命气息，让生命活力充分涌流，让智慧之花尽情绽放；真正实现有效教学，让学校全部生活中都充满细节的关怀。

（四）提升课程领导力

陈胜庆教授关于学校课程管理与校长课程领导力的讲座，给我们指明了校本课程开发的方向，校本课程要按照年段递进设计，按照进度差异设计，按照学习领域设计，按照学校特色设计，按照认知发展设计。我们要以课程建设为契机，加强三级课程建设，尤其要加强对校本课程建设的深入思考，彰显学校的办学特色，提升学校的办学品位。

## 二、促进了交流

教育特色品牌的背后是教育的品质、品位和个性。我们参观了三所上海市办学很有特色的学校，让我们真正走进上海的基础教育，感悟南北办学的联系及各自独特的风格。

三所学校文化底蕴深厚，是上海基础教育的典型代表，每所学校都像花园、乐园、家园，到处洋溢着书香、花香、墨香，显示着上海教育的精致、细致与别致。

历史是凝固了的现实，现实是流动的历史。黄浦区卢湾二中心小学是一所百年老校，历史悠久，文化底蕴深厚。在教育改革日趋激烈的今天，传统名校如何才能实现历史的跨越，开创新的辉煌，卢湾二中心小学为我们做出了很好的诠释。陈瑾校长关于阶梯式智慧型课程设计的报告值得我们借鉴，创设智慧型学校为学校新时期的发展寻找到了生长点。

普陀区金洲小学是建校十余年转制学校中的后起之秀，年轻的学校如何加速成长是校领导苦苦思索的主题。金洲小学的成功动力就是源于一个个不断超越自我的进取目标，这是对教育文化的深刻演绎，显示了他们对教育使命的理解程度，对办学精粹的钻研深度和对孩子一生的高度负责。金洲小学的"绘本阅读"教育和我校的"悦读教育"办学特色有异曲同工之处，可以借鉴，引我们思考。让阅读成就孩子最温情的回忆、最浪漫的现在、最智慧的将来、最有质感的一生将是我们今后的追求！

进才实验小学让孩子感恩最多、实践体验最多、学习快乐最多，孩子们习惯养成良好。学生上学最晚、活动最多、成绩最好，在上海乃至全国具有较高的知名度。赵国弟校长提出"办没有特色的学校"，这一大胆的尝试就是要促进学生的全面发展，让孩子快乐、健康成长。赵校长是个研究型的校长，他加强自我修炼，做学历上的高者、理念上的新者、管理上的强者、教学上的能者、行动上的快者、师生中的友者，这是赵校长的亲身实践，也是对我们每个管理者提出的要求。

三所学校在成功经验中寻找生长点，在现实问题中寻找突破点，在学校固有特点中寻找切入点，在已有课题成果中寻找聚焦点，在新的教育理念中寻找升华点，在教育发展趋势中寻找挂钩点，在与他人研究比较中寻找空白点，在教育理论中寻找支撑点。

## 三、增进了友谊

有书读是幸福的。在短短十天的学生生活中，我们抛开了繁杂的日常工作，全身心投入到学习中，体会到了学习的快乐，我们感觉到自己心灵是那么澄澈。刚到上海时，我们就表示"从今天开始，我们就是一名学生了！"课上我们认真听讲，积极参与互动研讨，大胆提问，在活动中积极参与。

外出集中培训是向专家学习、向上海的同仁学习，其实在这十多天里，我们各校教学干部以及教研员之间在一起生活的同时也在互相学习着。课下，我们各校干部充分交流，把自己学校管理的经验与其他学校共享。本次，教委首次尝试教学领导和教研员一起参加业务培训，增加了我们和教研员的交流，促进了各校之间及教研员之间的沟通。我们边学习，边研究我区的教研活动，在学习的间歇，我们还确定了下一步如何以教研的形式在各校开展活动。这些学习之外的交流其实更是一种学习。

课余，漫步在华东师范大学美丽的校园里，在清澈的丽娃河畔，在树叶微微泛黄的梧桐树下，在碧绿葱郁的草坪上，我们谈论最多的是对专家讲座的不同看法，是对各校行之有效的管理经验的分享，是对教学工作的深刻理解与感悟等。我们想这也是我们华师大之行的意外收获吧。

"普通不是平庸的借口"，我们的学校虽然是普通小学，但普通学校不应在教育改革中迷失自我，而应直面困难，勇于创新，主动发展，走特色办学之路。通过学习，我们看到了自己教学管理工作上的差距，我们应该通过坚持不断的学习来应对教学改革中的一个个挑战，面对挑战我们继续昨天的沉淀，释放今天的豪情，踏上明天美好的教育征程。素质决定品质，眼界决定境界，思路决定出路，态度决定高度，实力决定魅力，作为决定地位，细节决定成败。作为一名普通的教育管理者，我们的认识可能没有那么深刻，我们可以"普通"，但我们拒绝"平庸！"，学习让我走在摆脱"平庸"的路上！让我们做一个永远的思想者、永远的学习者、永远的实践者！

# 读懂课堂　让教育实现真正的公平

——读钟启泉先生《读懂课堂》有感

很长时间以来，因为工作繁杂，我们渐渐习惯了快餐式的阅读，而缺少系统、深入的学习。北大附小四校联动阅读教学研讨活动给我最大的启发是教师更需要读整本书。

以前曾多次拜读华东师大钟启泉教授的多篇文章，但是对他的教育思想还缺少系统的学习。我在北大附小的图书馆偶然翻开钟教授的《读懂课堂》这本书，书中在第一辑文章的开头这样写道："课堂革命"的挑战归根结底是一场保障每一个儿童的"学习权"，真正实现"教育公平"的"宁静的革命""永远的革命"。21世纪是"课堂革命"的世纪。课堂不变，教师不会变；教师不变，学校不会变。这一鲜明的观点让我震撼。细细想来，什么是教育公平？只有在课堂上每一个孩子都切实获得了平等的学习的权利，教育才实现了真正的公平。开篇这鲜明的观点就把我深深地吸引了，让我充满了阅读的冲动，我怀着崇敬的心情仔细地拜读了这部教育专著。在阅读的过程中我随手记下了自己的感受。

## 一、走向儿童心灵

萧伯纳提醒我们说："教师是一种天职，天职是一种呼唤。"教师的教育生涯就是不断倾听教育呼唤的生涯。"呼唤"是一种内在灵性的声音。我们的教育应该是"思考人的教育"。"人的教育"就是崇尚自由的人（教师）借助自由的教育关系，促进每一个人（儿童）的自由发展。人的教育的最大特质就在于自由。

正如萧伯纳所说："我们所期待看到的是主动追求知识的儿童，而不是受制于知识的儿童。"理解儿童是日常生活和学校教育的基本课题。然而，在我国的社会文化和学校教育中，儿童并没有被当作"儿童"来看待。儿童没有发言权，儿童的声音是被遮蔽的、被忽视的。进入21世纪以来，"倾听儿童的声音"正在成为教育界的诉求。这种诉求是支撑儿童学习与成长的重要经验与智慧的结晶。

在文章中，钟教授这样提醒我们："即便教育可以促进儿童的发展，然而更为重要的是，儿童自身现在的知识结构与问题解决的水准。无视这一点，就不能实施教育。教育不能直接提升儿童的发展，儿童是靠自己的力量一步一步前进的。教育起着援助和促进儿童发展的重要作用。"

教师要倾听儿童的声音，承认每一个儿童都是拥有内在独特性的存在，要站在儿童的立场上去理解儿童的心情，相信儿童拥有自己思考问题、解决问题的能力，真诚地接纳儿童的种种情绪表达。注意要保护儿童的隐私，对儿童的问题做出仔细的分析。

钟教授引导我们进一步关注到"分层教学"这一教育现象上。让我对"分层教学"产生了进一步的思考。认识到"分层教学"的无效性与危险性，"分层教学"并不利于学生学习力的提升，分层编班更是不可取的。要关注每一个学生的需要，保障每一个学生的"学习权"。

## 二、走反思实践之路

"学习"是一种对话性实践。作为学校改革中的课堂研究，并不是传统的假设—验证型的"技术性实践研究"，而应该是教师学习的"反思性实践研究"。

替代"分层教学"的学习方式不是基于划一教学的学习，而是使每一个人的多样性得以交流的"协同学习"。"协同学习"可以为排斥个人主义竞争的"互惠学习"做好准备。钟教授大力倡导"协同学习"。"协同"并不是作业的平均分担或是以成员的同质性为前提，而是以成员之间的异质性、活动的多样性为前提的，指的是通过同异质的他者进行交互作用而形成的活动状态。协同学习中的知识建构由于成员之间的多样性，不同于个人内在的知识建构放入模式，会产生更高的效率。同时，协同学习也面临着挑战。在课堂中开展合作学习至少面临三种主要挑战：在组内制定规范、设计结构、允许个体共同工作；设计任务支持有效合作学习；设计适合学科的策略，支持内容的充分学习。

开展"教会提问"的教学。提问是知识的种子。提问在极大程度上左右着教学的成败。把教学作为教师的提问与儿童的反应，亦即作为问答的过程来把握，是有着巨大的意义的。在提问之际，必须明确地意识到为什么而问。教师的提问必须关注儿童的回答将会是怎样的。提问包括：改变观点的提问、引进别的假定的提问、举出例子的提问、思考案例的提问、抽丝剥茧的提问、揭示矛盾的提问、提示疑虑的提问、变化条件的提问等。教学中，我们需要在学校教育中致力于培养积极提问的习惯，丢弃"提问耻辱"的观念，从根本上改变教育的导向，不是"教会回答"，而是"教会提问"。在这一点上，北大附小给我们做出了榜样。附小的课堂，孩子们参与的积极性，以及参与课堂学习的深度和广度都值得我们学习。课上，孩子们敢提问、会质疑，教师真正从儿童特点出发组织教学。

## 三、走向"学的专家"

教师的实践兼具"工匠"的性质与"专家"的性质，作为"工匠"的性质在于觉察、技艺与态势，其基本的学习范式是模仿。作为"专家"的性质在于洞悉与判断，其基本的学习范式在于实践经验与科学知识的结合、理论与实践的统整。教师要从"教的专家"变为"学的专家"。

在教学中要积极开展案例研究。教师的成长靠课堂研究，而"案例研究"则是课堂研究的基本方式。"案例研究"作为教师的基本学习方式，具有积极的意义。首先，具有教学观摩的意义。走进同事的课堂，观察同事的教学现场，并通过跟同事讨论，认识自己与他人教学见解的异同，从而学会如何把握儿童的学习。其次，具有教学切磋的意义。开放自己的课堂，并借助跟同事的切磋来认识自己的教学行为，进而发现自身的教学风格和教育信念。最后，具有教学合作的意义。借助教师之间共同探讨"课堂愿景"的教学创造，分享各自的教育智慧，从而获得共振与共鸣。案例研究将一步一个脚印地引领教师从"教的专家"变为"学的专家"。北大附小在庄严主任带领下开展的"案例研究"具有高度的前瞻性和实用性。

有什么样的课程就会有什么样的课堂，有什么样的课堂就会有什么样的教师。学校教育的改革是从日常的课堂教学实践开始的。学校改革的核心在课堂。读懂课堂，是每一个教师成长的标识。因为，课堂是课程的"实践版"，也是教师的"培养基"。尽管课堂教学的世界受到若干计划的制约，但毕竟是活生生的教师引领活生生的儿童所经营的生命的世界。创造这个小课堂的大千世界，是教师课堂研究的魅力所在。倾听并回应教育改革的呼唤，读懂课堂，将使教师的教育拥有现代的价值和专业的智慧。让我们在今后的工作中进一步走进课堂，读懂课堂！

# 不忘初心　砥砺前行

　　岁末年初，我有幸参加了区委教工委和研修中心共同组织的副校级领导干部培训。培训中既有"对现代校长面临的新形势新挑战的分析"，又有对"我国基础教育的改革动向的思考"；既有"对新时期好干部的要求"，又有"互联网＋时代对我们学习工作的新要求"；既有"提高党性修养，增强规矩意识"的要求，又有"深入学习习总书记系列讲话"的深刻解读。

　　这些报告从不同方面给我们提供了全新的视角，引发了我们对工作的全方位的思考。北京教育学院郭士安书记所做的《现代校长面临的新形势新挑战》的报告更让我产生了情感上的共鸣。

　　郭士安书记的讲座让我对现代校长面临的新形势新挑战有了更加全面、系统的了解，在教育改革的大潮中，如何才能实现学校的跨越式发展，开创学校新的辉煌？在郭书记的专题报告中我找到了答案。

## 一、善于谋划全局

　　"自古不谋万世者，不足谋一时；不谋全局者，不足谋一域。"学校要发展必须要有自己的特色，而特色建设是个系统工程，不可能一蹴而就，只有校长站在全局的高度，韬光养晦，才能运筹于帷幄之中，才能以积极的态度处理好学校的生存和发展问题，才能实现学校发展的长远目标。我们要做个有思想的学校管理者，对学校各方面工作要有整体的规划和设计，对学校的特色建设要有深入的思考。在不断的探索过程中，带领教师走上特色办学的实践之路。从大处着眼，小处着手，时时有新思路、新想法，使自己成为教育改革的勇于实践者。

　　要有干事创业的精神。根据通州区北京城市副中心建设和全区教育事业改革发展形势任务的需要，要使学校在改革创新中寻求更大更好的发展，就要在学校的教育、教学工作上进一步加大改革力度，积极进取，在思考、决策和处理问题时注重科学性和前瞻性。针对学校在教育改革发展中的一些热点及难点问题、发展瓶颈问题、发展短板问题，要研究应对之策、解决之道。在推进教育改革的过程中要敢作为、勇担当，言必信、行必果，不断提高执行力和公信力，不断推进教育现代化进程，努力办好人民满意的教育。

在工作中要善于学习，勤于思考。回顾过去，反思现在，着眼未来，各项工作都要做到精益求精。不断总结，积累经验，形成自己的管理特色，要成为特色教学道路上的勇于开拓者。认真抓好学校发展理念的认同度、内涵的深刻度、参与的广泛度、实践的系列度、优势的显现度，才能使管理者的理念顺利转化为教师的教学行为。

要培养自己的人格魅力。学生在教师心中，教师和学生都在校长心中，同样，校长也一定在全体教师心中。要有"一荣俱荣，一损皆损"的观念，这样学校才能成为一个团结的集体，才能成为具有很强凝聚力的集体。校长要成为教师和学生心中的领路人。

## 二、读懂师生

每一位教师都是个性化的个体，我们要读懂教师，培养教师。给教师一个目标，使其能自我完善；给教师一个平台，使其能尽显才华；给教师一个阶梯，使其能登高望远……

我作为学校的教学校长更应该善于学习、善于观察、善于思考、善于研究、善于发现问题、善于解决问题。教学管理干部要有扎实的文化底蕴，要能"贯通古今、汇通中外、打通文史、兼通四库"，要有出众的组织能力，要成为最熟悉教师的人，成为善于沟通、协调、团结和管理，并能结合各种力的人，要有专家学者的风范，要善于观察与积累，具备敏锐的洞察力，善于开展科学研究，要有解决问题的独到办法。

要培养一支能唤醒学生的守望者队伍。优秀的教师不仅仅是知识的传播者，更是"文化的使者"，是指引学生获得终生幸福的"播种者"！需要拥有淡泊名利的心态和对工作的执着热爱。教育需要理想与信念，努力寻找工作与生活的交集，工作中的幸福感就会更多一点。坚持以播种的初心行走，带着淡淡的喜悦与感念，集于当下，面朝大海，春暖花开！我们就是要凭借"日积跬步，以至千里"的精神，让我们每一位老师都拥有智者的大脑、仁者的情怀、行者的脚步。

要引导教师之间共同探讨"课堂愿景"，分享各自的教育智慧，领略课堂氛围之内的非语言侧面乃至师生的情感体验，从而获得共振与共鸣，一步一个脚印地引领教师从"教的专家"走向"学的专家"。

我们要通过开展丰富多彩的活动为学生编织出多彩的生活，让学生在缤纷的岁月中拥有一个芬芳的童年。培养一批放飞理想的未来人，让校园成为孩子们天性施展的乐园，成为他们驰骋学海、陶冶身心、快乐成长的沃土。

### 三、读懂课堂

课堂是课程的"实践版"，也是教师的"培养基"。有什么样的课程就会有什么样的课堂；有什么样的课堂就会有什么样的教师。

我们要致力于打造践行智慧的课堂。要引导老师积极鼓励学生自主探究，在问题设计上敢于放手，让学生在发现问题、解决问题的过程中掌握知识和技能。课上，教师把学生带到思维高速公路的入口处，引导"大家一起学"。读懂儿童的需求，顺其天性而为，顺其所需而教，让孩子怀揣着浓厚的兴趣，自发主动地走进精彩的学科世界。培养孩子们敢提问、会质疑，让课堂成为学生真正自主学习的地方，成为他们放飞梦想的舞台。这样的课堂学生"学有兴趣""学有所得""学有思考"。

"课堂革命"的挑战归根结底是一场保障每一个儿童的学习权，真正实现教育公平的"宁静的革命"、"永远的革命"。

"教育不是装满一桶水，教育是点燃一把火。"我们就是要打造这样富有生命力的课堂。在教育过程中要关注生命气息，让生命活力充分涌流，让智慧之花尽情绽放；真正实现有效教学，在全部学校生活中都充满细节的关怀，为学生的幸福人生奠基！

针对教授的讲座，我们要在学校的成功经验中寻找生长点，在现实问题中寻找突破点，在学校固有特点中寻找切入点，在已有课题成果中寻找聚焦点，在新的教育理念中寻找升华点，在教育发展趋势中寻找挂钩点，在与他人研究比较中寻找空白点，在教育理论中寻找支撑点。这是我们返回学校后需要反思的课题。

### 四、读懂课程

试行国家、地方和学校三级课程管理，是我国基础教育课程管理体制的重大变革，也是与我国现实国情相结合的合乎逻辑的发展方向和必然选择。以一切为了学生的发展为宗旨，进一步提高课程建设及管理质量，探索三级课程与学校特色发展相结合的有效途径。以更新教育观念，以提高常态课课堂教学质量为中心，聚焦课堂，加强教学策略、学习策略和课堂教学实效性的研究，以发现问题、解决问题为本，加强常态课教学研究，加强对课堂教学全过程的科学管理，规范教师日常的教学行为，健全学生的人格素养，使他们拥有良好的发展潜能，促进学校整体办学水平的提升。从三级课程的实施角度看，只有树立了课程的校本化意识，三级课程管理制度的理念才能真正落在实处，而课程的校本化实施也为我们通过三级课程彰显学校特色提供了可能。

面对学校实际，我们要在新的课程改革形势下，以办学特色建设为引领，加强社会主义核心价值体系教育，弘扬中华优秀传统文化，挖掘学校潜能，突显通州首都行政副中心的教育中心地带的优势，以课程为抓手，增强学生社会责任感、创新精神和实践能力，打造一个"一切为了孩子健康成长"的富有办学特色的现代化学校，为学生全面发展和终身发展奠定基础。

总之，专家们一个个不同凡响的报告，把很多深刻的教育管理的新理念寓于生动的事例之中，颇具感染力。学习已经结束，我们收获满满，感谢区教工委和研修中心领导老师们为我们学习创造的良好条件，为我们提供了与一位位党政工作和教育管理的名家面对面交流的机会，为我们这些副校级领导干部启迪智慧，明确奋斗方向。

学习还在延伸，我们仍将行走在学习思辨的路上。正如郭书记提醒我们的那样，要不忘初心，"不忘来到人世的纯洁初心，不忘追求人生理想的初心，不忘献身教育事业的初心。"我们会在今后的工作中历经磨炼，克服困难，不断前行，防微杜渐，让自己经得起考验，在工作中砥砺前行谱华章！

# 看、听、做、思、省

此次有幸被区教委安排到东方小学挂职，东方小学是通州区声名远播的大校、名校，在为期一个月的挂职过程中，我感受颇深。在 20 年的工作经历中，我一直在官园小学工作，曾经为自己的履历过于简单而觉得自己是井底之蛙，尤其经常为不知道其他学校如何进行管理而深感困惑。挂职锻炼是一种贴近实战的学习形式，这次教委和研修中心给我们创造了一个深入一线挂职学习的机会，这种深入学校的学习方式是平时听一两个经验介绍或报告所不能比的，所以我格外珍惜，把挂职的中心任务定位为"学习，学习，还是学习"。

## 一、看——感悟校园文化内涵

"百闻不如一见"，很多时候只有我看到了，我才能真正知道了。

（一）明确目标，科学发展

正如著名作家刘墉在《攀上心中的巅峰》一书中所写的："你可以一辈子不登山，但你心中一定要有座山；它使你总往高处爬，它使你总有奋斗的方向；它使你任何一刻抬起头，都能看到自己的希望。"这段话在东方小学的发展中得到了很好的诠释。

仔细拜读了《东方小学规范化建设工程发展规划》，其中明确了学校的办学目标，即：建构民主、开放、科学的现代化管理体制，创建以人为本、注重发展、平等和谐的校园文化氛围，打造团结合作、高位思考的服务型领导集体，培养一支具有先进教育教学理念、具有一定教科研能力、律己爱生、严谨创新的干部教师群体，形成和谐、务实、创新的校风，使东方小学成为通州区的品牌学校。培养学生的目标为：培养一批讲文明、会学习、有创新意识、热爱生命的东方学生。

在《东方小学学校发展实施方案》中提出品牌提升策略、文化建设策略、民主管理策略、科研引领策略、名师支撑策略、德育为首策略、教学为主策略、整合宣传策略八大策略，有效的科学发展策划为学校发展指明了方向。

东方小学的干部教师在办学实践中努力探索，逐步发展，并融入了时代精神。这些办学目标及发展策略见证了东方小学的成长历程，学校的成功动力就源于一个个不断超越自我的进取目标，这使东方小学逐渐成为通州教育的一面旗帜。

（二）规范管理，有章可循

学校建立了完善的制度体系，管理有法可依、有章可循。学校定有《校章》《教师管理篇》《德育管理篇》《教学管理篇》《体育管理篇》《总务管理篇》《教研组评价制度》等，各项制度之间相互衔接、相互配套、相互补充，形成了一套科学合理的制度体系。学校可靠的制度保障和绿色的精致管理令我赞叹，这些规章制度是学校管理实践长期积淀的成果，在学校管理中必定发挥积极的促进作用。

## 二、听——感悟校长的人格魅力

我国著名教育家陶行知曾说："校长是一个学校的灵魂。要想评论一个学校，先要评论它的校长。"这"魂"便是思想。一个好校长，必然是一个有思想的校长。

"一名好的校长就是一所好的学校"，这在东方小学得到了证实。在挂职期间，我和校长、副校长进行了多次正式、非正式的座谈交流。学校以先进的理念为统领，有明确的办学方向，站在时代的高度，抓住教育本质，务本求实，办让家长满意的学校，办让孩子喜欢的教育，实施让教师留恋的管理。校长，既有农村学校稳扎稳打的工作经验，又有城镇大校勇于改革的魄力和勇气；教学校长有成熟的教学管理经验，很多宝贵经验让我受益匪浅；德育校长风华正茂，改革意识强。这几位校长都是学校教育教学工作的行家里手，说起学校教育教学工作都是侃侃而谈，如数家珍。在这里校长就是学校教育教学的领军人物，引领学校的改革与发展方向，我深深感受到校长们对工作强烈的事业心和责任感，他们不达目的决不罢休的执着追求令人难忘。正是他们的一言一行，使他们成为教师和学生心中的榜样，这样的校长令人心生敬意，有了这样老中青相结合的领导集体，学校各项工作也必将无往而不胜。

再有，校长们都心中装着老师，在座谈中，老师们说："在东方小学工作虽然辛苦，但是领导十分关心教师的工作、学习和生活，所以我们感到了身为东方人的快乐与幸福！"只有幸福的老师才有幸福的学生，在和学生们座谈时，我进一步认识了东方小学，孩子们言谈举止中无不充满着对学校深深的爱，他们说："老师非常关心我们，照顾我们就像自己的孩子，我们喜欢老师，我们爱我们的学校。"当孩子们听到学校马上要进行规范化建设，改善学校办学条件时，六年级的孩子着急地说："啊，我们怎么没赶上啊，我们多想在装修后的新学校里学习生活啊！"孩子们的话语里，无不充斥着对东方这个团队的深深的眷恋！

这就是爱的传递，正是校长们"海纳百川，有容乃大"的包容之心，使他们在工作上是老师的榜样，生活中又是教师的贴心人，学生在教师心中，教师在校长心中，校长也就必然在全体教师和学生心中，这样的校长自然会具有无穷的人格魅力。

### 三、做——感悟参与管理的乐趣

在挂职期间，我被东方小学领导班子求真务实的工作精神所感染，刚到东方小学时，我表态说："从今天开始，我就是东方人了！"我履行自己的诺言，积极参加学校的各项活动，在活动中积极参与，献言献策。由于我们学校是规范化建设第一批试点学校，在校园规范化建设中，已经积累了一些经验，在挂职学校研究这些工作时，我把我们学校的经验和体会与东方小学共享，积极发挥作用，实现积极的双向互动交流，在参与与交流中实现"我参与，我快乐"，我想这也是挂职交流的目的之一吧。

### 四、思——感悟学校管理的精耕细作

（一）关注细节，全面考虑

初到东方小学，我就有这样的感受，学校的工作真的很细致，甚至可以说很精致。首先是管理思想的精细、管理过程的精致；其次是管理的计划性很强，任务分解层次清楚；再次是管理制度操作性强，管理效率高。举例来说，在领导班子每次会议中，各个部门都要回顾上一周的重点工作，进行反思和小结，对下一周工作进行部署，工作细致入微，细到一次全校会议的流程都要经过仔细商讨，研究如何才能发挥最大的实效性。在这所学校里，"细节决定成败"绝对不是一纸空谈。

（二）聚焦课堂，骨干引领

在这一个月时间里，我听了20余节常态课，老师们注重方法的指导、

习惯的培养、能力的提高，我常常这样感叹："这样的常态课真的就是精品课！"学生在这样的学校里学习，怎能不受益终身呢？老师的基本素质之高、青年教师成长速度之快让我钦佩，更让我对这所学校的校本教研有一种要了解的冲动。带着这些思考，我走访了主管教学工作的邓学莉校长。经邓校长介绍，我了解到在促进教师专业发展的进程中，学校以建设学习型组织为前提，积极倡导"工作学习化，学习工作化""教育研究常态化，教育实践研究化"，为教师搭建各种展示自我才华的平台，努力实现教育、教学、教研、科研和培训的有效整合。学校注重发挥骨干教师的作用，加强青年教师的培养，建立名师成长的"绿色通道"。确定名师重点培养对象，业务领导具体负责到人，帮助教师确定发展目标，建立奖励措施，促进青年教师尽快成长。学校还要求骨干教师做到："一带好""二说清""三拿出"。"一带好"即：带好一个教研组、一名徒弟；"二说清"即：说清每节展示课所运用的教学方法及理论依据；"三拿出"即：拿出一手过硬的教学基本功，每学期上出一节有说服力的课，写出一篇有价值的经验论文。

学校为教师的学习、反思、提升搭建了平台，在这些理念与方法的指导下，教师们立足教学改革的前沿，在"风口浪尖"上得到磨炼，加速了成长，一堂堂精品课、观摩课的诞生也就不足为奇了。

（三）全员德育，务求实效

学校要求德育工作要尊重学生的自主权利，教会学生选择正确的道德取向。在目标内容上，变教会顺从为教会选择，养成学生的基础性公民素养；变目标高远空虚为贴近儿童生活，注重培养学生的道德实践能力；变统一要求为分层要求，因材施教。在方式方法上，变重结论灌输说教为重视启发学生主动分析、判断和选择，能动地参与品德形成全过程；变简单防范限制为引导学生在开放的道德生活情境中自主选择和养成；变包办代替为指导学生自主实践，养成个性化的习惯；变单纯行为机械训练为行为训练与心理辅导相结合。在方式上，变仅在思想品德课中孤立教育为把品德教育贯穿到学生整个生活全过程的渗透式教育；变在封闭的"净土"中育人为在开放式的大环境中育人，形成学校、社会、家庭三结合的教育网络。

德育工作推出了"东方教师承诺制"：1. 对孩子微笑——任何一个孩子不会受到冷落和歧视。2. 与孩子交谈——每一个孩子都能和老师平等对话。3. 帮孩子明理——让每一个孩子在体验中辨别真、善、美。4. 教孩子求知——能耐心解答孩子提出的每一个问题。5.让孩子自主——尊重孩子的选择,张扬孩子的个性。6.给孩子机会——每一个孩子的特长都能得到充分展示。7.为孩子着想——帮助有特殊困难的学生完成学业。8.替家长分忧——使孩子的校园生活愉快安全。

## 五、省——感悟学校今后的发展方向

（一）科研引领,促进发展

学校要以科研提高教师素质,提高教育教学水平,促进学校整体工作的优化。"以校为本"的教师培训、教学研究,成为教师专业成长的重要途径,成为从教育内部推进课程改革的不竭动力。东方小学,在课程改革的浪潮中,以质量为命脉,以科研为先导,锐意改革。以"新课标下信息技术与学科教学整合教学模式的研究"为龙头,全面推进新课改,构建"自主、合作、创新"的教学模式。以国家级十一五课题"整体构建学校德育工作体系"的研究为切入点,促进学校德育、心理健康教育与学科教学的整合,形成全员德育、全面德育的德育氛围。

我深深体会到,学校要想发展,科研必须先行。要建立起以教师个人为"点"、以教研组为"线"、以学校总课题组为"面"的教育科研网络,要重视每一个教师自我价值的实现,逐步建立以教师个人钻研、同伴互助、专家引领为方式的新型校本研修模式,为学校今后的发展提供不竭的动力之源。

（二）规范管理,追求卓越

有人说,教育好一个学生,幸福一个家庭;而办好一所学校,则幸福一方社会。

这次挂职我无缘走访东方小学的学生家长,但是上网百度一下通州区东方小学,映入我眼帘的是铺天盖地的"通州区东方小学附近房产出售、租赁"广告,"摩卡空间"等新楼盘,都以毗邻东方小学为卖点,为什么那么多的房地产商以东方小学为主打招牌?这从另一个侧面说明了这所学校的办学得到了社会的认可,已经被越来越多的人向往,学生以能到这所学校读书为荣,有那么多家长为了孩子能到这所学校读书而不惜重金购置房产,我能体会家长为孩子择校的那份迫切心情,家长心中都有着一种名校情结,足见学校办学质量已经深入人心。

我们再来看东方小学的管理,学校坚持"三抓三到位"的原则。"三抓"

即：抓教师、抓课堂、抓质量。"三到位"即：检查到位、反馈到位、指导到位。学校在各级各类比赛中均取得了优异的成绩，这样的学校怎么能不让家长和学生向往呢？

这是一所不事张扬的通州区名校，这里有一个求真务实的团队，这里是学生引以为傲的精神家园。在学生座谈会结束时，我送给学生们一句话："今天你们为东方骄傲，明天东方一定会因你们而自豪！"我想，不断地超越自我，不断地追求卓越是一所学校不断发展的不竭的动力之源。

为期一个月紧张而忙碌的挂职学习结束了，回顾一下我的学习历程：课改之初，我曾参观过上海改革前沿的教育，我也曾随中青年干部培训班考察过南通教育，今年又参加了优秀中青年干部培训班的挂职锻炼。每一次学习，我仿佛都能感受到那与时俱进的时代气息；每一次学习，我仿佛都能听到那走在改革前列的脚步声；每一次学习，都如同和一位位智者在对话。感谢教委和研修中心的领导老师为我们创造了与一所所名校、一个个名校长零距离学习交流的机会。在今后的工作中，我们一定将学习的收获与体会应用于我们今后的教育教学管理工作中，不断地超越自我，日臻完善！

# 叩问初心　知所从来

　　学习的路上，精彩从未停止。回首手拉手项目实施的初期，学校在校长的领导下，规划了"高站位、新起点、心手相牵，提升副中心办学品质——官园小学与北京第一实验小学手拉手项目基础教育质量提升"系列培训活动。第一次我们在房山开展了全体教师培训。第一实验小学主管德育工作的甄珍主任、语文骨干马静老师的讲座，让老师们体会到"真知、真爱才能育真人"。第二次在昌平开展了班主任及青年教师培训，广外分校车海英校长的报告让老师们体会到时时处处是育人之时；市级骨干教师毕然校长的讲座让老师们对语文统编教材有了全面的认识。第三次，暑期我们又组织两校骨干教师、教研组长共同参加了《"行知研习"全国小语名家·写作教学种子教师深度研习营》和《全国小学数学"问题解决"教学深度研习营》培训。第四次，我们走进华南师大，全方位地认识博大精深的岭南文化，感悟南北教育的差异与一脉相承。今天我们迎来了第五次全员集中培训。

　　感谢区教委小教科领导积极促成我们这次难得的培训之旅；感谢北京第一实验小学领导、老师们几年来对我们真诚无私的帮助，也正是因为手拉手项目为我们引进了乔老师这样珍贵的名师、教育大家资源，让我们有幸站在巨人的肩膀上前行；感谢黄校长费尽千辛万苦给我们营造了舒适、温馨的培训环境。

　　让我们再一次与智者为伍，和高者同行。在这短短的两天里，我们要用眼看、用耳听，用心感受，反思自己的教育教学工作实际。让我们用一份敬畏的心去聆听那些教育的咏叹，去驻足观看那隐藏在精彩讲座背后的精神之花，去收获一份灿若朝阳的教育理想与对于崇高教育境界的追求与向往。作为副中心的老师，让我们通过学习和修炼，让自己拥有智者的大脑、仁者的情怀、行者的脚步，"教育不是装满一桶水，教育是点燃一把火"，让我们在专家教育思想的引领下，立志为学生的幸福人生奠基，让生命活力充分涌流，让智慧之花在官园尽情绽放。

　　在这个千帆竞发、百舸争流的时代，在北京城市副中心教育改革的大潮中，每一个教育的追梦人都将奋力划桨、搏击风浪。我想用区教育工作会上的讲话精神作为结尾：未来已来，未来，明天，无限远；脚下，眼前，每一天。

# 跳出教育看教育　多角色参与社会交往

《义务教育学校校长专业标准》有六项基本内容,包括:规划学校发展、营造育人文化、领导课程教学、引领教师成长、优化内部管理、调适外部环境。来到北大附小,我们围绕这六方面任务学习着、观察着、思考着。作为在学校一直从事教育教学管理的我们来说,以前更加关注课堂、课程、教师、学生,对学校调试外部环境的思考是有些忽略的。从另一方面来说,这可能也是我在学校管理工作中的软肋,是学校发展管理中的短板。尹超校长的一句话说得好:"为了教育,我们要跳出教育的视野看教育;为了梦想,我们要挑战自我终身学习。"学习的过程是充实提高的过程,也应该是补齐短板的过程。在这四个多月的学习中,我们组试着从调试外部环境的角度走进北大附小。以下是我们的几点思考。

## 一、依托于北大文化

文化永远是学校发展的甘泉和动力。尹校长说:"北大附小最鲜明的文化就是北大文化。""悠悠百年堂,菁菁附小园。"附小是从北京大学这座精神大厦中孕育出来的。

(一)依托于北大的教育思想

北大特立独行、卓尔不群的气质带给附小师生潜移默化的影响,并浸润着师生的思想性情、行为举止。这从附小的校徽中就可见一斑。内环图案是北京大学校徽,中环的白色镂空图案是两只对称的乳燕,附小的孩子们就像是从燕园中起飞的乳燕。校徽中就体现了附小和北大的一脉相承,充满深厚的历史积淀和文化底蕴。

在附小,民主和谐的学校管理,践行智慧、自主探究的趣味课堂,大胆创新的学校课程,业务精湛的教师队伍,五彩斑斓的学生活动,处处体现着北大平等自由的教育思想在这里薪火相传。

同时,对待不同声音,附小采取包容的态度。附小的"家长论坛"参与讨论的人数最多，帖子数量最多，偶尔也有分歧和不理解，但学校从未关闭"家长论坛"，从未删除过任何一个家长的帖子，这和有些学校最害怕听到不同的声音形成了鲜明的对比。在论坛上这样写道："无论你在何处，请收下我们的遥远祝福！无论你在何方，请参与我们的真情互动！"尹校长说："有争论才有反思，有批评才有改进。家长的畅所欲言恰恰能够督促学校提升办学质量，是学校优化发展不竭的动力。"多么宽宏博大的教育情怀，坦荡、大气，不愧为国际品质的名校格局，这同样是"北大文化民主、自由、开放"精神的传承。

（二）依托于北大的教育资源

北大是精英云集的地方。附小的学生家长大多是北大教授，其中还有一些是我国当代思想文化界的领袖人物。他们思想敏锐、学识渊博、视野开阔、开明开放。附小具有强烈的资源意识，充分利用这些学者资源，为孩子们提供优质的教育。

附小每学期有计划地聘请北大各院系的教授来给师生开展不同形式的讲座。例如：中国儿童文学作家、北京作家协会副主席曹文轩教授的孩子曾经就读于北大附小，他亲自走进附小，为师生开展别开生面的公益讲座，为孩子们推开阅读与写作之门。在二年级综合实践课上，《美丽的星空》一课由二年级学生姚天浩担任小主持，他的爸爸中国科学院物理所的研究员姚原博士亲自走上讲台为孩子们授课，科学家现身说法，大量的视听资料让孩子们获得了最前沿的科学知识，感悟着科学家们执着严谨的工作精神。

沉浸在这样的环境中，附小的孩子们也养成了天性自由、奔放洒脱的品质。这些品质反映到学习的整体文化中就是不趋同、不媚上。这些是附小奉献给孩子们的最具时代精神的"思想盛宴"。

感谢附小的精心安排，学校再次充分利用了北大这一得天独厚的资源，让我们也有幸走进了北大的校门，那是我从儿时就倾慕已久的神圣殿堂。坐在北大宽敞明亮的教室里，心怀敬畏之心，亲耳聆听一位位知名教授的讲座，亲身品味着一道道精神上的饕餮大餐。

著名学者、文物和书法鉴定家、"北大十佳教师"张辛教授不上媒体，不博人气，不媚于俗，只有在北大才能听到他的课！张教授所做的《道、礼与和谐》的讲座，旁征博引、深入浅出，让我们从源头了解中国的文化，找到人的精神真谛和中国传统文化的重寻回归。

北大经济学院副院长张延教授的《中国经济新形态与政策走向》课程受到大家的欢迎，她的博弈论让人深受启发。人生处处有博弈，世事如棋局，唯善弈者，能在社会中游刃有余，成为自己人生航船的掌舵者。

著名经济学家，北京大学经济学院副院长曹和平教授的《中国资本市场发展趋势与经济转型》讲座让我们领略了一个著名经济学者身上彰显出来的撼人心魄的风范与魅力。

除此之外我们还聆听了北大特聘的其他高校教授的讲座。台湾著名公关专家姚慧忠先生充满激情，在他的《政府危机管理与沟通》的课堂上时时爆发出笑声，在笑过之后又引导我们反思，危机讯息的侦测要居安思危，危机的预防要防微杜渐，危机的准备要未雨绸缪。

倾听了这些讲座后，我才真正领悟了在《为了爱和自由的教育》这本书中所说的，附小经常开展表面看与业务"风马牛不相及"的培训的真正目的，这些培训让人视野大开，脑力激荡，感悟着不同领域思想和智慧的无穷魅力，同时这些思想又会使我们对教育从一些全新的视角去思考，我想这也是"跳出教育看教育"给我们的一些启发吧。

## 二、开阔的国际视野

2014 年的两会中，"在全球视野下培养有家国情怀的人才"成为教育的热门话题。小学校也要有大视野，在十几年前，附小就将眼光投向世界，把发展的目标定位为"国际"，这在当时的小学教育界来看，简直是不可思议的。北大附小确立的"国内领先，世界一流"的办学方向具有高度的前瞻性。

附小坚持国际化的办学理念，师生的足迹已遍布 48 个国家，与 20 多个国家的小学建立了姊妹校关系，定期互访。每年有几百名学生出访世界各地，通过游学、插班上课等多种形式的国际交流，一位位"中华文化小大使"，把国学、京剧、武术、剪纸等传统文化精髓传播至海外。记录老师和孩子们共同行走天下、感受异国风情的博客——"小脚走天下"早已名扬在外，多元文化激荡，成为文化交流的一面旗帜。如今，附小师生共同设计的"中国少年纪念标"仍矗立在南极，激励北大少年凭借力量、勇气和智慧，再次进发北极，实现全球、全人类与自然的和谐与美好！

在成绩面前，附小人是谦逊的，他们很少在我们面前提到学校过往取得的骄人成绩，但是我们还是从不同方面搜集到一些报道。附小民族艺术团的孩子们的娃娃京剧——"国粹飘香"，应邀参加了在新加坡举办的专场演出，轰动狮城。访问演出的报道出现在新加坡《联合早报》的重要版面上。孩子们还接受了总统的接见，现场为纳丹总统表演中国节目，尽显中国风采。附小的孩子还先后到德国、法国、意大利等国交流演出，把中国的国粹传播到世界各地，把中国人民的友谊向世界传达，为祖国赢得了荣誉，多次受到中央领导的接见。我想这绝对不是一节课两节课所能达到的，附小人志存高远报桑梓的家国情怀令我敬佩，这远远跳出了教育的范畴。

在这里，多元的文化兼容并蓄，学校培养出了一批批兼具国际视野与家国情怀的世界的中国人。

2008 年奥运后，针对"林妙可在北京奥运会开幕式上'演唱'，而真正的原唱是北大附小的杨沛宜"这一事件，当众多媒体记者采访杨沛宜这位"受了委屈"的小女孩的时候，孩子的回答让人震惊："奥运会上有我的声音就够了！"多么可敬可爱的孩子，多么从容淡定的回答，多么博大的家国情怀。从孩子的言谈举止中，我领悟出了附小"快乐、进取、儒雅、大气"的办学之风，早已深深地植根于孩子们的内心。从这里走出的莘莘学子，展现出了北大少年的翩翩君子风采。

### 三、凝聚起集团优势

集团化办学为北大附小带来了新的发展机遇。肖家河分校、丰台分校、石景山分校相继建成。全国多个省市及国外也都创办了北大附小分校。我们有机会多次参加了集团多校联动协同教研活动。通过研讨活动，分享教育智慧，共同探讨整体教学质量的提升，共同关注课程设置的科学性。在丰台分校范冰主任的经验分享中，我们体会到总校和分校之间理念文化共享、管理制度共享、教育资源共享、质量保证共享，形成了集团办学的优势，总校和分校互为呼应，互为补充，辐射北京乃至全国基础教育。

华东师大钟启泉教授曾这样说道："'课堂革命'的挑战归根结底是一场保障每一个儿童的'学习权'，真正实现'教育公平'的'宁静的革命''永远的革命'。"集团化办学，使北大附小这样优质、珍贵的教育资源实现了最大化，越来越多的孩子在家门口就能接受优良的基础教育，让更多的孩子能够有机会走进名校的殿堂！促进了首都优质教育的均衡发展。

附小人就是凭借"日积跬步，以至千里"的精神引领着首都教育的发展，他们胸怀"跳出教育看教育"的博大情怀，有着智者的大脑，仁者的情怀，行者的脚步！

以上是我们组对于学校调试外部环境学习中的一些粗浅思考，只是管窥一斑，未见全豹。

学习中我们也在成长。例如：设计电子报对我们来说真的是一项挑战，本来对电子报刊没有一点知识的我们，找家属帮助设计LOGO，几易其稿。最后确定：桃花的枝干及下面的倒影皆为春晓社首字母"C、X、S"，以春日桃花盛开为意向，喻意沐浴在附小的春光里，绽放生机。我们在春天来到附小，在这里享受成长，放飞自己的教育理想。晚上我们组的老师坐在一起揣摩电子报制作的一个个细节，从花纹的设计、艺术字的排版、照片的插入、文字的编辑等等一点点尝试，几个人合作弄到晚上12点还没弄出个眉目。在制作的过程中，我们共同探讨，经历了失败——失败——再失败——反复试验——初步成功的过程，虽不成熟，但是终于第一期春晓社"成长电子报"还是在我们的手中艰难地诞生了。在这一过程中，我们也在成长着，到第三期的时候我们已经基本能熟练操作了，甚至还兼顾了版面的和谐与文字的精美。

"操千曲而后晓声，观千剑而后识器"。感谢市区教委领导的高瞻远瞩，站在首都城市副中心教育发展的高度给我们创造这次难得的脱产学习机会，让我们能够与高者为伍，和智者同行；感谢研修中心领导老师对我们学习及生活的关心与帮助；更想感谢附小在学习资源上对我们的无私帮助！"教育不是装满一桶水，教育是点燃一把火"，"仰望天空的时候，一定可以发现另一个视角！"我们一定将附小先进的管理经验应用到通州的教育实践中，在现实问题中寻找突破点，在学校固有特点中寻找切入点，在教育发展趋势中寻找挂钩点，让我们的学校生命活力充分涌流，让智慧之花尽情绽放！

教 | 学 | 篇

# 让生成成就精彩课堂

教学过程是"静态预设"与"动态实施"的过程，如何处理好预设与生成的关系，是课堂教学一个永恒的主题。没有预设的课堂是不负责任的，没有生成的课堂是不精彩的，高质量的预设是课堂教学成功的前提，而动态生成则是课堂教学成功的关键。

每节课中如何机智地处理生成是个值得研究的问题。为此，我们力求做到对不同层次的学生要了如指掌，想学生所想，想学生所疑，想学生所难，根据学生的实际，及时调整教学策略，在学生"山穷水尽"的关键时刻，教师再抛砖引玉，指点迷津，使学生豁然开朗，教师的"教"真正为学生的"学"服务。对于课上学生临时生成的资源，宽容地接纳、理智地筛选、巧妙地利用。当学生的差异性和教学的开放性使课堂呈现出丰富性、多变性和复杂性时，教师应根据实际情况灵活选择、整合甚至放弃原有的教学预设，机智地生成新的教学方案，形成从预设到生成的课堂教学的一种超越。把生成当成一种追求，当成彰显课堂生命力的常态要求。

例如：在六年级第一学期分数应用题的教学中，教师开始采用传统方法，课堂气氛很沉闷。经过仔细研究，在课堂教学活动中，教师认真设计提问，组织好学生的讨论。在讨论中，教师认真倾听学生的发言，鼓励学生发表不同的意见，引发争论。在这一过程中，教师结合学生实际，大胆改革，勇于实践，精心选择教法，创设民主开放的课堂，点燃学生创新的火花。通过重新预设，在第二次教学实践中，教师恰当地处理预设与生成的关系，普通的练习题教学却收到了让师生都意想不到的效果，以生成成就了一节精彩的课堂。

例题："有大小两辆卡车，大卡车的载重量是 15 吨，小卡车的载重量是大卡车的 $\frac{2}{5}$。大卡车 12 次运完的货物，小卡车需要多少次才能运完？"

看了这道题，很多同学都想到，可以先用 $15 \times \frac{2}{5} = 6$（吨），得出小卡车的载重量，再用 $15 \times 12 = 180$（吨），得出大卡车 12 次运货吨数，也就是小卡车总共要运的吨数，然后想 180 吨里面包含着多少个 6 吨，小卡车就需要多少次运完，即：$180 \div 6 = 30$（次）。列成综合算式是：$15 \times 12 \div \left(15 \times \dfrac{2}{5}\right)$，这是最常规的思路。

从表面看，这是一道很普通的题，没有什么新意，但这时教师启发学生说："你们再仔细读读题，分析一下已知和所求，看看这道题还有没有其他思路，大家讨论讨论。"同学们聚在一起热烈地讨论了起来。唐珂举手说："老师，我想说说我的想法，大家看可不可以这样做，用 $1 \div \left(\dfrac{1}{12} \times \dfrac{2}{5}\right)$？"教师鼓励他说："快把你的思路讲给大家听！"唐珂说："我们刚学完工程问题，如果把这批货物的总数看作单位'1'，大卡车 12 次运完，每次运这批货物的 $\dfrac{1}{12}$，小卡车载重量是大卡车的 $\dfrac{2}{5}$，那么小卡车每次运这批货物的 $\dfrac{1}{12} \times \dfrac{2}{5}$，再用 $1 \div \left(\dfrac{1}{12} \times \dfrac{2}{5}\right)$，就求出小卡车几次能运完货物。"

听了他的分析，教师高兴地对大家说："同学们，唐珂的方法比第一种方法简便多了，而且，他还大胆地将原题中的'大卡车的载重量是 15 吨'这个条件舍弃不用，灵活地运用了学过的旧知识解决了新问题，大家为他这种积极动脑，勇于创新的精神鼓掌！"同学们的掌声刚落，教师接着引导说："大家再从其他思路想想还有没有更简便、更灵活的方法？"

又有一只手犹豫着举了起来，是崔君实。"老师，我想出了一种方法，比唐珂的方法还简单，但我想不好怎样讲道理。"

教师鼓励他说："先把方法说给大家听。"

"我直接用 $12 \div \dfrac{2}{5}$，也得 30 次。"

立刻有学生起来反驳说："你的结果虽然正确，但算式没有道理。"这不正是引发争论的大好机会吗？教师抓住机会启发说："咱们先别急着下结论，这种方法比上面第二种方法还简单，而且更有新意了，有没有道理，讨论讨论不就清楚了，现在是需要我们集体智慧的时候了！"

教室里再次响起了更热烈的讨论声，学生们是那样投入，那样专注，争论得面红耳赤,在激烈的争论声中,还是那个崔君实兴奋得嚷了起来:"我发现了!我发现了!"他激动得声音都变了调,跑到讲台上,俨然一位小老师一样滔滔不绝地讲了起来。"大家看,由于大卡车一共运货的吨数与小卡车一共要运的吨数相等,小卡车的载重量是大卡车载重量的 $\frac{2}{5}$,那么,反过来,大卡车运货的次数就是小卡车运货次数的 $\frac{2}{5}$。如果把小卡车运货的次数看作单位'1',又知道大卡车运了 12 次,也就是大卡车运货的次数是 12 次,求小卡车运货的次数,当然用 $12 \div \frac{2}{5}$ 了!"崔君实得意的话音还没落,教室里立刻又响起了一片热烈的掌声,这次是自发的掌声,掌声经久不息!

这时,教师充满激情地说:"同学们,老师真为你们骄傲,你们知道吗?这种方法是把反比例的意义和分数应用题结合起来了,虽然只是简单的一步,但思路并不简单,因为反比例的意义老师在十二册中才能讲到,你们凭借自己的聪明才智,已经提前一学期初步学会了应用这部分知识来解决实际问题,长此下去,你们将越学越聪明!"

学生们脸上都充满了自豪的表情:"老师,您今天就把反比例的意义提前讲给我们听吧!"这不正是恰当处理生成的大好时机吗?"好!这节课咱们就来学习反比例的意义!"教师的教学计划调整了,本来想讲一节练习课,现在却变成了一节超前教学课,使教师感到奇怪和欣喜的是,学生们个个听得那样认真,那样津津有味,比历次讲这部分内容都顺畅,要知道,直接讲反比例的意义,前面还隔着比的意义、正比例的意义等几个难度较大的知识点呢。教师暗暗庆幸,这一次,自己是真正抓住了生成,抓住了教学的契机,给学生提供了创新求异的机会。

这次由一道普通题引发的机智生成的尝试,使我们深有体会,教师要善于抓住知识的发展过程及思想脉络,驾驭教材,对教学进行再认识,充分利用生成资源,及时调控教学过程,不断地对教学方法再加工,在教学中,引导学生去发现、去体会、去争辩,通过思维的碰撞,迸发出创新的火花,让生产成就精彩课堂。

# 多角度思考　点燃创新之火

一般人认为"授人以鱼，不如授人以渔"，但更好的做法是"授人以鱼，不如授人以渔场"。教育者不仅要手把手地示范捕鱼的方法，更要重视创造一个宽广辽阔、有风有浪的渔场，让受教育者从实践中摸索怎样捕鱼。也就是说，一个好教师，不仅要把真理告诉学生，更重要的是要给学生创造积极参与的机会、独立思考的机会、自我表现的机会、主动探究的机会，让学生学会多角度思考问题，掌握探究真理的方法，促进学生主动发展，点燃学生的创新之火。下面以一道应用题为例，谈引导学生多角度思考问题，培养创新思维的一些做法。

例：锅炉房 3 天运来 60 吨煤，正好运来这批煤的 12%。照这样计算，剩下的煤还需要几天运完？

这道题教师引导学生从四种角度去思考，探究不同的解决问题的思维方法。

## 一、从量数的角度去思考

这道题可以用（60÷12%-60）÷（60÷3）。式中 60÷12% 求出的是这批煤的总吨数，再减去 60，得出剩下的吨数。60÷3 求出的是每天运煤的吨数，最后用剩下的吨数除以每天运煤吨数，就得出剩下的煤还需要几天运完。

从量数的角度思考还有以下方法：

（一）（60÷12%）×（1-12%）÷（60÷3）

（二）60÷12%÷（60÷3）×（1-12%）

（三）60÷12%÷（60÷3）-3

## 二、从逆向的角度去思考

这道题还可以这样解答：3÷60×（60÷12%）-3。式中 60÷12% 求的是煤的总吨数，3÷60 求的是运每吨煤用的天数，用每吨煤用的天数乘以总吨数，就得出运这批煤一共用的天数，再减去 3，从而得出剩下的煤需要运的天数。

从逆向的角度思考还有以下三种方法：

（一）3÷60×（60÷12% −60）

（二）3×（60÷12%÷60）−3

（三）3×（60÷12%÷60 −1）

## 三、从份数的角度去思考

这道题如果我们抛开 60 吨这个条件，还可以采用如下方法：（1−12%）÷（12%÷3）。这种方法是从份数的角度去思考的，1−12% 求的是剩下煤的份数，12%÷3 得出的是每天运煤的份数，用剩下的份数除以每天运的份数，就得出剩下的煤需要运的天数。

从份数的角度去思考还有以下两种方法：

（一）3×〔（1−12%）÷12%〕

（二）3÷12%×（1−12%）

## 四、从工程问题的角度去思考

这道题如果从工程问题的角度还可以这样思考：用 1÷（12%÷3）−3。式中 12%÷3 求的是每天运煤的份数，即工作效率，用工作总量"1"除以工作效率，得出工作时间，即运这批煤一共用的天数，最后减去 3，得出剩下的煤需要运的天数。

从工程问题的角度去思考还有以下方法：

（一）1÷〔60÷3÷（60÷12%）〕−3

（二）1÷（12%÷3）×（1−12%）

受到以上多种思路的启发，学生们经过激烈的讨论后，又想出了一种更简便、更创新的方法，即：直接用 3÷12%−3 就可以了。3÷12% 求的是运这批煤一共需要的天数，再减去 3，就得出剩下的煤需要运的天数了。这种思路简单，方法新颖，构思独特，充分体现了学生的自主精神和创新意识。

一道普普通通的应用题，引导学生从多角度思考就想出了 15 种不同方法，学生积极参与到教学活动中，个个思维活跃，兴趣盎然。

实践证明：引导学生从多角度思考问题，会让学生拓宽视野，思考问题更全面，思维更灵活。学生的创新思维是在日常的教学中抓住每一个教学环节逐步培养起来的，学法是技术更是艺术，学法是创造性极强的实践活动，既无千篇一律的模式可循，也无四海皆准的不变公式可用。教师要尽可能创造条件，引导学生多角度思考问题，让学生在实践中尝试，在尝试中探究，在探究中发现，在发现中创新。

# 对课堂教学竞赛的反思

我又参加了一届"秋实杯"课堂教学竞赛活动，听了几节不同学校的不同风格的课，有些体会，现把自己的感受小结如下：

## 一、学校重视

各校都特别重视此项工作，发挥集体智慧，不同的学校显示出了不同的教学风格。评课的过程确实是一个学习提高的过程，我觉得这种形式比那种整天躲在自己学校的小圈子里闭门造车要长见识、开眼界。

## 二、对课堂教学的简单反思

（一）关于如何处理好预设与生成的关系

预设是课前的设想，是教学活动的课前准备，各校推出的"秋实杯"课，都是集体智慧的结晶，教师的教案里都突出的是预设，但是课堂上经常会出现一些生成的东西，而生成是不可预设的，但生成恰恰体现教学的动态性和开放性。当学生出现问题时，有的教师准备明显不足，显得不知所措，没有抓住从学生中来的最佳的教育时机。

有的教师"走教案"的现象还比较严重。教师不敢脱离自己的教案，当学生偏离了教师预设的教学思路后，教师就又把学生牵回到教案上来，有生拉硬拽的现象。也可能是有的教师因为紧张，不注意倾听学生的发言，有的学生回答是错误的，但教师根本没听。还有的课，环节安排上有让学生读书的环节，却不给足时间，学生刚开始读就马上让停下来，只是走形式罢了。

（二）有的课忽视了以学生为本

课改的基本理念是"以学生为本"，但是说起来容易，落实在教师具体的教学行为中却还有距离。教师形式上还能体现以人为本，如：找你喜欢的段落自学。但是实际上，当学生回答的不是教师所希望的答案时，就被教师粗鲁地打断。在教师的潜意识中，还是"以教师为中心"，"教为学服务"还没有引起教师在具体教学行为上应有的重视。

还有面向全体的问题，有些课上学生回答问题的面窄，一节课有的学生被叫起来六七次，而有的学生一次锻炼机会都没有得到，这不符合"以学生为本"的课改精神。

教学评价确实还是课改的瓶颈。教师的评价语言还局限于"真好""真棒""真聪明"，有的时候一节课也听不到教师对学生由衷的赞美，激励性评价、发展性评价还需进一步研究。

（三）课堂气氛沉闷

学生思维不够活跃，积极性主动性不够强。原因是教师缺少激发学生学习兴趣的方法。教师首先要充满激情地走入课堂，态度要亲切，语言要有启发性，声音要抑扬顿挫，要采取各种方法，以师之情动生之情，调动学生参与课堂教学的积极性。

（四）发挥教师的主导作用

有些课钻研教材深度不够，缺少新意，还存在串讲串问的现象。对设计的问题教师自己心中没底，尤其是语文课，课堂上学生随意说，但应该让学生理解到什么程度，应该达到什么深度，教师不清楚，教师的主导作用应怎么发挥还需要进一步研究。

（五）合作学习形式化

有些合作只是为了合作而合作，追时髦、赶潮流，显得多余，合作的目的、意义、作用方面欠考虑。

（六）教师要练好粉笔字

由于计算机的普及，教师的写字基本功越来越弱了，有的教师的粉笔字对学生起不到示范作用。无论用多先进的手段辅助教学，板书是必不可少的，所以教师还要加强书写，尤其是粉笔字书写的基本功训练。

# 关注细节　开展问题研究

古人曾提倡"天下难事，必作于易；天下大事，必作于细。"我校的课堂教学管理改进的指导思想就定为与深入开展校本教研相结合，与分析解决课堂教学中存在的问题相结合，不断提高课堂教学管理水平，提高课堂教学质量。在落实课堂教学管理改进计划的过程中，我们坚持以细节问题为核心，不断发现问题，开展专题研究，改进课堂教学。

## 一、关注备课细节，开展问题研究

提高教学质量，课堂是关键，而提高课堂实效，备课是关键，可见教师备课是教学工作关键中的关键。关注备课中的细节问题，对于提高备课质量，显得尤为重要。如今，细节决定成败已经逐渐被更多人所认同，正如一位教育专家曾说："细节，往往反映着教师的教学水平，折射着教师的教学思想。"

在工作中，结合课堂教学管理改进计划的要求，在检查教师备课笔记中我们发现，有些教师对备课中的细节不太重视，从而导致备课质量不高。围绕备课中出现的问题，我们进行了反思，加强问题式教学研究，提高备课实效。

（一）教学目标问题

通过日常检查工作，我们发现教师的备课在教学目标的制定与达成方面存在一些问题，针对这些问题，学校开展了专题研究活动。

1.剖析问题，透彻分析。

通过仔细分析，我们感觉我校教师在教学目标的制定与达成方面存在以下问题：

（1）随意性。有些教学目标仅作为教案中的一种备查形式，有的老师不认真研读课标和教材，目标的制定或抄袭教参或凭经验任意为之，缺乏准确性、系统性与渐进性。

（2）模糊性。教学目标陈述中目标空泛，用语过于笼统、含糊。有些教师在设定教学目标时喜欢使用含糊的词语，如"学习""认识""了解""培养""体会""理解""欣赏"等，教学目标大而空，目标的制定和表述含糊其词，笼统模糊，如"提高学生的写作能力"等，这种含糊性教学目标导致教学效果无法得到较为准确的评价和估量。

（3）概念不清。教学要求是教参为教师提出的要求，而不是上课要达到的教学目标。有些教师将教学要求和教学目标混为一谈，照搬教学参考中的教学目的要求，而对课堂教学目标设计的重要性没有产生足够的重视。

（4）形同虚设。检查发现有些课时的教学目标形同虚设，教学目标流于形式，各种目标齐全，但是在实际教学设计中脱离自己设定的教学目标，并没有实践既定的目标，教学过程中找不到哪些环节体现了该目标，将教学目标束之高阁。

2.针对问题，开展活动。

（1）问卷调查。在全体任课教师中开展课堂教学目标问卷调查，调查的问题包括：是否围绕教学目标设计教学活动，在教学过程中是否依据教材确定教学目标，教学中是否抓住重难点制定教学目标，在课堂教学过程中能否按制定的教学目标完成教学任务，学生在学习过程中掌握知识的程度等。通过问卷调查，了解教师在教学目标的制定与达成方面的认识以及存在的问题，确定学校的研究重点。

（2）专题讲座。学校将教师问卷反映的问题进行汇总归纳，分类整理，分析教学现状，制订出改进计划，针对教学目标的制定与达成开展专题讲座。

①明确什么是教学目标。教学目标是学生参与教学活动后要达到的预期学习结果。教学目标的主体是学生，目标描述的应是学生的行为。在进行教学设计之前，应该站在"以学生为本"的高度，设计出适合学生学习的教学目标。

②改变教学目标的表述方式，清楚地表述教学目标。基于新课程"为了每位学生发展"的基本理念，学生是学习和发展的主体，因此应该从学生学什么、怎样学、学到什么水平的角度来设计目标并进行准确陈述。具体表述应是"（学生）能……"，而不宜写成"使学生……""让学生……""提高学生……"等等。从行为动词上说，教学的具体目标应可观察、可操作、可检验。因此要尽量用外显行为动词来描述学生的学习行为。结合课程标准，可用如下动词，知识性目标：了解（说出、背诵、辨认、列举、复述等）、理解（解释、归纳、说明、概述等）、应用（设计、撰写、总结等）。技能性目标：模仿、迁移、写出、扩展等。情感性目标：感受、体会、体验、体悟、分

享、欣赏、领悟等。从行为条件上说，应表明学生在什么情境或条件下完成学习活动，可用"通过小组合作……""在 10 分钟内完成……"等。从行为程度上说，应指明学生对目标所达到的水准或所达到的程度，常用表述是"能流利地朗读……""能写 800 字左右的文章……""能准确无误地背诵……"等等。

（3）制定措施。每位教师根据本学科的课堂教学要求，分析在教学目标的制定与达成方面自己的主要优势、存在问题，预设出改进目标，制定详细的改进措施。

（4）引路示范。针对教学目标的制定与达成问题学校开展了引路课：语文、数学各一节，组织全体教师现场听课评课。

（5）课例研讨。针对教学目标的制定与达成以及引路课例的开展，我们进行了深入探究。重点对教学目标的制定与达成进行了研讨。教师一致认为，引路课的主要优点是：教学目标的设计从以教师为主转向以学生发展为本。叙述的语言措辞上体现了教学目标是用来指引教学方向的，教学目标有利于整个课堂教学，能起到实实在在的指引、调控和检测作用；教学目标在教学各环节体现充分，教学过程层次清楚。同时，教师也中肯地提出了问题及改进建议。

（6）深入落实。深入落实教学目标。各教研组根据学科特点，从目标制定、目标达成两方面开展研究，分析问题，制定措施，并在教研活动中对研究进程进行详细记录。要求教学目标的制定要明确、具体、全面、科学，目标要分层制定，有效落实教学目标的过程也要分层设计，即教师要每节课都思考：一共几个教学目标？每一个教学目标在哪个教学环节中体现了、落实了？要求在备课笔记中标出每一个教学环节落实的是哪一项教学目标。要根据教学目标设计练习和作业，使教学目标落到实处。教师在备课时要心里装着目标，备完后返过来看看设定的教学目标在教学环节中是否得到体现，避免目标虚设化、落实简单化的现象。

3. 总结经验，提升认识。

通过教学目标的制定与达成专题的研究，教师对教学目标的认识更加清楚了。下面以《长方体和正方体的体积》为例，将两次教学目标的设计进行对比，展示出教师对教学目标理解的前后变化过程：

《长方体和正方体的体积》前后两次教学目标设计如下。

修改前的教学目标：

（1）使学生学会计算长方体和正方体的体积，并能利用公式正确进行计算。

（2）在公式推导过程中培养学生的操作能力、观察能力及空间想象力。

（3）渗透事物之间相互联系和发展变化的辩证唯物主义观点。

修改后的教学目标：

（1）探究长方体和正方体的体积计算公式，能利用公式正确进行计算。

（2）在实验操作、公式推导的过程中，建立空间观念，培养合作意识。

（3）经历长方体和正方体的体积计算公式的探究过程，体验事物之间相互联系和发展变化的规律。

我们将教师的经验在全校进行交流，巩固研究成果。

（二）教学设计问题

备课是课堂教学的准备和设计，也是对教学内容进行再认识再创造的过程。我们针对教师在教学设计中存在的问题，进行了改进。

1.存在问题分析。

教学设计存在以下问题：重形式，轻视了过程，有些备课有问题设计，但围绕这个问题教师怎样逐层引导学生回答的方法却没有涉及，例如有的教师安排了学生交流讨论，但讨论应达到什么程度，想要达到什么深度却没有设计。又如：画句子及重点词语、理解人物精神等，这些设计适合于每一课，实际应用价值不高，但通过哪些句子，要理解人物什么精神，通过什么方法帮助学生理解人物精神却缺少设计，而这些恰恰是最需要设计的，也是备课的真正意义。再有就是备课中的重点问题设计不充分，备课的价值不高。

2.开展专题研究。

（1）提出备课要求。提出六备：①备教材生成的价值。②备教学资源的开发。③备教学过程的构建。例如："情境—活动—体验""问题—讨论—总结""选择—自悟—交流"等等。④备学习方式的选择。⑤备师生问题的生成。⑥备教学活动的开展。

（2）开展模式研究。开展课堂教学设计的研究，进一步探索新型课堂教学模式。体现六个要素：①目标定位——把教什么转变为让学生得到什么。②问题设计——体现针对性、新颖性、渐进性。③自主求解——学生查阅资料、讨论，探讨解决问题的途径。④对症练习——体现基础性、典型性。⑤归纳回顾——形成知识体系，突出方法归纳。⑥巩固深化——掌握精细知识，不留盲点。学校组织教学设计评优活动，要求要有教师自己独立的思考，体现自己的教学特色。

（3）组织集体备课。围绕"课堂教学设计"，各组每周组织一次集体备课，要求把握好每一课的教学目标，围绕目标的制定与达成，进行下列研究：①明确一个目标——由整体到个体。这个目标应该是先设定整体的目标，即单元的目标，因此在集体备课之前，教师必须通览教材，对本单元的教学内容有一个总体把握。在此基础上再设定具体某一课的教学目标。②提出一些问题——由具体到概括。这些问题可以是具体的问题，如关于情境创设的，或是关于某一个教学设计的问题，或是关于某一个练习题的，或是关于学习方式方法的等等。在此基础上，概括出一些共性的问题，共同研究解决策略。③研究一些策略——由理论到实践。问题提出以后，针对一些重点的、有针对性的问题，全组成员共同商议，寻找最佳的解决策略。这些策略不能仅局限在理论层面，更要注重解决实际问题，突破教学重点或难点。④交流一些体会——由教训到经验；交流每个人教学中的一些体会，可能是成功的经验，也可能是失败的教训。⑤共享一些资源——由信息到课例。根据实际情况，选择有价值的信息，充实到自己的教案中，运用到自己的教学中，实现资源共享。

（4）强化备课预设。"不去认真预设，那是不负责任；不善实时生成，那是不够优秀。"这是叶澜教授的至理名言。没有预设的课堂是不负责任的，没有生成的课堂是不精彩的。高质量的预设是课堂教学成功的前提，动态生成则是课堂教学成功的关键。认知教育心理学家奥苏贝尔有一句至理名言："假如让我把全部教育心理学仅仅归纳为一句话，那么我将一言以蔽之：影响学习的唯一重要因素，就是学习者已经知道了什么。要探明这一点，并应据此进行教学。"这是处理好预设和生成关系的关键所在。我们提出针对教学重点环节要突出预设。重点问题要设计出引导方法、可能出现的多种情况、多种可预见的答案等。如观察图后提出数学问题，教师先预设一下学生都可能从哪些方面提问题，要写出预设的各种情况。

（5）开展设计比赛。在提出各方面要求后，学校举办了教师现场教学设计、板书设计比赛。各科均由学校命题，教师现场进行教学设计，不带任何辅助材料，提高教师独立钻研教材、独立进行教学设计的能力。

（6）专家引领提升。教学设计比赛后，学校召开总结表彰会，针对教师在教学设计中还存在的突出问题，比赛后及时总结分析问题，提出改进建议。

为使教师的教学设计水平进一步提高，学校又请小教科崔宏伟老师站在全区的角度，有针对性地开展了教学设计专题讲座。崔老师的讲座在教师中产生了很大反响，讲座后，每位教师都写出了学习体会。教师感觉这样的活动，实效性很强，起到了更新理念，指导行动的作用。

## 二、关注上课细节，开展问题研究

以教研组为单位，针对课中一个问题、一节课进行集体研讨，合作探究。

（一）加强校本教研

查找不足，并有针对性地解决问题，促使工作提档升级。本年度按照"学习反思—交流研讨—改进创新"的思路实施，其方式有三，一是自我反省，自剖不足，深究根源，确定整改措施，写出反思整改小结。二是座谈交流，可以开展教研大组活动。三是开展专题性的剖析和研讨活动，献议献策，集思广益。

（二）深入对比分析

充分利用特级教师录像课、优秀课录像等资料，开展对比分析找差距活动，活动安排：先自己独立备课；再看同内容优秀教学录像；评录像课与自己所备课的异同，对比分析找差距；补充修改自己的教案、学案。通过此项活动的开展，提高教师独立备课及驾驭教材的能力。

（三）开展教学活动

开展"落实课标研磨课"说评课展示活动。本学期拟定开展全校观摩研讨活动，教研组自愿报名，组内大家共商一节课，即在组内备课基础上，先由一位教师进行个人备课，集体修改教案后，由这位教师上公开课。课后，授课教师说课，所有听课教师就教学中生成的问题进行研讨，提出问题及改进建议，再由这位教师将所有教师的建议内化，修改教学设计后，在另一班重新授课，在全体教师面前展示，课后再开展答辩活动，由听课教师对授课组进行提问，由组内教师进行回答，并将所有研究材料存档。最后组内集体进行反思，成为教师今后教学的研究依据。

（四）进行问题分析

学校要求各科、各教研组要抓好日常教学质量，以坚持训练为主。讲究训练质量，即反馈性训练讲究及时，探索性训练讲究实用，综合性训练讲究提高，模拟性训练讲究前瞻。上学期初，我们发现英语单词教学中存在问题，表现为：课上单词过多，学生记忆难度大，很多学生只有到了期末考试的时候才集中背单词，造成遗忘。英语教研组针对这种情况，开展单元过关，教师分工合作，将重点和难点单词进行逐一梳理、分类，教给学生记忆单词的方法，组内、校内实现资源共享。分析问题后，教师采取措施，学生记忆英语单词的能力有很大提高。下面用一组数据来说明。上学期初、学期末两次英语单词比赛，我们把学期初三至五年级单词比赛成绩与学期末进行了一下对比，制成了一个统计分析表：

三至五年级英语单词比赛对比分析表

|  | 平均分 | 及格率 | 满分人数 |
|---|---|---|---|
| 学期初 | 70.23 | 68.01% | 51 人 |
| 学期末 | 90.02 | 91.8% | 305 人 |

从表中，我们可以明显地看出，仅从单词这一项，学期末全校平均分提高了近 20 分，及格率提高了近 24 个百分点，满分人数是学期初的近 6 倍，这些成绩是英语教师团队进行课堂改进的结果。

教师不断研究，不断反思，不断修正，不断提高教学质量。

### 三、关注听课细节，开展问题研究

在组织听课中我们发现，有些教师听课就是简单停留在听上，听课后不注意吸收与借鉴，针对以上问题，我们提出下面的要求。

（一）开展课堂观察活动教师听课按下面三步进行：

1. 听课前要有一定的准备工作。

尤其是听同年级、同学科的课，这节课授课教师准备上什么内容，提前看一下，看看教材编的是什么，是怎样编写的，有没有难点、疑点；同时自己设想一下：假如让我教这节课，我准备怎样上？以便听课时有个对比。

2. 听课中要认真观察和记录。

教师听课要高度集中注意力，不仅要听，还要看，要仔细捕捉讲课者的语言和表情，记下他每个教学环节和教学方法。边听边观察思考。既要看教，又要看学。看教者对教材的钻研、重点的处理、难点的突破、教法学法的设计、教学基本功的展示。看学生的学，要看学生的课堂表现，看学习参与的情绪，看学习的习惯。

3. 听课后要思考和整理。

与执教者交谈，将几节"互相牵连"的课做比较，写出"听课反思一得"等。吸收他人有益的经验，改进自己的教学。

（二）组织典型评课

开展教师评课时做到六评，即：一评教学思路是否明确。二评教学内容是否科学。三评教学模式有无创新。四评教学艺术是否有特色。五评主体参与程度。六评教学效果是否有利于学生今后发展。对不同层次的教师：一般教师、骨干教师、学科带头人、名师、市级骨干教师等，采用不同的评课标准，客观公正地评课。

我们觉得学生出现的问题反映出教师教学设计的问题，教师教学设计的普遍问题反映出学校教学管理研究的方向问题。我们关注细节，针对教学中发现的实际问题，开展专题研究。学校提倡教师将教学中的问题及时转化为研究专题，收到了很好的效果。

"泰山不让土壤，故能成其大；河海不择细流，故能就其深。"所以，大礼不辞小让，细节决定成败。上乘的教学，必定是把细节做好的教学，关注对备课细节的反思，更能使我们的课堂教学做得扎实有效。在工作中，我们将继续注重发现问题，加强对教学细节问题的反思，让细节成就经典。

# 听《美丽的小兴安岭》一课体会

我有幸听了《美丽的小兴安岭》一课。参与评课的过程确实是一个学习提高的过程，我有一些收获与体会，与老师分享。

《美丽的小兴安岭》是一篇名作，也是一篇多年来许多老师都讲过的文章。老师选择讲这样一篇文章，本身就是对自己的一个挑战。

## 一、主要优点

（一）重视词语积累

纵观这堂课，对重点词句的理解都比较扎实。在理解重点词语时，安排的形式比较多样，例如，对比分析两句话：

1.春天，树木抽出新的枝条，长出嫩绿的叶子。

2.春天，树木长出新的枝条，长出嫩绿的叶子。

"抽"与"长"字对比分析，让学生体会春天树木长得快，一天一个样那充满生机的样子。接着老师又让学生做动作，体会"抽出"与"长出"的区别，"抽"字形象传神地写出了枝条细长的形状及生长速度之快。老师接着提问："你有什么心得体会？"最后辅之以有感情的朗读。这些环节的安排，让学生在体验中体会祖国语言文字的精美与深刻含义，效果很好。

在讲小兴安岭树木茂盛的词语："郁郁葱葱""密密层层""严严实实"时，老师问："这些是什么词，为什么用这些叠词，有什么好处？""去掉这些叠词再读一读，换成'茂盛''严实'再读一读。"从而让学生感受，这里树木的茂盛不是一般的茂盛，"像这样的叠词你还能说出几个吗？"这些环节为学生积累词语打下了良好的基础，学生的词语库就是这样一天天逐渐积累起来的。

（二）注重读的训练

读书是语文课的重要任务，在整节课中，老师安排了各种形式的读书活动，集体读、个人读、齐读、评读等，多种多样的朗读方式贯穿于整个教学之中，达到了以读促思、读中体会、读中感悟的目的。在课的初始阶段，播放课件，然后让学生说说对小兴安岭的印象，有感情地朗读课文，对课文有一个整体印象，接着老师引导学生从品词、析句入手，然后再通过朗读把自己的理解表达出来，让学生在反反复复的朗读中去感悟。

再有，从老师的课中可见学生日常训练有素。每次谈体会的时候，学生都是先读书，再抓词谈理解，而且在边谈体会边读书的过程中，学生读书也很有感情，这样天长日久就培养了学生的分析能力。

（三）给学生创设了想象的空间

在讲"小鹿在溪边散步，它们有的俯下身子喝水，有的侧着脑袋，欣赏自己映在水里的影子"一段时，老师设计了如下问题："还有的小鹿可能在干什么？"老师成功地利用了文章的空白点，为学生插上了想象的翅膀。

（四）注重总结学法

在讲完"小兴安岭的春天"后，老师引导学生"回忆我们刚才是怎么学习'小兴安岭的春天'的？"在品读"小兴安岭的春天"结束时，组织学生进行学法上的小结，并引领学生按照这一部分的学习方法自学"小兴安岭的夏、秋、冬"。这样的教学体现了"教是为了不教"！

（五）教师充满激情地走入课堂

美国一位教育家在对9万多名学生进行调查后，归纳出好老师的12种素质，其中"友善的态度"排在了第一位。老师从上课伊始，始终微笑面对学生。当学生努力回答问题时，老师面带微笑，凝视学生，时而点头赞许。整堂课，老师从导入、过渡到示范朗读，都充满了感情，以师之情动生之情。老师亲切的态度使学生学得舒心，更能让学生走入文本。

（六）恰当地运用评价语言

老师能够结合课文内容对学生进行评价。如，在读课文第一自然段后，老师评价学生"真会读书"。再如，在指导学生读描写小鹿的语句时，老师的评价语言是"读得真有活力"，既达到了评价的目的，又揭示了小鹿给小兴安岭的春天带来了勃勃生机。

## 二、教学建议

课堂教学是"门遗憾的艺术"。在听课的过程中，我产生了以下几点困惑与思考的地方：

（一）关于"教学目标"问题

老师的教学设计中制定的是教学要求，我以为，教学要求是教参为教师提出的要求，而不是上课要达到的教学目标。教学目标是学生参与教学活动后要达到的预期学习结果。教学目标的主体是学生，目标描述的应是学生的行为。在我们进行教学设计之前，就应该站在"以学生为本"的高度，才能设计出适合学生学习的教学目标。

（二）要重视课后习题的处理

现在的语文课堂教学存在对书后习题轻视的现象，课后第一题要求学生思考："为什么说小兴安岭是一座巨大的宝库，也是一座美丽的大花园？"我觉得这是此课的重点也是难点，是引领全篇文章的主线，要以四季美景为线，使学生在体会语言美的基础上体会小兴安岭是座"美丽的大花园"与"巨大的宝库"，老师最后处理有些粗糙了，学生印象不深。

再有"宝库""花园"在板书中是否也应该体现，起到总结、提升的作用。

我个人认为，前面看完录像整体感知，让学生说出自己的感受后，是否马上进入到最后一段，揭示"为什么说小兴安岭是一座巨大的宝库，也是一座美丽的大花园？"然后就分析春夏秋冬四个季节的特点。这样也是以课后习题为主线，统观整篇文章，最后再小结为什么是"宝库""花园"。这样也不至于留下后面仓促结束的遗憾。

（三）教学时间安排需要考虑

老师在讲完"小兴安岭的春天"一段后已经用时22分钟，除去第一段导入部分，"小兴安岭的春天"一段用时18分钟，而后面还有三个季节，而且还有第七自然段对全文的总结，显然时间不够用了，所以导致超时。我认为春天部分安排12分钟左右较为合适。

（四）课件设计有些不妥

1. 课文初始阶段，播放课件，让学生随老师再次走入小兴安岭去看看，但是播放小兴安岭的课件的录像太短了，学生还没看到什么，留下的印象自然不够深。

2. 为了让学生展开想象，老师播放了一些小鹿做各种活动的录像，为学生展开想象做准备，录像配乐很好，但是画面太黑了，看不清小鹿在做什么，而且时间太短，提供的感性材料不够丰富。我上网查了一下，这样的录像或者图片应该能找到，效果比这要好。

3.在讲完"小兴安岭的春天"一段后，老师激发学生兴趣："你们想不想看这生机勃勃的春天？"继而播放课件为学生有感情朗读做准备。这样安排很好，学生看了"小兴安岭的春天"，会有感而发，利于表达出喜爱之情，但是，录像中没有小鹿，而小鹿是"小兴安岭的春天"描写中浓墨重彩的一笔，也是老师重点分析了的，正是小鹿为小兴安岭带来了勃勃生机，所以老师在录像中要是截取一段小鹿散步、喝水的片段就好了，学生会体会更深、更全面，表达感情也会更到位。

（五）要注意倾听学生的发言

可能是老师过于紧张，过分关注了自己的教学环节，有些忽视对学生发言的关注。老师要认真倾听，比如在让学生举例"像这样的叠词还能说出几个"的时候，有学生举例"兢兢业业"，学生把"兢"读成了"kè"，像这样的小错误还有几处。课改提倡"以学生为本"，我们在关注教学环节的同时，是否应拿出更多的精力关注学生的发言，关注学情，因学定教。

（六）个别环节的处理还需考虑

老师用语不当，例如讲夏天的小兴安岭："太阳出来了，千万缕金光像利剑一样，穿过树梢，照射在工人宿舍门前的草地上。"老师说："这么美丽的太阳……"我觉得这里不是说太阳的美，而是间接说明小兴安岭树木的繁茂。这里"美丽的太阳"欠妥。再有这里对"利剑"一词体会也不太到位。我以为还可以结合前文来理解，"夏天，树木长得葱葱茏茏，密密层层的枝叶把森林封得严严实实的，挡住了人们的视线，遮住了蓝蓝的天空。"一个"葱葱茏茏""密密层层"外加一个"封"字，形象、生动地写出了夏天树木枝繁叶茂的特点。对学生体会"利剑"一词可能会有帮助，这也就是联系上下文理解词句。

又如在讲"春天，树木抽出新的枝条，长出嫩绿的叶子"一句，对比"抽"与"长"字时，只揭示了春天树木长得快，其实这个"抽"既说出了春天树木长得快，一天一个样那充满生机的样子，又避免了和后面"长出嫩绿的叶子"用词的重复。

以上仅为一家之言，难免有失偏颇，可能有些是求全责备、吹毛求疵。从这位老师的课中我也学到了很多东西。但课堂教学应该给我们留下更多的思考和借鉴。

# 听《蛋糕中的数学问题》一课体会

听了《蛋糕中的数学问题》一课，我感受颇深。整节课活泼生动，学生学得兴趣盎然，是一节比较新颖、成功的数学复习整理课。

## 一、主要优点

（一）注重让学生学习有价值的数学

教师根据学生的需求设计教学过程，精心设计了"蛋糕中的数学问题"，创设了猜想验证的情境，并借助信息技术引导学生产生丰富的联想，使学生不仅发现了实际生活中圆柱体、长方体的表面积、体积等知识的规律，而且掌握了一定的学习方法。

例如，在研究给蛋糕配蛋糕盒的问题时，引导学生考虑常见的蛋糕盒有几种，包括长方体、圆柱体形状的，接着，教师进一步引导，给这个蛋糕配圆柱体形状蛋糕盒应考虑什么问题？学生说在直径上要再加上一点，还要比蛋糕高一些。这时教师追问，为什么要高一点，不高行不行？应该高多少呢？然后，进一步，引导学生解决实际问题，不考虑奶油多厚，不考虑盒子多厚，一般要加上"至少"二字。在这一过程中，教师没有生硬地把要注意的问题教给学生，而是引导学生去研究生活中的实际问题，培养学生思考问题的全面性。同时，学生对"至少"这一数学概念的理解也就不会停留在表面，这样的数学课才是有价值的、有实效的数学课。

在这节课中，教师将讲解与练习相结合，做到讲练结合贯穿教学的始终，使练习随着讲解由易到难，层层深入。学生学的知识是有效的、实用的，同时也激发了学生学习数学和运用数学知识解决实际问题的兴趣，培养了学生的应用意识。

（二）注重培养学生的探究意识

爱因斯坦说过："我们体验到一种最美好的最深刻的情感，就是探索奥秘的感觉。"小学生学习数学也是这样，学生渴望自己成为探索数学奥秘和发现数学规律的发现者。

教师以数学知识为载体，注意引导学生在数学探究活动中，有机会真正经历"数学化"，培养学生思维的深刻性、灵活性、批判性、全面性，使学生会思考、长智慧。教师在这节课中安排了多次探究活动，在第一环节中，教师导入，"上周日去订做生日蛋糕"，播放制作蛋糕的过程，看有哪些数学问题？让学生自己提出问题，激发了学生探究的愿望。从学生的生活实际创设数学问题，这是激发学生学习数学兴趣和调动学生积极主动参与探究的有效方法。

本节课，课堂教学设计巧妙。通过观察蛋糕制作过程中有哪些数学问题，学生提出了涂奶油问题、包装彩带长度问题、包装盒表面积问题、包装盒体积问题等，从而揭示"蛋糕中的数学问题"。教师以现实生活问题引入，根据学生原有的知识结构，从实际出发，给学生充分的思考时间，学生立刻积极投入到探究活动中，对问题进行独立探索、尝试、讨论、交流，充分展示了学生的思维过程。在学生探究出长方体、圆柱体蛋糕盒哪个更省材料后，教师鼓励说："把这个结论告诉产品开发商，这样可以节约成本。"学生进一步体验到了探究带来的巨大快乐。在整个一节课中，增加了容量，但学生又学得轻松，提高了课堂教学效率。

（三）注重数学思想方法的渗透

吴正宪老师说："要献给孩子有营养的数学。"获得数学思想和方法往往比获得数学知识本身更重要。在本节课中，教师让学生在观察、操作、猜测、交流、反思等活动中体会数学知识的产生、形成与发展的过程，获得积极的情感体验，感受数学的力量。教师引导学生多次进行猜想，然后又引导学生："怎么就知道你们想得对不对呢？"学生进行计算，这时教师肯定："对，就是需要验证！"

教师充分利用每一个教学细节，渗透数学思想。如：在给蛋糕配盒子的时候，学生说比一下，教师立刻追问，"为什么比一下？"从而揭示蛋糕所形成的圆柱与蛋糕盒这个圆柱等底等高的关系。在教师小结时说："像这样找关系的方法是解决问题中非常重要的方法。"将数学思想方法潜移默化地渗透到学生的学习活动中。再如，在计算出长方体、圆柱体蛋糕盒哪个更节省材料后，教师问："你们开始的猜想有根据吗？"在高相等的前提下，学生又把圆柱体与长方体的两个底面进行比较，进行逻辑推理，教师没有仅仅停留在计算层面，培养了学生的分析理解能力。

在教师的小结中，经常有这样的话："这其实是一种替换、等量代换的数学思想。""把花扣去掉不想，再比较圆柱体和长方体包装盒彩带的长度，其实就是把复杂问题简单化的数学思想。""猜想后要验证你们的猜想。"数学思想如丝丝春雨，润物无声。

（四）注重运用恰当的信息技术手段解决真问题

信息技术辅助教学发展到今天，应该说已经不算什么特色了，但是在我们以往看到的课堂教学中，信息技术资源浪费的现象还比比皆是。只用电脑打几道题，出示几张文字图片，这起不到真正的作用，而且成本太高，是严重的资源浪费，而这节课，课件应用恰到好处。

教师能在充分考虑学生已有知识经验的基础上，积极利用多媒体课件演示，从"点—线—面—体"整理知识，构建网络，到应用拓展，提高技能。让学生在梳理知识中加深认识，在解决问题中提高能力，展示了一个充满着观察、猜测、推理与交流的富有个性化的教学过程。例如：为了揭示蛋糕盒的侧面，教师通过课件，将蛋糕盒的侧面展开成长方形，采用了"化曲为直"的转化思想。再如，在探究圆柱和长方体蛋糕盒彩带长度时，通过课件把带子打开，形象直观地比较长短，学生接受起来更容易，便于突破难点。

（五）注重培养学生的思维及表达能力

开放性的问题给学生提供更多的参与机会。本课课堂练习是由学生自主参与完成的，而且在这个参与的过程中发挥了每个学生的作用。再让学生从不同角度提出问题、思考问题、解决问题，给学生提供更多的参与和成功的机会。解决问题，有利于学生发散思维、求异思维、直觉思维的培养，有利于促进学生从模仿走向创新。在这节课中教师经常问这样的问题："有不一样的想法吗？""你是怎么想的？""还有没有不同的方法？"等等，这样一些指向探索的话语鼓励学生独立思考、动手操作、合作探究，让学生根据已有的知识经验创造性地建构自己的数学模型。学生在活动中独立思考，相互讨论，辩论澄清的过程，就是自己发现或创造的过程，这种求异思维的培养是学生创新的源泉。

教师重视培养学生正确的语言表达能力，要求学生说话要有理有据，这既是数学学科本身的严谨性所决定的，同时也培养了学生严谨负责的态度。例如：学生在叙述计算长方体表面积时，说先算底面积，再算长方体四周，这时教师注意倾听学生发言，不走教案，追问学生，长方体四周叫什么呢？学生回答：长方体侧面。一句简单的追问，规范了学生的数学语言。在这节课中，学生说话始终有理有据，这绝非一日之功，是教师长期培养的结果。农村学生，在那么多评委面前敢想敢说，真的很不容易。

在这节课中，教师还适时地进行评价，激励学生，如："我觉得你有一双透视的眼睛"，评价有特色。再如"他说到根儿上了"培养学生看事物要抓住事物的本质。课上，我注意观察了一下，在这节课上大多数学生的注意力始终在跟着教师走，学生喜欢上这样的数学课，这从一个侧面说明了教师课堂教学的实效性高。

## 二、教学建议

在这里我们也对这节课提出一些建议，可能没有完全领会老师的课堂设计意图，只作为参考。

（一）怎样真正解决生活中的数学问题

教师的这节课注重解决生活中的数学问题，这很好，但是解决生活中的数学问题如何与课堂教学相结合，还有值得探讨的地方。比如：既然是解决生活中的数学问题，那么蛋糕上涂奶油的厚度、涂奶油的克数等就是个很切实的问题。当然一节课的教学时间有限，教师如何进行取舍，如何进行合理安排，真正解决生活中的数学问题，还需要进一步考虑。

（二）个别细节问题

在进行长方体和圆柱体表面积及体积比较时，先把底面正方形和内接圆进行比较、计算、分析等，耗时比较多，但平面图形是过去的旧知识，没必要花太多时间。

再如，还是前面的这个问题，教师想出示纠正一种错误的方法，教师说："我可跟你意见不一样。"如果教师这时候出示的是正确方法，这没问题，但是这时候出示错误举例，容易给学生，尤其是学困生造成认识上的误解，影响教学效果，建议教师改变一下叙述方式，如"有个同学是这样想的，你们有什么想法"等。

以上是对《蛋糕中的数学问题》一课的粗浅认识，评课难免有失偏颇，有些可能是求全责备。精彩的课堂不是一朝一夕所能获得的，没有坚持不懈的努力，不可能成就课堂的精彩。教师在长时间磨课的过程中体现的精彩，非常值得我们学习和借鉴！

# 听《学看钟表》一课体会

观摩了《学看钟表》一课，有一些收获与体会和老师们分享。

## 一、主要优点

（一）在目标引领下开展教学

本节课老师将教学目标划分为三个层次，第一层次是借助学生已有的生活经验，认识时针、分针，学会认、读、写，初步建立时间观念；第二个层次是通过观察、操作等活动，引导学生通过观察、讨论、比较等过程，明确概念；第三个层次是结合日常作息时间，培养学生珍惜时间和乐于实践的良好习惯。三个维度目标清晰明确。

（二）在生活体验中发现新知

新课标要求，要引导学生学习生活中的数学。老师能够根据学生的需求设计教学过程，从生活引入，让数学走进生活。整节课以"小明一天的生活"贯穿始终，丰富学生感知，做到讲练结合。学生学习的是生活中的数学，体会到数学在生活中的广泛应用，体现了数学知识的生活性，学生学的知识是有效的、实用的，也激发了学生学习数学和运用数学知识解决生活实际问题的兴趣，培养了应用时间的意识。

（三）在实践操作中形成认知

新课程改革的一个突出特点是增加了学科实践活动。实践操作能调动学生的各种感官参与教学活动，获得感性知识，形成知识表象，从而认识事物的本质特征，形成科学的概念。老师在教学中应重视学科实践活动的落实。在本课中，老师安排了多次实践操作活动，引导学生自己动手去尝试、操作、思考、验证。例如：老师让学生用手比画分针是怎样走动的，安排了让学生亲手拨钟表的活动，使学生在拨的过程中体会时针和分针的指向变化。在练习中老师又安排了"用小表盘拨一个你喜欢的时间，想一想，为什么喜欢这个时间？"的环节，这样既让学生通过动手掌握了知识，同时又使数学和生活产生了联系，引导学生学以致用。学生拨钟表的过程既是活动的过程，又是学生形成时间概念的过程。

（四）在观察比较中形成概念

学生的数学思辨能力是教师在日常教学中通过引导学生不断地观察、比较、分析、概括的基础上逐渐培养出来的。在本课的教学中，老师有意识地培养学生的观察、比较、分析、概括等能力。例如，在学习了7时、9时、10时后，教师将3个表盘贴到黑板上，引导学生观察，通过比较发现总结出规律，从而引导学生发现整时时分针和时针的指向特点。即：分针指向12，时针指向几就是几时。在这一次次观察、比较中学生的综合能力得到了提升。

## 二、教学建议

课堂教学永远是遗憾的艺术，任何一节课都不会是完美的，正因为这其中的不完美才迫使我们更加深入地研究课堂，去粗取精，不断打磨和完善，从而真正促进师生共同发展。经过评委们的研讨，我们也对老师的课提出一些思考和建议，与老师商榷。

要重视数学知识的严谨性。例如教师在总结三个表盘分针和时针的指向规律时制作了一个小教具，形象地表述出了分针指向12，时针指向几就是几时这一重点内容，这个教具起到了总结提升的作用，但是如果将这个教具放在表盘上是否就更科学严谨了呢？

还要关注教学中的一些细节。例如，开始老师板书了各组的评价，但是在最后没有小结，这样，这个评价的作用就没有最大化地充分发挥。

以上是对《学看钟表》一课的粗浅认识，希望老师在课堂教学改革的路上继续不断前行！

# 听《自定义动画》一课体会

听了信息技术学科《自定义动画》一课，我感受颇深。经过评委们的集体讨论，我们认为本课体现出以下特点：

## 一、主要优点

（一）教学思路——环节清晰

老师精心设计教学内容，根据实际情况灵活安排。从课的开始到结束，始终围绕着"懒羊羊去春游"这条主线组织教学，围绕"给对象设置飞入式动画、调整对象的出现顺序、设置曲线运动路径、综合运用知识练习"等几方面内容安排教学环节。整节课教学环环相扣，层层递进，思路清晰。

（二）教学方式——任务驱动

"信息素养"不是教出来的，老师利用任务驱动方式，引导学生自发地产生学习的需求，在学习中培养学生良好的信息意识与习惯，从而培养学生的"信息素养"。老师每一个教学环节都创设了合理的任务情境，引领学生去尝试探究解决问题的方法。从初步感知什么是自定义动画，到缓慢进入、飞入等动画效果的选择；从如何删除不需要的动画效果，到马路上汽车的运动怎样才能符合生活实际的讨论；从曲线路径如何选择，到自己独立设计适当的动画效果。学生每一次活动都是在一个个任务情境的驱动下去完成的，这种任务驱动式的教学方式促使学生一次次去主动尝试。

（三）思维训练——体验探究

巧妙地设疑激趣，启发学生在体验探究中思考。例如：揭示自定义命令式，教师不直接告诉学生，而是让学生打开幻灯片，引导说："自定义动画命令就藏在里面！"激发学生求知的欲望，然后教师追问："你是怎么找到的？"给学生提供展示探究成果的机会。再如：在讲解怎样安排动画顺序时，老师设计了怎样让懒羊羊不闯红绿灯等情境，引导学生探究怎样调整动画顺序，才能使动画更合理，促进了学生主动实践探究。

（四）培养能力——自主观察

老师注重培养学生的观察能力。例如：课的初始阶段，教师出示幻灯片，提问：这张幻灯片与以前的幻灯片有什么不同？再如：懒羊羊这个人物设计成飞入式还是缓慢进入？两种效果有什么区别？哪种效果更适合这个人物？教师引导学生观察、比较、分析，从而自主得出结论。在讲解对象运动时，引导学生观察幻灯片中马路上汽车的运动和实际生活中一样不一样？怎样设计就可以了？学生在观察中思考，在思考中实践。

（五）练习安排——合理开放

在教学中，练习任务的设计层层递进，既符合学生的心理特点，又有一定的开放性。既有简单操作，又有综合练习；既有初步模仿，又有自主创作。老师巧妙地将懒羊羊去春游路上遇到的各种问题贯穿于各个任务之中，突出了教学重点，分散了难点。在解决一个个实际问题中，使学生体会到了自己的价值。同时潜移默化地增强了学生的交通安全意识，培养了联系实际的能力。

（六）促进反思——自我评价

在这节课中，不但注重教师对学生的评价，更重视学生的自我评价。最后在展示作品时，教师引导学生评价"你作品中最满意的地方是什么？你有什么建议？"等，最后还设计了自我评价表，促进学生自我反思，自我评价，自我提高。

## 二、教学建议

课堂是仁者见仁智者见智的艺术，在听课的过程中，我们也产生了以下几点思考，可能没有完全领会老师的课堂设计意图，只作为参考，与老师商榷。

（一）关于"对象"的理解

在本课中，讲解自定义动画之前首先要明确什么是"对象"，在老师解释了"对象"的概念后，学生可能还不是很清楚，是否可以出示一幅图，让学生找一找图中哪些是"对象"，让学生明确到底哪些是"对象"，从而避免了最后综合练习时有些学生还弄不清什么是"对象"的问题。另外综合练习中的白云也可以设计成"对象"，便于学生操作。

（二）在教学中是否可以增加一些同学间的交流，例如最后展示作品时，可以让同学们相互看看，互相学习，互助提高。

# 聚焦课堂　反思提升

教学工作的中心任务是提高课堂教学质量，几年来，我校课堂教学管理的总体思路是：以课改实验为契机，以学习型组织理念为支撑，以一切为了学生的发展为宗旨，以更新教育观念，提高课堂教学质量为中心，聚焦课堂，加强教学策略、学习策略和课堂教学实效性的研究，以发现问题、解决问题为本，以自我诊断贯穿始终，加强对课堂教学全过程的科学管理，不断提高教学效率和水平。力争达到学生有特长、教师有特点、管理有特色。

## 一、功夫在课前

强化备课预设。充分的预设、开放的预设、创造性的预设，将为课堂精彩而有价值的生成做好充分准备。我们要求教师个人备课做到"两强化""三突出"。"两强化"即强化教学准备意识、教案生成意识；"三突出"即突出对教学内容的整体把握，突出对学生学习状态的全面估测，突出对教学过程的动态设计。常年性备课要做到"三常"。即常备常钻研，常备常修改，常备常补充。加强集体备课。强化对教学过程和学生资源的预设。教研组长、骨干教师主动牵头，对在备课中出现的热点、疑点进行充分讨论、充分研究，集思广益，促进对教材准确、深入的理解，提高课堂驾驭能力。

## 二、着力在课上

（一）加强课堂教学研究

课堂是教学过程的中心环节，实现教学最优化和学生认知最优化、实现教师与学生双方面作用的有效发挥是课堂教学的出发点和归宿。学校首先向老师提出要树立四种意识，即双主体的学习意识，师生、生生互动意识，培养学生自主学习意识，勇于创新的意识。在加强施教的科学操作性上下功夫，调动学生学习的积极性，以"需要"激励学生，以"目标"激励学生，以"情趣"激励学生，营造宽松、和谐、民主、生动、活泼的学习知识和思考问题的氛围，激趣引学，激情导学，激励促学。认真设计问题、导语、过渡语、结束语、总结语等，做到问题有思考性，导语有启发性，过渡语有点拨性，结束语有回味性，总结语有概括性。培养学生"同中求异"和"异中察同"的能力，引导学生举一反三，闻一知十。

（二）加强预设与生成的研究

没有预设的课堂是不负责任的，没有生成的课堂是不精彩的。高质量的预设是课堂教学成功的前提，动态生成则是课堂教学成功的关键。认知教育心理学家奥苏贝尔有一句至理名言："假如让我把全部教育心理学仅仅归纳为一句话，那么我将一言以蔽之，影响学习的唯一重要因素，就是学习者已经知道了什么，要探明这一点，并应据此进行教学。"这是处理好预设和生成关系的关键所在。

我们要求教师对不同层次的学生要了如指掌，想学生所想，想学生所疑，想学生所难，根据学生的实际，及时调整教学策略，在学生"山穷水尽"的关键时刻，教师再抛砖引玉，指点迷津，使学生豁然开朗，教师的"教"真正为学生的"学"服务。对于课上学生临时生成的资源，我们要求教师宽容地接纳、理智地筛选、巧妙地利用。当学生的差异性和教学的开放性使课堂呈现出丰富性、多变性和复杂性时，教师要根据实际情况灵活选择、整合甚至放弃原有的教学预设，机智地生成新的教学方案，形成从预设到生成的课堂教学的一种超越。把生成当成一种追求，当成彰显课堂生命力的常态要求。

（三）开展课堂活动

由于近两年学校调入的教师比较多，教师的教学水平参差不齐，我们以活动为载体，坚持实践练兵，为每位教师创造机会，搭设展示教学艺术的舞台。例如：我校每学期开展好三类课堂教学评优活动，以此来推动课堂及整体教学改革，促进教师队伍整体素质的提高。三类课是：青年教师教学过关课、教学改革大赛课、教学改革观摩课示范课，注重参与过程。做到全体教师抓过关，青年教师上水平，骨干教师出特色。我们注重发挥学科中心组成员、骨干教师的示范作用，开展各年级各学科引路课，以点带面，一片云推动另一片云，一棵树晃动另一棵树，互相促进，引领教师在教学实践中获得专业化发展。

另外，我们注重推出新人，尽量给青年教师创造与研修员零距离学习的机会，暴露问题，找准症结，指导提高，尽快将学校教学工作"木桶效应"中的短板变成长板，促进每一位青年教师的成长，让每一滴露珠都折射出太阳的光彩，为学校发展提供可持续的人才保障。

我们以科研的意识，现代教育的观念，坚持不懈地开展说、讲、评、研、改、写的教研活动。说：说本课教学的具体内容，教学过程设计的具体环节。讲：课堂设计的目的、思路、方法及点拨的过程。评：评是否以学生为主体，促学生主动探究，评本课的得失成败。研：研究提高课堂实效性的方法，学生全面参与，主体性、创造性的发挥。改：改进不合理的教学环节，制定出提高的具体措施。写：写出具有新意的促进学生主动探究的学法指导范例，择优交流，达到互学互补。学校定期召开"教学设计范例"经验交流会，提高教师的业务水平。

（四）提高课堂实效

老师和学生在教学过程中有如力和场的关系。教师可比作磁场源，学生是磁场中的物体，要被场源磁化，就要调整场源和物体之间的位置，即调整教师、学生在课堂教学中的位置，使主导和主体两者有机地结合，进而产生强力作用。这股力量可以推动学生主动学、爱学、会学。我们要求老师每堂课都要尽可能做到优质高效。

教师必须根据各班学生的实际情况，结合不同的教学内容，采用适当的教学方法。实施五字教学法："顺"，即顺应天性，因势利导；"激"，即激发兴趣，激活思维；"启"，即启迪灵感，启迪智慧；"导"，即导学入情，导思释疑；"育"，即能力培育，习惯培育。注重七个"留有余地"。即：讲课前，留有预习的余地；讲课中，留有练习的余地；提问时，留有思考的余地；训练时，留有动脑的余地；探索时，留有讨论的余地；讲完课，留有回味的余地；布置作业时，留有看书的余地。

# 三、收益在课后

学校加强行动研究，提倡反思教学。在日常教学管理工作中，我们积极倡导以下反思：

（一）自我反思

教师要成为反思型实践者，做实践的思考者，思考的实践者。我们引导教师经常对教学现象、教学行为、教学问题进行审视、分析、探讨、研究，不断提高自身素质。在改革中思考，在思考中实践，在实践中提升。

（二）研讨反思

以教研组为单位，针对一个问题、一节课进行集体研讨，合作探究。

1.加强校本教研。查找不足，并有针对性地解决问题，促使工作上档升级。本年度按照"学习反思——交流研讨——改进创新"的思路实施，其方式有三，一是自我反省，自剖不足，深究根源，确定整改措施，写出反思整改小结。二是座谈交流，可以开展教研大组活动。三是开展专题性的剖析和研讨活动，献议献策，集思广益。

2.深入对比分析。充分利用特级教师录像课、优秀课录像等资料，开展对比分析找差距活动，活动安排：（1）先自己独立备相同课；（2）再看同内容优秀教学录像；（3）评录像课与自己所备课的异同，对比分析找差距；（4）补充修改自己的教案、学案。通过此项活动的开展，提高教师独立备课及驾驭教材的能力。

（三）听评课反思

教师听课按下面三步进行：1.课前要有一定的准备工作。尤其是同年级、同学科的课，这节课授课教师准备上什么内容，提前看一下，看看教材编的是什么，是怎样编写的，有没有难点、疑点；同时自己设想一下，假如让我教这节课，我准备怎样上，以便听课时有个对比。2.听课中要认真观察和记录。教师听课要高度集中注意力，不仅要听，还要看，要仔细捕捉讲课者的语言和表情，记下他每个教学环节和教学方法。边听边观察思考。既要看教，又要看学。看教者对教材的钻研，重点的处理，难点的突破，教法学法的设计，教学基本功的展示。看学生的学，要看学生的课堂表现，看学习参与的情绪，学习的习惯。3.听课后要思考和整理。与执教者交谈，将几节"互相牵连"的课做比较，写出"听课反思一得"等。吸收他人有益的经验，改进自己的教学。

组织典型评课。做到六评，即一评教学思路是否明确，二评教学内容是否科学，三评教学模式有无创新，四评教学艺术是否有特色，五评主体参与程度，六评教学效果是否有利于学生今后发展。对不同层次的教师：一般教师、骨干教师、学科带头人、名师、市级骨干教师等，采用不同的评课标准，客观公正地评课。

（四）问题式反思

我们觉得学生出现的问题反映出教师教学设计的问题，教师教学设计的普遍问题反映出学校教学管理研究的方向。为此，我们针对教学中发现的实际问题，开展专题研究。学校提倡教师将教学中的问题及时转化为研究专题。我们重点进行了以下几项专题研究：

1. 激发兴趣问题。我们提出要激发学生的学习兴趣，促进全体学生积极参与教学的全过程。现在有些课，表面看学生兴趣很高，但细细想来，学生的兴趣只停留在对一朵小红花、一颗小星星的短期兴趣上。并不是说发小红花、小星星的激励方法不可用，这本身也是一种好方法，但我们发现，有的课只有教师拿出小红花、小星星时，学生才有回答问题的积极性。所以学校提出要重视调动学生的长期兴趣，尤其是要培养学生由短期兴趣发展为对所学学科、内容的长期兴趣。学校评课主要看学生课堂参与的热情，表现的机会，个性的彰显。我们提出每节课学生发言的覆盖面要达到50%以上，活动参与率要达到100%。在评课中学校重点统计以上数字，使教师在引导全体学生全面参与教学全过程方面增加经验。

2. 加强小组合作的研究。在听课中，我们发现有些课安排的小组合作环节流于形式，有些只是为赶时髦。在小组中，有的后进生经常一言不发，长久下去，这些学生可能会越来越差，所以如何调动小组合作中的弱势群体参与学习的积极性就是一个值得研究的问题。为了提高小组合作的实效性，调动全体学生主动参与学习活动，我们重点加强了以下几方面研究：

小组成员有分工。小组合作学习中，小组成员有分工，设立主持人、记录员、检查员，并且小组成员定期交换分工，使每个学生都有各方面锻炼机会。特别是关注小组合作中的弱势群体，调动全体学生主动参与学习活动。

制定小组合作目标。小组成员不仅要达到个人目标，还要帮助同伴实现目标，通过合作，共同完成学习任务。

注意发挥教师的主导作用，加强对小组合作方式及讨论方法的指导，包括：（1）培养学生学会发表意见；（2）培养学生学会倾听、分析、思考、筛选、归纳、整理；（3）培养学生学会吸取意见，学会根据别人的发言，随时校正自己的思维、方法，达到去粗取精、去伪存真的目的。教师深入小组中，发现问题，及时指导，适时调控小组合作的进程，监控合作的质量与效率。

3. 重视引导

课改提出要关注学生，这本身是无可非议的，但现在有些课堂出现了走极端现象，突出了学生的主体地位，却忽视了教师的引导。我们认为突出学生的主体地位，并不意味着就要剥夺教师的"导"。有些课尤其是语文课上，经常出现一个问题让学生"你说""你说""你说"的现象，老师成了"点将官""主持人"，却不见导在何处。我们提出：当学生不会时，教师引导他们自己学会；当学生遇到困难时，教师引导他们去想；当学生无路可走时，教师引导他们开阔思路……教师成为学生学习中的伙伴、朋友，成为学生学习道路上的同路人，与学生同步学习。

# 提高教学指导的实效性

苏霍姆林斯基说："领导，首先是教育思想上的领导，其次才是行政上的领导。"作为教学管理者，理应成为学校教学工作的引路人，所以提高教学指导的实效性对提高学校教学质量至关重要。我校提高教学指导实效性的具体做法是：

## 一、变革教学方式，关注学生发展

（一）开展学习活动

我们坚持教学工作理念先行，做到"四点"，即多学一点，多用一点，多总结一点，多提高一点，博采他山之石，使教师们跟上时代的脚步，并自觉地将理论、方法运用到工作实践中，做到精勤不已，厚积薄发。各种教学刊物、全国评优课录像、课改讲座录像等音像资料已成为教师在校园网上经常浏览的资源。通过集体学习、小组学习、个人自学相结合的培训方式，使"三维目标""多维评价"等课改理念深深地植根于教师的教学思想中。老师们也努力实践，用自己的教育行为解读课改精神。

（二）精心设计备课

学校引导教师联系教材内容、学生知能实际，设计"双轨"教学方案。即备教学目标更备学习目标，备教法更备学法，备教路更备学路，备教师活动更备学生活动。站在学生的角度，研究学法。我们要求教师备课深入钻研、广泛涉猎、联系实际、推陈出新。备课做到"四新"，即学习新思想、探索新方法、创建新模式、体现新观念。

（三）立足课堂实践

我们要求课堂教学牢记"三忌"，达到"三无"。"三忌"即忌满，教学是师生双方活动，给学生留出思考的时间、空间；忌灌，课堂不能成为教师的一言堂；忌演，将课堂教学夯实，体现真实性。"三无"即教无定法，教无止境，教无不教。

我们努力追求那种"课伊始，趣已生；课正行，趣正浓；课已毕，趣犹存"的课堂教学境界，使学生乐学爱学，提高学习效率。

## 二、培养特色教师，促进专业发展

（一）培养个性化教师

在日常的工作中，我们要求名师、市区骨干教师要张扬个性，有自己独立的教学思路。青年教师从模仿起步，在工作中要不断摸索、实践、反思，再实践、再反思，逐步完善自己。现在我校已经有一部分教师初步形成了自己的教学特色。近两年，市数学教学实效性研讨会、市加强课堂教学设计提高教学质量课改研讨会、区课改表彰总结会、秋实杯课堂教学表彰会等都在我校召开，老师们展示了自己的课堂研究成果，受到市、区领导的高度评价，仅本学期教师就做市研究课一节，市评优课二等奖二节，三等奖一节，另有一节还未公布结果，老师们做区级课九节。

（二）开展课堂评优

上好三类课，以此来推动课堂及教学改革，促进教师队伍整体素质的提高。三类课是：青年教师教学过关课、教学改革大赛课、教学改革观摩课示范课。注重参与过程的提高。做到全体教师抓过关，青年教师上水平，骨干教师出特色。发挥骨干教师的示范作用，开展各年级各学科引路课，以点带面，一片云推动另一片云，一棵树晃动另一棵树，互相促进，引领教师在教学实践中获得专业化发展。

（三）扶持青年教师

近两年，由于学校规模不断扩大，新调入几十名青年教师，相当一部分教师教学水平有待提高。学校重视后备力量的培养，加强常规教学工作的指导，多听随堂课，针对重点教师采取系列听课，教研组内重点扶助，为他们搭建学习成长的舞台，创造更多的学习提高的机会，使他们尽快适应官园这个集体的要求。例如：本学期区研修中心对我校教学工作全面视导，我们就把此项活动看成是对我校教学工作的诊断、反思、提升的良好契机。我们推出的二十几节课，授课教师多数都是生面孔，区级以上骨干教师几乎都没安排讲课任务，尽量给青年教师创造与研修员零距离学习的机会，我们的目的就是暴露问题，找准症结，接受研修员们的指导品评，尽快将学校教学工作"木桶效应"中的短板变成长板，促进每一位青年教师的成长，让每一滴露珠都折射出太阳的光彩，为学校发展提供可持续的人才保障。

### 三、加强校本教研，提高研究实效

我们充分关注课程改革本土化特性，落实校本教研。

（一）加强教研组建设

我们的教研活动做到"三个结合"，即课题研究与教研活动相结合，教学理念与教学实践相结合，教研活动与培养新教师相结合，努力做到教研活动经常化、专题化和系列化。

（二）提供交流平台

开展互动式研讨，加强教师之间在新课程实施中的专业切磋、协调、合作，共享经验，探讨问题，互相学习，彼此支持，共同成长。教学沙龙活动中，对课改中出现的问题老师们各抒己见，经常为一个问题，大家争论得面红耳赤，研究气氛浓，研讨效果好。这种学术思想的交流、思维火花的碰撞促进了教师间的了解与沟通，老师们走上了大教研的舞台，实现了教师之间的资源共享。

对比分析反思。本着"以学生发展为本"的课改理念，我们开展了课改教材与旧教材的对比反思。如：组织"实验教材与非实验教材教师展示课""实验教材与非实验教材教学评优课""骨干教师课改引路课""骨干教师调班授课"等，突出课例全校观摩。着眼于长远发展，将课改的新理念、新方法渗透到各年级、各学科的课堂教学中，做到提前入轨，为课改工作的全面铺开做好充分准备。

### 四、搞好质量监控，提高教学质量

实施学校—教研组—教师三级质量监控。

（一）强化日常监控

教师日常做到三个及时：即及时认真地批阅学生作业，及时发现问题，及时进行补充练习和帮教。注重培优补差工作，因材施教，使每个学生都学有所获。

（二）实现单元过关

进行单元过关，发现问题及时分析，查找原因，做到知识漏洞要找准，补缺措施要得力。

　　"雄关漫道真如铁，而今迈步从头越。"今后，我们将继续更新观念，加强校本教研，提高教学指导的实效性，促进我校教学工作的可持续发展。

# 谓有金石姿　良工心磨砺

*——立足课堂　夯实教研*

官园小学作为一所建于 80 年代、活动空间相对狭小的学校，在"双减"背景下，为了适应北京城市副中心教育的迅猛发展，我们坚定不移地走内涵发展之路，打造精准高效课堂，提高教学质量，树立教学工作品牌形象，构建新优势，赢得新发展。

## 一、功夫在课前

（一）培训学习，开拓视野

"木无本必枯，水无源必竭。"为了适应北京城市副中心教育发展的需求，我们以"打造一流教师队伍"为目标，规划了"高站位、新起点、心手相牵提升办学品质"学科教师、骨干教师、教研组长培训等六次大型的集中培训。"操千曲而后晓声，观千剑而后识器。"著名特级教师张立军、华应龙、乔亚梦，以及市课程中心王凯主任等的报告，让我们享受到了视、听盛宴和精神补给，给我们带来的不仅仅是思想上的震撼，更多的是行之有效的教育教学方法的启迪，是对副中心教育发展的深刻理解与感悟，更为老师们推开一扇窗，思考今后工作的规划与设想。针对"单元课程资源建设"我们组织了"课程视野、主题单元背景下的学科专业发展"专项培训，首师大孙建龙、张凤霞教授引领我们面对"双减"的新形势，不再有浮云遮眼之势，而是有一览众山之躯。我们深刻地体会到"让理念引领行为，让行为对接理论，让理论落地，让行为开花"在促进教师专业成长、促进学校教学质量提升方面有着重要作用。

（二）常规备课，革故鼎新

提高教学质量的关键在常态教学，常态课教学质量很大程度上又取决于课前的准备工作是否充分，是否切合学生实际。在常态课管理中，我们要求教师备课体现基础知识的传授、基本技能的训练和学习方法的指导，做到深入钻研。深入钻研教材，理解教材，注意知识的横向联系和纵向沟通，使教学内容形成立体网络体系。

广泛涉猎。组织教师开展专业知识学习，购买大量的专业书籍，开阔视野。在独立钻研教材的基础上，参阅教学参考资料，广泛涉猎和教材有关的其他文字教材、音像资料、媒体信息等一切与课堂教学有关的信息。

联系实际。联系教材内容、学生知识能力实际，恰当选择教法，即结合教材重点内容，老师每节课设计详细的学法指导范例，写清学法指导的思路、过程、方法。

推陈出新。在备课中体现新思路，对教材有新理解，教法有新突破，教学结构采用新模式，学法有新思路，特别要注重培养学生的创新精神和实践能力。

## 二、着力在课上

实现教师与学生双方面作用的有效发挥，促进学生认知最优化是课堂教学的出发点和归宿。

（一）研磨课堂，提高效率

我们引导教师每堂课都要尽可能做到优质高效。我们提出课堂教学力争做到"四多"。即：基础目标达成多，有效思维时间多，情感内化质变多，学习方法习得多。

我们在教师中开展了"课堂教学研磨课"活动，为全校教师提供听评课范例，展现一节好课的研磨过程。具体操作方法是，第一阶段：初次备课。在教研组共同分析教材的基础上，先由一位教师进行个人备课，集体修改教学设计。第二阶段：第一次授课。教师上公开课，全校教师观摩。第三阶段：自评、他评。课后，授课教师针对本节课的预设与生成情况开展自评，全体教师就教学中生成的问题进行现场研讨，由听课教师对授课教师及备课组进行提问，质疑答辩，并提出修改建议，每位听课教师写出听评课反思。第四阶段：再次深入备课。授课教师结合大家提出的建议，重新深入修改教学设计。第五阶段：再次调班授课。授课教师调班重讲同一内容，将研磨成果呈现在新的课堂实践中。第六阶段：组内二次评课研磨，对本课教学进行再认识，再次理性反思提升。第七阶段：学校做活动总结。将所有研究材料存档，成为教师今后教学研究的资料。"研磨课"中，各学科教师都参与到同一节课的评价中，收到了意想不到的效果。

开展备课、磨课、评课活动。评课的目的有两个，一是给被评人以启示，另一个是给评价者本人提供吸收与借鉴。研磨课后，我们开展了"经典回眸"活动，针对"给我留下印象最深的一节课的一个环节或一个瞬间"进行评析，对经典的回眸，有利于评价者本人消化吸收与借鉴。课堂研磨活动有效地推进了高效课堂建设。

（二）高效复习，形成合力

教无止境，学亦有益。教师根据学生实际情况，结合不同的教学内容，采用适当的教学方法。注重七个"留有余地"。即讲课前，留有预习的余地；讲课中，留有练习的余地；提问时，留有思考的余地；训练时，留有动脑的余地；探索时，留有讨论的余地；讲完课，留有回味的余地；作业时，留有看书的余地。让学习真正发生，让学生学得有温度、有色彩！

学期末，对学科知识系统整理，学校统筹，分工合作，分类推进。开展好三类复习工作的分工合作，即单元复习，对各单元复习的重点和难点进行梳理，然后具体分工协作；归类复习，教研组一人负责一个知识及能力方面；综合练习，资源共享，变各自为战的"游击战"为群体互补的"集团战"。学科教师根据学校要求、教研组安排、学科教学目标及本班学生实际，合理安排好本学科复习。复习课注重方法的总结和提升，给学生提供学习方法，让学生按图索骥，做到"有法可依"，有迹可循，有较强指导性。努力实现复习课的精准教学、有效教学，整体规划复习课。

## 三、收益在课后

在日常教学管理工作中，我们开展行动研究，提倡反思教学。积极倡导以下反思：

（一）教学反思，理性分析

鼓励教师做实践的思考者，思考的实践者。我们引导教师经常对教学现象、教学行为、教学问题进行审视、分析、探讨、研究，在改革中思考，在思考中实践，在实践中提升。

充分进行课前反思。教师根据已有教学经验，再结合本班实际情况，预测学生学习哪部分知识可能出现哪些问题，寻找解决问题的方法、策略，强化预设环节，使每节课都准备充分。

及时进行课中反思。课中反思包括：当教学过程中出现突发事件时，教师要思考如何应用教育机制进行妥善处理；当师生、生生之间出现争议时，教师思考如何恰当地引导讨论、争论、辩论；当学生不能按教师预想的计划理解问题、掌握知识时，教师思考如何及时地调整教学预案；当课堂上学生为某一问题争论不休、使教学任务难以按时完成时，教师思考如何适时、有效地进行调控。教师通过课中反思，充分利用好学生课上临时生成的教学资源。

深入进行课后反思。对一节课从课前设计、课中实施、课后反馈进行整体思考。

对比分析反思。疫情期间市、区投放的大量的各学科空中课堂资源，都是特级教师及各区县研修员、骨干教师的授课录像，这是很好的教师培训材料，我们充分利用这一有利条件，教研活动应安排对比分析找差距活动。活动安排：教师先自己独立备相同课；再看同内容空中课堂节目录像；评录像课与自己所备课的异同，对比分析找差距；再补充修改自己的教学设计。通过此项活动的开展，提高教师独立备课及驾驭教材的能力。"洗尽铅华呈素姿"，我校的课堂教学正逐渐走向返璞归真。

（二）聚焦问题，专项研究

我们将教学中发现的问题转化为研究课题，开展问题分析活动，针对教师常态课教学中暴露出的问题，我们系统分析，找准症结，指导提高，尽快将学校教学工作"木桶效应"中的短板变成长板，促进每一位教师的成长，让每一滴露珠都折射出太阳的光彩。

1. 以问题为导向的跟进式改进

坚持问题研究，每次检测后，教师上好回授课，及时补漏。在开展教学评优课活动时，学校针对日常检测中发现的教学薄弱环节，指定教师将这些薄弱环节作为授课内容，组织全校教师观摩，使讲课更有针对性。

2. 锚定思维发展的系统性培养

听课中，我们发现有些班级学生不会回答问题，检测中发现，考察解答能力的题学生就无从下手。针对问题，学校提出在回答问题时，培养学生"夸、评、补、问"的能力，"夸"即肯定优点，"评"即发表评论，"补"即补充不足，"问"即提出问题和补充修正。

3. 注重错题归因的错题档案研究

由于教学时间紧张，老师们不可能每一节课都进行教学前测，为了提高课堂教学效率，我们开展了"学生易错题研究"，涵盖所有学科。教师加强日常教学中学生易错题的收集、积累，建立各年级易错题档案，针对易错内容、易错题原因分析、易错题分类整理，按学科、年级编辑了《学生易错题集锦》。其他教师再备课时要仔细研究学生曾经出现过的易错内容，开展有针对性的教学设计，这样既实现了资源共享，又将备课落到实处，提高了课堂教学效率。期末，各学科针对过去的易错内容开展针对性训练，减轻了学生的课业负担。

4.注重实效的递进式习作研究

作文难写，习作难教，是当前小学习作教学普遍存在的现象。我们在查阅学生习作时发现，教师批阅习作时很认真，有总批、眉批、旁批，但是学生往往一看而过，习作指导性大打折扣。发现问题后，为了提高习作批阅的针对性和实效性，我们开展了"二次习作"的尝试，即学生在教师的指导后初次尝试习作，教师提出有针对性的修改意见，然后学生根据老师的建议修改习作，尝试二次作文，二次作文可以是对部分句段的修改，也可以是整篇习作的重新构思。力争把句、段、篇的要求落实在每一次习作教学中，力争每一学期、每位学生都能有一篇得意之作！

5.面向整体提升的潜能挖掘

罗尔斯说："决定舰队速度的不是里面航速最快的船，而是最慢的船。"在教学工作中，正是那些学困生的发展制约着整体教学质量的提高。教学中，有些教师关注全体学生不够，一边阳光普照，一边是被阳光遗忘的角落。我们要求教师教学活动注意从学生的差异出发，分层教学，恰当解决"吃不饱"和"吃不了"的问题。对于学困生做到人员、测查、计划、总结"四落实"，不漏掉一生。每节课要面向大多数学生分类设计习题，培养学生解题的灵活性、分析问题的全面性、综合性。我们要求要扩大课堂上学生参与面，拓宽发言面，每节课学生的发言面要达到50%以上，活动参与率要达到100%，确保每个学生都参与到教学活动中。建立学困生成长记录，教导处跟踪调查，不定期召开困难生座谈会、教师落实辅导答疑座谈会，及时了解情况，力争使其在原有的基础上逐步进步，用发展的眼光看其成长，不让一个学生掉队。

多年来，我校教学质量稳步提高助力了学校的长远发展。在"双减"的实践中，我们也遇到了这样那样的困惑，但我们深知提高课堂教学质量是学校的永恒主题。"不言春作苦，常恐负所怀。"路虽远，行则将至；事虽难，做则必成。我们将继续以"日积跬步，以至千里"的精神，行走在副中心减负增效的教育改革之路上！

管 | 理 | 篇

# 尽心竭力抓管理　和谐共进育人才

作家刘墉在《攀上心中的巅峰》一书中这样说："你可以一辈子不登山，但你心中一定要有座山；它使你总往高处爬，它使你总有奋斗的方向；它使你任何一刻抬起头，都能看到自己的希望。"回顾三十几年的杏坛生涯，我始终坚持在教学实践中努力探索，并融入时代精神，加强教师队伍建设，加强教学工作的规范管理与创新，力争达到学生有特长、教师有特点、管理有特色，促进学校教学工作的可持续发展。

## 一、抓好常规管理，聚焦课堂研究

聚焦课堂，加强教学策略、学习策略和课堂教学实效性的研究，以发现问题、解决问题为本，加强常态课教学研究。功夫在课前，要求教师备课体现基础知识的传授、基本技能的训练和学习方法的指导，做到深入钻研、广泛涉猎、联系实际、推陈出新。着力在课上，引导教师树立四种意识，即双主体的学习意识、师生生生互动意识、培养学生自主学习意识、勇于创新的意识，构建高效课堂，以学定教，实施五字教学法："顺"，即顺应天性，因势利导；"激"，即激发兴趣，激活思维；"启"，即启迪灵感，启迪智慧；"导"，即导学入情，导思释疑；"育"，即能力培育，习惯培育。收益在课后，鼓励教师自我反思，加强课前反思，及时进行课中反思，深入进行课后反思，引领教师做实践的思考者，思考的实践者。加强对课堂教学全过程的科学管理，规范教师日常的教学行为，促进整体教学水平的提升，在常态课教学管理中实现课堂教学的新常态。

## 二、开展课题研究，促进校本教研

"教而不研则惘，研而不教则殆。"我们先后承担了全国《信息技术与小学语文、数学学科整合的课堂教学模式研究》、教育部国学教育专题、市课改实验项目、市《能力提升研究与反思》、区《三级课程彰显学校特色》等课题研究。教科研工作做到"五有一加强"。即在学校的总课题下，有骨干教师，有子课题，有专题研究方案，有成果的汇报、验收，有典型经验，加强研究成果的推广。教学离不开研究，我们以专题研讨的形式，相互砥砺，反复切磋，共同提高。加强教研组建设，教研活动做到"三个结合"，即课题研究与教研活动相结合，教学理念与教学实践相结合，教研活动与培养青年教师相结合，努力做到教研活动经常化、专题化、系列化。提供交流平台，开展互动式研讨活动，加强教师之间在新课程实施中的专业切磋、协调、合作，共享经验，探讨问题，互相学习，彼此支持，共同成长。"市数学实效性研讨会""市英语研讨会""市教学设计研讨会""区秋实杯总结表彰会"等相继在我校召开。学校被评为市科研工作先进校、市教育信息化先进单位、市中小学教育教学资源建设与应用先进单位、区科研成果先进单位等。连续6届北京市基础教育课程建设优秀成果评选，我校获得三次一等奖，三次二等奖，三次在通州区基础教育课程改革大会上做典型发言。《读书实践活动》校本课程被评为通州区第一批百门精品校本课程优秀成果；连续20届区"春华杯""秋实杯"课堂教学竞赛优胜单位；学生参加三届通州区国学诵读大赛均获特等奖，学生们与中国关工委顾秀莲主任及全国、市、区级领导合影，我校学生还走进全国政协礼堂、国家教育行政学院与国际友人一起吟咏经典。

### 三、有效指导教学，培养青年教师

以教师个人为"点"，教研组为"线"，学校为"面"，探索建立以教师个人钻研、同伴互助、专家引领的新型教师成长模式，引导青年教师做到"四点"，即多学一点，多用一点，多总结一点，多提高一点，博采他山之石，使青年教师跟上时代的足音，并自觉地将理论、方法运用到工作实践中，做到精勤不已，厚积薄发。

开展分类听课活动。广泛听课，听不同年龄教师的课，听不同层次教师的课，听不同类型的课，促进各学科、学生各项能力均衡发展。重点听课，听解决问题课，听同一内容课，听系列课，听薄弱学科课，促青年教师迅速成长。多种评课，互促互进。评自己的课，发现自身问题；评他人的课，明确评课标准。近几年，我校教师做市级课60余节，区级课200余节。先后培养出区名师5人，现有市级骨干教师1人、区骨干教师16人。一批批青年教师正在向着一年熟悉、二年合格、三年成熟、五年优秀、八年骨干、十五年成名师的个人发展目标而努力。

## 四、提高教学质量，打造学校品牌

我们在教师中提出"常规＋细节＋过程＝教学质量"的管理理念。关注教学中发现的细节问题，反思这些问题产生的原因，开展专题研究。重过程，提高日常教学质量，建立教师—教研组—学校三级质量提升体系。我们提出课堂教学力争做到"四多"。即：基础目标达成多，有效思维时间多，情感内化质变多，学习方法习得多。为了提高课堂教学效率，我们开展了"学生易错题研究"。要求教师加强日常教学中学生易错题的积累，建立各年级易错题档案，针对易错内容、易错题分类整理，按学科、年级编辑了《学生易错题集锦》，实现资源共享。学校教学质量逐年提升，《读写知识报》一次性整版刊登我校学生习作8篇；历次教学质量检测，我校各科成绩始终居于区前列。

# 加强信息技术学科建设　提高学生信息素养

教育部提出以均衡发展作为义务教育新目标，具体到学校来说，一项重要的工作就是促进各学科均衡发展。我校重视各学科建设，将信息技术学科纳入整体课程管理系统中，统筹兼顾，提高整体教学质量。

## 一、完善学科管理，锻炼教师队伍

（一）管理到位

在《中小学信息技术课程指导纲要（试行）》《关于加快中小学信息技术课程建设的指导意见（草案）》和"北京市推进教育信息化建设工作会"精神的指引下，学校制定了《信息技术建设三年发展规划》，从软硬件环境建设、教师信息技术能力及信息素养的提高、资源库建设到信息技术学科建设方面进行规划指导，确定了"科研引领，培养兴趣，提高素养，发展技能"的信息技术课程建设目标，实现"培养学生对信息技术的兴趣和意识，让学生了解、掌握信息技术基本知识和技能，使学生具有获取信息、传输信息、处理信息和应用信息技术手段的能力，形成良好的文化素养，为他们适应信息社会的学习、工作和生活打下必要的基础"的目的。

（二）制度建设

学校制定了网络信息工作管理制度、教研组活动制度、学生机房管理使用制度、设备使用与维护制度等。健全的管理制度和有效的监控评价，实现多层制约，相互补充，实现三个"保证"，即保证教育信息化工作有条不紊地进行，保证信息技术学科课程相关要求落实到位，保证器材设备的正常使用和高效运转。

（三）研训提高

学校每年组织信息技术教师参加各级各类培训，开阔视野。积极开展信息技术学科课堂教学实践研究和教学软件应用培训。三位信息技术教师积极参加市、区培训，互相切磋，通过开展专题讨论、组内研磨、观看分析优秀教学录像课例等形式，提高自己的授课水平。

## 二、加强硬件建设　合理配置资源

在硬件建设上，学校根据北京市办学条件标准要求采取国拨与自筹相结合形式积极进行校园网基础设施建设。

学校在前几年硬件建设的基础上，利用学校加固契机对原有设备进行了升级改造，所有专业教室都安装了多媒体电子白板，更换了新的路由器、交换机、服务器；升级改造了两个学生计算机教室，安装了多媒体设备，将学校最好的计算机配置到学生计算机教室中，这是我校对学生机房的第三次升级改造。

信息技术教师为每台学生机安装了学习软件和学习素材，运用凌波多媒体教学管理软件，实现了教师机对学生机的有效管理。为了保证计算机的使用安全，学校购买了瑞星网络版杀毒软件，下一步准备购买硬件防火墙，实现对计算机的有效监管。

## 三、关注学生发展　提高信息素养

（一）提高课堂质量

教师遵循信息技术学科"知识的综合性、技术的发展性、教学的实践性、学习的协作性和学科的工具性"五个特点，认真上好每一节信息技术课，精心设计教学过程，坚持精讲多练、激发兴趣、传授技能、适当评价，培养创造思维，提高课堂教学实效。

学校要求教师在信息技术课教学中，注重素质教育，强化基础；培养学生的自主学习能力，勇于创新；教会学生合作探究，增强协作。老师们认识到信息技术学科不单单是教会学生对计算机进行简单操作，而是将操作技术作为一种工具，培养学生在不同的学习阶段，合理选择有效的技术工具，运用工具去获取信息、处理信息、应用信息、传输信息，并学会综合运用，提高信息素养水平。

我们深刻地体会到"让理念引领行为，让行为对接理论，让理论落地，让行为开花"在促进教师专业成长、促进学校教学质量提升方面的重要作用。

教师在观念上认同了，从思想上理解了，我们又帮助教师内化为自己的教学行为。老师们从课堂教学实际抓起，把课程目标和教学任务贯穿到课堂中，探索适合学科特点的教学方法。老师们探索出的方法有：成果展示法，用现代最新信息技术的成果激发学生学习信息技术的主动性；教师演示法，通过教师的示范操作或利用有关教学光盘和学习软件等进行演示操作，培养学生的观察及动手能力；模拟训练法，利用现成的教学软件，让学生跟着进行模拟训练以达到掌握操作方法的目的，培养学生的操作能力和学习能力；问题探究法，就是让学生明确学习内容和要求，提出任务，设计问题并提供资料让学生主动地进行假设、探索、验证、归纳、解释及讨论，教师引导学生主动学习，从而启发思维，培养创新意识。我们要求教师力求做到强化人机互动、生生互动，使学生主动参与教学活动，从而学会学习。

（二）探索评价方法

探索信息技术学科教学质量的评价方法。评价的基本原则是：发展学生个性、鼓励创新、重视教学效果、方式灵活多样。注重基础知识、基本操作、应用创造三个层面的考核。我们依据教学目标，按照发展学生个性和创新精神的原则，着重考查学生计算机基本知识、上机操作和作品创作的知识技能掌握情况。在考查基本知识方面，我们依据配发光盘内各单元的基本知识，设计考查试卷。上机操作采取任课教师自己考评，学校抽取部分学生测评的方式进行。在测评中甄选部分能够发挥学生主动性的题目进行考查，以查验学生在信息技术学习中的创造能力。

（三）培养学生信息素养

游戏激趣。爱玩游戏是学生的天性，正确引导，合理地将健康、益智性的电脑游戏与教学内容相结合，可以达到化弊为利的效果。为了提高学生的打字速度，我们利用打字游戏促进学生熟练掌握指法。我们还积极开展学科整合，每天五分钟打字练习已成为信息技术学科的常态化要求，信息技术老师布置的打字任务经常是学生的语文、英语课文，这样，既练习了打字，同时又背诵了课文，积累了语言，一举多得，使每一项学习活动效果最大化。学校还成立信息技术课外活动小组，由信息技术教师定期培训，激发学生学习兴趣。教师注重教育学生遵守网络道德，学会电脑绘画、电子报刊和网页制作技术，学生自己制作的电子报刊获北京市二、三等奖。通过信息技术课堂教学和课外小组的辐射作用，提升了全校学生的信息素养水平。

互助学习。引导学生之间互助学习。小组内根据每个同学的特点进行明确分工，有的负责收集资料，有的负责输入文字，有的负责制作图片……小组之间共享学习资源，团结协作，互助提高。

搭设舞台。课堂上创设应用情境，学生能者为师，走上讲台，当小老师；

家长会上，学生用 PPT 展示自己丰富多彩的校园生活；各学科课堂上，经常有学生自制课件的展示。另外，结合学校读书特色开展的网上阅读，也进一步促进了学生信息技术素养的提升。

在信息瞬息万变的今天，信息化春风扑面而来。信息和信息技术已成为社会发展的基本动力。今后，我们将继续抓好信息技术学科建设，提高学生信息素养，为学生打开一扇窗，迎接五彩斑斓的信息世界。

# 以听评课为抓手　提高教师课堂教学能力

教学工作的中心在课堂，听课、评课活动是一种有效提高课堂教学质量的重要方法，听评课也是学校进行教学管理的有效手段。正如苏霍姆林斯基所说："经验证明，听课和分析课是校长的一项极为重要的工作。"教学管理就是学校管理者根据教学规律和学生身心发展规律，组织、指导、监控教师的教学活动，协调各种教学资源，达成教学目标，促进学生发展的活动过程。判断教学管理是否有实效的重要指标就是通过一段时间的管理，教师教学能力是否有进步或者发展，最终是否促进了教学质量和学生智能的发展。根据这一观点，新课改以来，学校从创新管理机制入手，结合课改以来教师发展的实际，组织开展行之有效、丰富多彩的互相听课、评课活动。其理念是基于以校为本的校本教研，其做法是学校领导精心设计、认真组织、注重过程、注重互评、注重反思，目的是促进教师的专业发展。学校通过对听评课方式的改进创新，积极探索提高教学管理有效性的方法。

## 一、分类听课，齐头并进

"学校是个教育实验室，是全体教师的创造性的结合体，是每天智力交流和精神财富相互交流的场所。"校长分析教师工作的最适当的形式，就是定期地去听各类教师的课。这种朴实而有效的管理方式是教学工作有效、有序、深入进行的有力保障。每学期初，校长、主管教学的领导都分别确定重点听课学科、年级、教师，制定听课计划，分工进行。在听课中，我们注重交流和建议，在交流中碰撞出智慧的火花，促进各类教师成长。

（一）广泛听课

1. 听不同年龄教师的课

我们关注各类教师的成长，分层开展中老年教师和青年教师评优课。中老年教师严谨治学的工作态度，扎实的教学功底，娴熟的课堂驾驭能力值得青年教师学习；青年教师活跃的课堂教学氛围，平等交流的民主意识，勇于创新的改革精神又值得中老年教师借鉴。不同的课堂中彰显着各年龄教师的教育智慧。

2. 听不同层次教师的课

由于近几年学校调入的教师比较多，教学水平参差不齐，我们以开展听课活动为载体，为每位教师搭设展示教学艺术的舞台，促进教师在实践中成长。我们开展了三个层次的听课活动，听名师、学科带头人、骨干教师的引路、观摩课，听中心组教师的研究展示课，听青年教师的教学过关课，让各层次教师锤炼教艺，锻炼成长。

3. 听不同类型的课

我们不但听新授课，还听复习课、单元回授课、作文指导课、单项知识能力训练课、实践活动课等，力争使课堂教学不留死角，促进课堂教学质量的全面提高。

（二）重点听课

1. 听解决问题课

校本教研强调解决教师自己的问题、真实的问题、实际的问题。不过，只有当教师持续地关注某个有意义的教学问题，比较细心地设计解决问题的思路，日常的教学问题才可能转化为研究的课题，教师也才能从整体上转变自己的教学观念，改变教学行为。例如，我们发现语文习作教学始终是个难题，针对这一问题，我们开展了习作教学展示课、评优课。针对语文教师经常忽略第一课时的问题，我们开展了"同讲一课书"活动，即：有两位教师用同一个班，分别讲第一、二课时，把一、二课时的衔接过程清晰地呈献给听课教师。校本课程老师们常感到困惑，我们就每学期开展校本课程引路课。

2. 听同一内容课

在评优课中我们发现有些教师上课之前先找课件或教具，对着课件再备课；还有的教师先到网上查找别人的教学设计，然后再结合这些材料设计教学。这些都背离了"备教材、备学生、备教法"的基本要求。为了改变这种舍本逐末的方式，我们针对重点内容，开展了"同一教学内容，不同教学方式"的"同课异构"研究课活动，统一教学内容，采用各种不同的教学形式和方法，老师们在对比中体验各种教学方式的优劣。

3. 听系列课

对刚毕业或部分新调入的青年教师，学校、教研组开展系列听课活动。针对一个单元或者一个知识内容，在一段时间内，教学领导、教研组长每天跟踪听课，听课后帮助青年教师分析教材，指出教学中存在的问题。这种一对一的听课，使青年教师迅速进入角色。

4. 听薄弱学科课

在教学中，发现哪些学科薄弱，学校就安排重点听课，有针对性地听课指导，力争在学校内没有薄弱学科，促进各学科均衡发展。

## 二、多种评课，互促互进

英国大文豪萧伯纳说："倘若你有一个苹果，我也有一个苹果，而我们彼此交换这些苹果，那么，你和我仍然是各有一个苹果。但是，倘若你有一种思想，我也有一种思想，而我们彼此交流这些思想，那么，我们每个人将各有两种思想。"评课活动就为教师提供了这种交流教学思想的机会，互相切磋，取长补短，共同提高。

（一）评自己的课

教育家第斯多惠说："好的教师是教学生去发现真理。"我们同样认为，"好的学校管理者是引导教师发现教育真谛。"

1. 发现自身问题

每个人身上的问题自己很难发现，自我听课，是自我提高的过程。学校经常给各类教师录像，有的教师自己录音，要求教师经常看看、听听、评评自己的课。评自己的课，就会发现自己上课中的很多细节问题，如，习惯性用语、不自觉的小动作等。一位老师在看完自己的教学录像后这样说：原来学校领导总说我上课时口语太多，但我从没有真正意识到，今天看了自己的录像，我觉得很惭愧，"是不是""会不会"这样的问题充斥着我整节课的教学，这样的课堂还提什么高效呢？评自己的课，让老师们真正认识了自我。

2. 开展自我反思

培养教师成为反思型实践者。我们引导教师经常对教学现象、教学行为、教学问题进行审视、分析、探讨、研究，不断提高自身素质。在改革中思考，在思考中实践，在实践中提升。加强课前反思，寻找解决问题的方法、策略；及时课中反思，及时地调整教学方案，适时、有效调控；深入课后反思，对一节课从课前设计、课中实施、课后反馈进行整体思考，在教中思考，教中提高。

（二）评他人的课

1. 提出评课要求

明确评课标准。做到六评，即一评教学思路是否明确，二评教学内容是否科学，三评教学模式有无创新，四评教学艺术是否有特色，五评主体参与程度，六评教学效果是否有利于学生今后发展。对不同层次的教师：一般教师、骨干教师、学科带头人、名师、市级骨干教师等，采用不同的评课标准，客观公正地评课。

养成评课习惯。教师听评课按下面三步进行：第一步，听前准备。听课之前，要了解听课内容，了解教材编写意图，编排结构及特点，提出难点、疑点；同时设想，假如让我教这节课，我准备怎样上，以便听课时进行对比。第二步，听中观察。听课中运用课堂观察方法，做好观察记录，仔细捕捉讲课者的语言和表情，记下每个教学环节和教学方法。看教者对教材的钻研、处理，看学生的课堂表现及智能的开发。第三步，听后思考。听课后转换角色评课：假如我是学生，看是否符合学生实际，是否促进了学生主动发展；假如我是执教者，这节课该怎么讲；假如我是教育专家，这节课是否体现了新理念、新思想、新方法。跳出课堂，品评课堂。教师听课后咀嚼回味，有些可以照搬模仿，有些可以改进，有些提供借鉴。反思后教师写出"听评课反思一得"，学校汇编成《课堂教学反思录集锦》，吸收他人有益的经验，改进自己的教学。

2. 开展专题评课

教研组针对一个问题进行集体研讨，合作探究。每学期，以教研组为单位，确定研究专题，开展"备""说""上""评""研"系列活动。"备"，教研组及个人围绕研究专题，进行备课活动及教学设计，教学材料准备；"说"即说课活动，教师在课前，用简要准确的语言介绍本节课的教学设计思想，研究专题在本课中的体现，包括说专题、说思路、说重难点、说教法、说学法、说训练等。"上"即上课，是备课和说课的具体操作，围绕研究专题，紧扣教学目标开展教学活动。"评"即评课，评是否紧扣教学目标开展教学活动，体现研究专题的具体操作方法。"研"即研讨，针对研究专题、教师"导"和学生"学"，研究提高课堂实效性的方法，找寻成功点和薄弱处，究其原因。"备"为基础，"说"为媒介，"上"为体现，"评"为总结，"研"为发展。

### 三、听评互促，整体推进

每学期听课后，学校都召开专题总结会，分析课堂教学的主要优势，查找问题。我们格外关注听课中发现的问题，学生出现的问题反映出教师教学设计的问题，教师教学设计的普遍问题就是学校今后教学管理改进的研究方向。这种评课的问题式专题研究，促进了学校解决课堂教学中的真问题。

（一）典型研磨

没有谁能随随便便成功，看似偶然的精彩，其背后一定隐藏着必然。精彩的课堂是在一次次的打磨中逐渐实现的，而教师也在这种磨砺的过程中锻炼和成长。

我们在教师中开展了"课堂教学研磨课"活动，为全校教师提供听评课范例，展现一节好课的研磨过程。具体操作方法是，第一阶段：初次备课。在教研组共同分析教材的基础上，先由一位教师进行个人备课，集体修改教学设计。第二阶段：第一次授课。教师上公开课，全校教师观摩。第三阶段：自评、他评。课后，授课教师针对本节课的预设与生成情况开展自评，全体教师就教学中生成的问题进行现场研讨，由听课教师对授课教师及备课组进行提问，质疑答辩，并提出修改建议，每位听课教师写出听评课反思。第四阶段：再次深入备课。授课教师结合大家提出的建议，重新深入修改教学设计。第五阶段：再次调班授课。授课教师调班重讲同一内容，将研磨成果呈现在新的课堂实践中。第六阶段：组内二次评课研磨，对本课教学进行再认识，再次理性反思提升。第七阶段：学校做活动总结。将所有研究材料存档，成为教师今后教学研究的资料。"研磨课"中，各学科教师都参与到同一节课的评价中，收到了意想不到的效果。例如：在研磨《卖木雕的少年》一课时，语文老师大多从咀嚼语言文字的多处细节角度评价，数学老师从课堂中学生能力的训练角度评价，科任教师大多从课堂结构角度评价。思品老师在评课时指出，本课中出示了解放初期中国人民对非洲人民的无私援助，如果结合改革开放以后我国对非洲人民的更多援助及免除非洲 32 个国家 150 笔到期对华债务等事实，更能体现中非友谊源远流长。这种多学科教师参加的典型研磨评课形式，促进了多学科教学的整合。

开展集体备课、磨课、评课活动。评课的目的有两个，一是给被评人以启示，另一个是给评价者本人提供吸收与借鉴。研磨课后，我们开展了"经典回眸"活动，针对"给我留下印象最深的一节课的一个环节或一个瞬间"进行评析，对经典的回眸，有利于评价者本人消化吸收与借鉴。

（二）个别交流

每次听课，学校领导都做好详细记录，尽量记录下教师上课中的每个细节，课上进行批注，听课后与个别教师交换意见。评课时，先从课的整体结构进行分析，充分肯定优点，真诚提出不足。不但需要为其指出问题，更希望提出具体、可操作的改进建议，我们每次评课就重点指出教师某一方面的不足，客观地分析问题，从多方面提出具体修改建议供教师选择。我们力争使评课具有科学性、导向性、实用性。

（三）对比分析

我们充分利用学校购买的大量特级教师录像课、各类评优课录像等资料，开展对比分析找差距活动，活动安排是：教师先独立备课，再看相同内容优秀教学录像，然后评录像课与自己所备课的异同，对比分析找出差距，最后补充修改自己的教学设计。与高品质课堂对比，和名师同行，迅速提升教师的课堂教学能力。

通过听评课活动，我们引导教师用新的教育理念来指导自己的教学行为，以自己的教学行为来诠释教育思想。学校开展的一次次听评课研磨，使老师们经历了一次次的蜕变，课堂教学实现了一次次新的跨越。老师们的教学理念在听评课中升华了，教研能力在听评课中加强了，教学技能技巧在听评课中提高了，专业素质水平在听评课中提升了。通过实施听评课这种教学管理手段，一支具有自身教学特点的骨干教师队伍已初步形成。

"一个人重要的不是他的高度，而是向上的姿态。"一个学校更是如此，没有最好的课堂，只有更好。今后，我们将以听评课为抓手，加强研究与创新，为实现精彩高效的课堂继续努力！

# 实行"弹性"工作制　释放"双减"动能

"双减"政策落地实施以来，学校教育的主阵地作用渐渐回归。"双减"该减掉的是全民"教培"的经济压力和精神焦虑。在"减"的同时要将学校的服务内容、教学质量"加上去"。"双减"落地后，无论是提高课堂教学质量、作业改革，还是改善课后服务供给，都取得了很大成效。"双减"各项工作的开展关键都在教师，"双减"后，教师的工作时间延长，工作压力增大，如何加强对教师的关心关爱，为教师"减负增效"也是我们一直关注和正在探索的课题。"弹性"工作制应运而生，为学校和教师很好地释放了"双减"动能。

## 一、实行"弹性"工作制

在刚落实"双减"政策之初，工作千头万绪，教师中不可避免地出现了急躁情绪。为此，我们在教研组长和老中青各类教师中开展了专项调研。我校教师平均年龄为 40.5 岁，40 岁以上老教师更是高达 50% 以上。很多老师反映，"双减"后学生在校时间长了，教师的工作量大了，教师在校时间也相应延长了，有些身体不好的、年龄偏大的老师有些吃不消，身体出现了这样、那样的问题。适逢市区教委提出了"弹性"工作制的建议，我们根据学校前期调研的具体情况及市区教委文件要求开展了"弹性"工作制的尝试。

（一）弹性上下班

学校科学规划，安排好课程教学和日常工作，确保参与课后服务的教师有实行弹性上下班的空间。首先，我们先尝试当天没有安排课后服务工作的老师，可以适当提早离校，为老师腾出一些灵活处理自己事务的时间。但是有课后服务的老师在校时间还是比较长，我们又尝试当天有课后服务任务的老师，当天早晨在没有课、没有值班任务的情况下，可以适当推迟到校时间，最迟到上午 10 点。这样保证老师能够有时间休息。"弹性"工作制对教师工作与生活的冲突起到了缓解作用。平衡了家庭、事业方面所面临的压力。

（二）弹性考勤考核

每学期教师因身体不适可以自行调好课，在完成了工作的前提下，如果请假 3 天以内，可以不纳入绩效考核。这样让老师们在做好工作的前提下，放松身心。

## 二、合理安排教师

（一）课后服务轮班活动制

为了让课后服务不集中在部分教师身上，学校合理安排好课后服务。综合考虑教师岗位职责、学科专业和实际工作量等因素，科学统筹，合理安排课后服务师资，避免课后服务工作量过于集中到班主任等部分岗位或部分学科教师身上。我校课后辅导实行全校各学科教师轮班活动制，这样可以保证每个班级社团每周可以有五次不同的活动内容，同时分散了教师的工作量。在开展课后服务活动中，我们还不断征求教师的意见和建议，不断进行动态调整，对临时有事的参与课后服务的教师采取应急调整、交替值岗，缓解教师疲劳。同时，领导也亲自参加到各班的课后服务中，减少教师的工作任务。

（二）课后服务加餐制

每天 4 点到 4 点半，学校提供教师加餐服务，提供各种糕点、牛奶、咖啡等，保证老师顺利完成课后服务工作，让更多的教师感受到学校的关注、关心和关爱。

## 三、关注教师需求

（一）分时锻炼，强身健体

为了给老师提供锻炼时间，每天上午没有课的老师，可以到学校工会活动室进行按摩及健身，纾解疲劳。学校门厅放置 2 张台球桌，4 层通道放置 2 张乒乓球桌，供教师课余时间活动。

（二）短时休息，舒缓疲劳

学校克服困难，为每位老师提供休息室，供老师午休，同时，在不耽误工作的情况下，没课、身体不舒服的老师可以到休息室进行短时休息。

（三）开展活动，愉悦身心

开展丰富多彩的业余文化活动，构建轻松和谐的工作生活环境。

我们在教师中提出"每天锻炼一小时，健康工作四十年，幸福生活一辈子"的倡议。在不影响教育教学工作的情况下，因地制宜，见缝插针，开展体育锻炼活动。例如，学校先后开展了教职工健美操、跳绳、投篮、台球、健步走等比赛，开展了摄影作品征集、教职工书法展示等活动，全校干部教师人人参与，通过活动，锻炼了教师的身体。

（四）关注身体，营养配餐

实施"双减"后，因为老师在校时间长了，学校提高了早、午餐质量，除主食外，还提供牛奶、水果、各种饮品等，做到合理搭配，营养丰富。

（五）心理疏导，缓解压力

在"双减"工作中，为了给教师缓解压力，调动工作积极性，我们聘请了资深心理专家熊德杰老师开展心理讲座，帮助老师开展情绪及压力管理，化解急躁情绪，并进行疏导及矫治。

我们还邀请书画家走进校园，为老师挥毫泼墨，送"福"字、写春联，陶冶人文情操，提高审美能力，培养教师宁静致远的情怀。

"双减"工作是一项系统工程，需要综合发力、持久发力，才能确保"双减"走深、走实。在深入贯彻"双减"工作要求的同时，要保障对教师的人文关怀、组织关爱，实行弹性上下班制度、合理均衡配置师资、保障教师身心健康，这些措施均衡发力，才能保证"双减"工作的长远发展。在教师中实行"弹性"工作制，体现了党和学校对教师的尊重和关心，给予了教师更多的自由和便利，在这样的关心鼓励下，提高了教师职业幸福感，促进了教师生命质量的不断提升。教师们更加努力地、创造性地开展工作并获得更佳的教育教学效果，从而实现"双减"的目标。今后我们将继续加强"双减"工作的系统研究，持续不断地释放内部动能，促进"双减"工作的可持续发展。

# 培训、指导、引领、提升

"问渠那得清如许，为有源头活水来。"《通州教育》创刊已经有二十几年了，它是伴随着通州教育的脚步而逐渐发展成熟起来的，它带有浓浓的乡土气息，和着时代的节拍，始终走在通州教育改革的前列，为无数教育工作者所深深地挚爱着，更让战斗在教育教学第一线的教师们情有独钟。《通州教育》就像一面旗帜，迎着风风雨雨，始终与我们并肩同行，如今，《通州教育》早已在我们官园小学深深地扎下了根，成为我们工作中不可或缺的精神财富。

## 一、《通州教育》成为教师培训学习的教材

读书自古以来就是为学与从教的基础，它犹如一座取之不尽、用之不竭的宝藏，积淀着智慧的结晶，映射着理性的光辉。新的课改形势迫切要求教师更新教育观念，只有更新教育观念，才能使教师解放思想、开拓创新，才能反思以往的教学行为，进行新的学习和思考，自觉地实践课改的新思想。为使教师更新观念，提高理论素养和教育教学能力，我们把《通州教育》等教育刊物作为师资培训的教材，让老师们养成读书的好习惯，有充满智慧的大脑，有优雅的举止和谈吐，着力营造浓郁的文化氛围，打造一个书香校园。

学校结合《通州教育》中的有关文章有计划地开展各种学习活动。坚持教师学习制度，掌握课改、教科研的基本知识和方法。学校订阅了十余种教学刊物，为教师们扩大信息量，为课题研究积累资料。我们针对《通州教育》上刊登的有关经验，搞业务知识辅导讲座。学习后，组织交流、讨论，将课改的新理念落实到课堂实践中，做到"五多"，即多学习，多思考，多探讨，多研究，多实践。学校要求教师每周学习研讨一次，隔周去图书馆学习、摘抄资料一次，并记《学习札记》，促进教师转变教育观念，用科学的理论充实自己，成为"学习型教师"。

通过学习培训，老师们对教学思想有了更加全面、系统的了解，我们深深地体会到"读书足以怡情，足以博采，足以长才"。

## 二、《通州教育》成为指导教研活动的参谋

　　教学离不开研究，"教而不研则惘，研而不教则殆。"我校把《通州教育》作为指导教研活动的参考之一，以专题研讨的形式，相互砥砺，反复切磋，共同提高。结合《通州教育》刊登的有关文章，我们定期开展教研活动，自觉学习教育教学理论，对学科教学工作进行理性思考，交流学习体会。我们围绕教研活动的主题内容，以问题为核心，主体参与，突出重点，各有侧重，加强交流，对新课程的教育理念、课程标准、教师的教学行为及学生的学习方式进行深入的讨论，促进学习型教研组的形成。我们做到："勤"，即经常化；"全"，即全体参与、全面把握；"实"，即时间落实、问题落实。通过研讨，老师们畅所欲言，进行课例分析、总结经验教训、记录点滴体会、制定改进措施，相互评析、相互启发，共同提高。

　　我们还结合《通州教育》的有关文章，开展教学计划和总结的研讨活动。要求计划和总结做到：求实，实事求是；求精，有重点，总结出规律性的经验和关键性的问题；求新，有创新的教研、电教研、科研的方法措施；求因，分析原因，提出可行性建议；求高，在原有的基础上，教学能力、教研能力、学生素质有提高。我们还以教研组为单位，开展各种交流活动，促进教师间相互学习、共同提高。

## 三、《通州教育》成为引领教学实践的方向

　　《通州教育》刊登的多是我们身边教师的教育研究成果，入目、入心、入情、入理，便于学习、借鉴，容易付诸自己的教学实践。我们注意在施教的科学操作性上下功夫，调动学生学习的积极性，以"需要"激励学生，以"目标"激励学生，以"情趣"激励学生。

　　人民教育家陶行知先生在八十年前就提出要使学生得到"六大解放"，即："解放孩子的头脑，使他能想；解放孩子的眼睛，使他能看；解放孩子的双手，使他能干；解放孩子的嘴巴，使他能谈；解放孩子的空间，使他能接触社会、接触大自然；解放孩子的时间，使他能学自己想学的东西。"虽然这是陶行知先生几十年前说过的，但细细想来，在推进课程改革的今天，仍具有现实的指导意义。例如，学习了《通州教育》刊登的构建开放式课堂的有关文章，教师们鼓励学生深入、开放地提出问题，鼓励学生大胆质疑，允许有不同

答案，鼓励多元思考，注重培养理性的怀疑与批判精神，引导学生实质性地参与课堂教学，对各种方法进行分析、比较、鉴别、归纳，构建优化的思维方法，学会选择、吸取和扬弃。

通过学习，老师们深深地感到要引导学生有效参与课堂教学，就要注重做到：教学目标体现多元性，教学内容体现科学性，教学环节体现层次性，教学设计体现开放性，教学方法体现启发性、通俗性、实用性，教学活动的组织体现主体性、参与性、实践性，教学手段的运用体现灵活多样性，教学信息的交流体现多向性，教学气氛体现民主性，教学评价体现自主性。形成师生互动、生生互动，促使学生主动参与教学的全过程。

《通州教育》已成为引领我校教学实践的方向，老师们边实践、边研究，在研究与实践中逐渐形成了自己的教学特色。

### 四、《通州教育》成为提升教育科研的指南

实践使我们深切认识到先进理论与科学方法在方向上的指导性，在操作中的重要性。老师们正努力由"匠人型"向"科研型"转型。

学校提出教师要加强教学反思，做实践的思考者，思考的实践者。我们引导教师经常对教学现象、教学行为、教学问题进行审视、分析、探讨、研究，不断提高自身素质。《通州教育》上刊登的理论、经验都是以实践为基础的，老师们有选择地付诸实践，在实践中不断地检验、修正、完善，形成理论、实践的良性循环，走教学和科研一体化的道路。对《通州教育》上刊登的针对课堂教学的典型文章，老师们从课前设计、课中实施、课后反馈进行整体思考，包括教学中的亮点、疑点、经验、教训及对今后教学工作的借鉴意义等。教师将反思记入《教学随笔》中，内容包括：经验总结、课堂火花、失误反思、典型案例、对比分析、点滴感悟、困惑质疑、今后设想等等，老师们在改革中思考，在思考中实践，在实践中提升。

《通州教育》是教师自我学习的阵地，展现自我的舞台，我们以《通州教育》为依托，鼓励老师们练笔，写心得、谈感想，学校积极向编辑部推荐教师习作，引导教师在教中思考，在教中提高。

每每拿到新一期《通州教育》，老师们就迫不及待地在第一时间通读一遍，读着一篇篇文质兼美的论文，仿佛在跟一位位教育界的同仁进行心灵上的交流。老师们在《通州教育》上倾诉着自己对教育教学工作的独特感悟与理

解，其中许多思想的火花，足以使读者眼睛为之一亮，在毫不经意之中，实现了思想的交流、沟通与碰撞。一批批青年教师在知识的海洋中畅游，在教育思想的滋润下成长，他们不仅在《通州教育》中懂得了如何去教书育人，也学会了品味教育，享受教育。

感谢《通州教育》编辑部的领导、老师，你们置身于策划与实践的教学中，你们是一批批骨干教师幕后的指导者，使老师们如同亲身接受名师的指点。你们总是以把别人托起而感到自身的轻重，你们为青年教师一步步走上讲台引路。每一期《通州教育》，仿佛都能让人闻到那与时俱进的时代气息，每一期《通州教育》，仿佛都能听到那走在教育改革前列的脚步声。《通州教育》如细雨，娓娓道来，点点滴滴，润人心田；如一曲交响乐，使人产生心灵的共鸣；如淡淡的兰香，沁人心脾，令人回味无穷。相信，在《通州教育》的引领下，通州教育的明天将更加灿烂、辉煌！

# 专业引领　助力青年教师成长

　　一所学校，如果没有一批骨干教师做支撑，这所学校就不可能办出一流的教育。学校办好教育的关键在教师，而青年教师更是学校的希望和未来。我校重视青年骨干教师的培养，把提高教师素质放在首位，注重对青年教师灵魂的塑造，品行的雕琢，教艺的锤炼，充分发挥骨干教师的引领、示范、带动作用，促进青年教师不断成长，从而带动学校教学工作水平的整体提升。

## 一、开展教学活动　提高青年教师素质

（一）加强培训促学习提高

　　叩问初心，知所从来。学校有计划地开展各种学习活动。结合手拉手项目，学习的路上，精彩从未停止。为了适应北京城市副中心教育发展的需求，更好地落实手拉手质量提升工程，我们带领干部教师走进北京第一实验小学进行合作办学交流研讨。我们以合作为契机，以"打造一流教师队伍"为目标，借助手拉手合作项目，助力学校发展。学校规划了"高站位、新起点、心手相牵，提升副中心办学品质——官园小学与北京第一实验小学手拉手项目基础教育质量提升"系列培训活动。我们第一次在房山开展了全体教师培训。第一实验小学主管德育工作的甄珍主任、语文骨干马静老师的讲座，让老师们体会到"真知、真爱才能育真人"。第二次我们在昌平开展了班主任及青年教师培训，广外分校车海英校长的报告让老师们体会到时时是育人之时；市级骨干教师毕然校长的讲座让老师们对语文统编教材有了全面的认识。第三次，2019年暑期我们又组织两校骨干教师、教研组长共同参加了在昆明举办的《"行知研习"全国小语名家·写作教学种子教师深度研习营》和《全国小学数学"问题解决"教学深度研习营》培训。第四次，我们走进华南师大，全方位地认识博大精深的岭南文化，感悟南北教育的差异与一脉相承。

　　在日常工作中，我们组织教师学习学科课程标准及课改有关文件，学习方式采取教师集体学习、小组学习、个人自学相结合的形式，坚持教学工作理念

先行，引导青年教师做到"四点"，即多学一点，多用一点，多总结一点，多提高一点，博采他山之石，使青年教师跟上时代的足音，并自觉地将理论、方法运用到工作实践中，做到精勤不已，厚积薄发。各种教学刊物、全国评优课录像、教学改革讲座录像等音像资料已成为教师在网上经常浏览的资源。各种培训活动的开展使课改理念深深地植根于教师的教学思想中。青年教师们也努力实践，用自己的教育行为解读课改精神。

（二）教学沙龙促交流沟通

提供交流平台，开展互动式研讨，加强教师之间在新课程实施中的专业切磋、协调、合作，共享经验，探讨问题，互相学习，彼此支持，共同成长。教学沙龙活动中，对教学改革中出现的问题老师们各抒己见，经常出现为一个教学问题大家争论得面红耳赤的现象，研究气氛浓，研讨效果好，这种学术思想的交流、思维火花的碰撞促进了教师间的了解与沟通，青年教师走上了大教研的舞台，实现了教师之间的资源共享。

## 二、坚持实践练兵 引导青年教师创新

（一）开展集体备课活动

1. 提出备课要求

我们提出六备：一备教材的合理解读。二备教学资源的开发。三备教学过程的构建。例如："情境—活动—体验""问题—讨论—总结""选择—自悟—交流"等等。四备学习方式的选择。五备师生问题的生成。六备教学活动的开展。

2. 组织集体备课

围绕"课堂教学设计"，各组每周组织一次集体备课，要求把握好每一课的教学目标，围绕目标的制定与达成，进行下列研究：（1）明确一个目标——由整体到个体。这个目标应该是先设定整体的目标，即单元的目标，因此在集体备课之前，教师必须通览教材，对本单元的教学内容有一个总体把握。在此基础上再设定具体某一课的教学目标。（2）提出一些问题——由具体到概括。这些问题可以是具体的问题，如关于情境创设的，或是关于某一个教学设计问题的，或是关于某一个练习题的，或是关于学习方式方法的等等。在此基础上，概括出一些共性的问题，共同研究解决策略。（3）研究一些策略——由理论到实践。问题提出以后，针对一些重点的、有针对性的问题，全组成员

共同商议，寻找最佳的解决策略。这些策略不能仅局限在理论层面，更要注重解决实际问题，突破教学重点或难点。（4）交流一些体会——由教训到经验。交流每个人教学中的一些体会，可能是成功的经验，也可能是失败的教训。（5）共享一些资源——由信息到课例。根据实际情况，选择有价值的信息，充实到自己的教案中，运用到自己的教学中，实现资源共享。

（三）优化课堂教学活动

上好三类课，以此来推动课堂及教学改革，促进教师队伍整体素质的提高。三类课是：青年教师教学过关课、教学改革大赛课、教学改革观摩课示范课，注重参与过程的提高。做到全体教师抓过关，青年教师上水平，骨干教师出特色。发挥骨干教师的示范作用，开展各年级各学科引路课，以点带面，一片云推动另一片云，一棵树晃动另一棵树，互相促进，引领教师在教学实践中获得专业化发展。

立足课堂实践。我们要求课堂教学牢记"三忌"，达到"三无"。"三忌"即忌满，教学是师生双边活动，给学生留出思考的时间、空间；忌灌，课堂不能成为教师一言堂；忌演，将课堂教学夯实，体现真实性。"三无"即教无定法，教无止境，教无不教。

我们在教师中开展了"课堂教学研磨课"活动，为全校教师提供听评课范例，展现一节好课的研磨过程。具体操作方法是，第一阶段：初次备课。在教研组共同分析教材的基础上，先由一位教师进行个人备课，集体修改教学设计。第二阶段：第一次授课。教师上公开课，全校教师观摩。第三阶段：自评、他评。课后，授课教师针对本节课的预设与生成情况开展自评，全体教师就教学中生成的问题进行现场研讨，由听课教师对授课教师及备课组进行提问、质疑答辩，并提出修改建议，每位听课教师写出听评课反思。第四阶段：再次深入备课。授课教师结合大家提出的建议，重新深入修改教学设计。第五阶段：再次调班授课。授课教师调班重讲同一内容，将研磨成果呈现在新的课堂实践中。第六阶段：组内二次评课研磨，对本课教学进行再认识，再次理性反思提升。第七阶段：学校做活动总结。将所有研究材料存档，成为教师今后教学研究的资料。"研磨课"中，各学科教师都参与到同一节课的评价中，收到了意想不到的效果。

开展备课、磨课、评课活动。评课的目的有两个，一是给被评人以启示，另一个是给评价者本人提供吸收与借鉴。研磨课后，我们开展了"经典回眸"

活动，针对"给我留下印象最深的一节课的一个环节或一个瞬间"进行评析，对经典的回眸，有利于评价者本人消化吸收与借鉴。

### 三、开展群众科研　加强实践反思

（一）加强教研组建设

我们的教研活动做到"三个结合"，即课题研究与教研活动相结合，教学理念与教学实践相结合，教研活动与培养青年教师相结合。努力做到教研活动经常化、专题化和系列化。

（二）倡导教学反思

引导青年教师成为反思型实践者，做实践的思考者，思考的实践者，经常对教学现象、教学行为、教学问题进行审视、分析、探讨、研究，不断提高自身素质。在改革中思考，在思考中实践，在实践中提升。

1. 充分进行课前反思。教师根据已有教学经验，再结合本班实际情况，预测学生学习哪部分知识可能出现哪些问题，寻找解决问题的方法、策略，强化预设环节，使每节课都准备充分。

2. 及时进行课中反思。课中反思包括：当教学过程中出现突发事件时，教师要思考如何应用教育机制进行妥善处理；当师生、生生之间出现争议时，教师如何恰当地引导讨论、争论、辩论；当学生不能按教师预想的计划理解问题、掌握知识时，教师如何及时地调整教学预案；当课堂上学生为某一问题争论不休、使教学任务难以按时完成时，教师如何适时、有效地进行调控。教师通过课中反思，充分利用好学生课上临时生成的教学资源。

3. 整体进行课后反思。我们要求教师尤其要重视课后反思，对一节课从课前设计、课中实施、课后反馈进行整体思考，课后反思的形式包括：经验总结、课堂火花、失误反思、典型案例、点滴感悟、困惑质疑、阶段小结、今后设想等。

（三）开展小专题研究

我们坚持以教研为中心，要求青年教师精心备好每一节课，在指导思想上突出学生的主体地位；在教学结构上突出新模式；在教学内容上突出重点、难点；在教学设计上突出探究、实践能力的训练；在教学方法上突出启发式、小组合作讨论式、自我发现式、质疑答辩式等；在学法指导上，突出搭桥铺路，激活思维；在教学手段上，突出现代教育技术的应用。学校要求教师进行创造性教学，通过各种方法引导学生由"学会"到"会学"，给学生提供自主探索的机会，运用挖掘式、引申式、联想式、发散式等方法，对教材进行加工处理，创造性地组织教学活动，培养学生自主探究的能力。

实践使我们深深地体会到：教学工作是艺术，是创造性极强的实践活动，既无千篇一律的模式可循，也无放之四海而皆准的不变公式可用。而积极培养青年教师，充分发挥骨干教师的示范引领作用，有利于提高教师的科研能力和水平，有利于教师的专业成长，更有利于促进学校教学工作的可持续性发展。

# 加强常态教学管理　提升教学质量

多年来，我们以一切为了学生的发展为宗旨，更新教育观念，以提高常态课教学质量为中心，聚焦课堂，加强教学策略、学习策略和课堂教学实效性的研究，以发现问题、解决问题为本，加强常态教学管理，规范教师日常的教学行为，促进学校整体教学水平的提升，在常态教学管理中实现教学工作的新常态。

## 一、开展校本教研　提高课堂实效

开展教学设计研究，我们开展了提高课堂教学实效的专题研究。围绕课堂教学设计，各组每周组织一次集体备课，围绕目标的制定与达成，进行下列研究：

明确一个目标——由整体到个体。先设定整体目标，即单元目标，在集体备课之前，教师通览教材，对本单元的教学内容有一个总体把握。在此基础上再设定具体某一课的教学目标。

提出一些问题——由具体到概括。这些问题可以是具体的问题，如关于情境创设的，关于某一个教学设计问题的，关于某一个练习题的，关于学习方式方法的等等。在此基础上，概括出一些共性的问题，共同研究解决策略。

研究一些策略——由理论到实践。问题提出以后，针对一些重点的、有针对性的问题，全组成员共同商议，寻找最佳的解决策略。这些策略不能仅局限在理论层面，更要注重解决实际问题，突破教学重点或难点。

交流一些体会——由教训到经验。交流每个人教学中的一些体会，可能是成功的经验，也可能是失败的教训。

共享一些资源——由信息到课例。根据实际情况，选择有价值的信息，充实到教学设计中，实现资源共享。

在学校校本教研活动的引领下，一批青年教师正在专业成长的道路上不断前行。工作两年的蔡雨萌老师获区语文录像评优一等奖，区国学现场评优一等奖；在研修中心英语组的指导下，工作五年的王祎老师代表通州区参加北京市英语课堂教学展示获得一等奖并受到好评，参加北京市录像课评优也获得了一等奖；工作六年的郑甜老师参加北京市篮球基本功展示，获得技能、微格、综合三项一等奖，在区春华杯课堂教学现场评优中以优异成绩捧得了"春华杯"。一批批青年教师正在研磨与反思的过程中向着一年熟悉、二年合格、三年成熟、五年优秀、八年骨干、十五年成名师的个人发展目标而努力。

## 二、开展课程改革　彰显办学特色

学校重视三级课程建设，围绕"悦读"教育办学特色，我们确立了建构"悦读"教育三级课程文化，滋养师生人文素养的工作思路：充分挖掘国家课程资源，综合利用地方课程资源，合理开发校本课程资源。为了更好地加强学科实践活动的研究，我校校本课程中开设了《读书实践活动》《数学实践活动》课程，已经编印出了系列读本，作为开展学科实践活动的参考资料。读书实践活动类校本课程，包括：爱读、乐读、美读、赏读、品读、享读，还编辑了指导读书方法的《书海识路》等。数学实践活动主要包括：我会拼摆、我会观察、我会发现、我会思考、我会分析、我会运用等。我们还为学生开发了《数学文化》读本，供各年级使用。

我们的课程建设受到了各级专家的肯定。学校参加了六届北京市基础教育课程建设优秀成果评选，获得三届一等奖、三届二等奖。我们自编的国学校本课程节目在全国政协礼堂和来自日本、韩国的国学爱好者同台演出，受到全国各地教育工作者的高度赞扬！

## 三、开展问题研究　提升教学质量

（一）开展问题研究

我们将教学中发现的问题转化为研究课题，开展问题分析活动，暴露问题，深入剖析，找准症结，力争将学校教学工作"木桶效应"中的短板转化为长板。

我们针对上课细节问题查找不足，并有针对性地解决问题。按照"学习反思——交流研讨——改进创新"的思路开展问题研究。方式有三：一是自我反省，自剖不足，深究根源，确定整改措施，写出反思整改小结；二是座谈交流，开展教研大组活动，促进不同年级间的经验共享；三是开展专题性剖析和研讨活动，献计献策，集思广益。

例如，听课中，我们发现有些班级学生不会回答问题，检测中发现，很多学生，解答考察能力的题就无从下手。针对问题，我们研究发现问题的原因是：学生学习知识死，不灵活，教师课上没有给学生创造表达的机会，教师讲得多，学生独立思考的时间少，所以，学校提出要给学生创造表达、参与以及与同伴互助学习的机会。学校提出在学生回答问题时，要培养学生"夸、评、补、问"的能力，"夸"即肯定优点，"评"即发表评论，"补"即补充不足，"问"即提出质疑，答辩交流。引发多元对话，让学生学会反思、质疑、补充和修正自己。欣赏别人的优点，学人之长补己之短，让学生充分表达内心的真实想法。

再如：我们发现学生的习作，教师批阅后学生往往不看，或者一看而过，效果不大，为此我们开展了"二次习作"的尝试。学生第一次写作后，教师写出评语或者面批，教师批语要具体，有针对性，对学生的修改要有切实的指导作用，学生看到批语后要知道从哪里入手修改。针对有问题的习作提出修改建议，学生再次修改，直到写出满意的习作为止。我们认真抓好习作的复批、复写。从选材、表达、书写到复写等做到人人过关，要求各班习作复批后要达到的最低标准是：一类文要不低于 70%，三类文不超过 10%。我们不追求习作的数量，不加重学生的负担，但力争让学生每一次习作在一次尝试、二次尝试，甚至三次尝试中都有所得，把句、段、篇的要求落实在每一次习作中。力争每一学期中每位学生都有一篇得意之作！

（二）提高教学质量

1. 抓好日常管理。促进学校教学工作均衡发展，抓好四个同步。抓好各学科教学的均衡发展，抓好学生掌握知识和培养能力的均衡发展，抓好各层次学生整体均衡发展，抓好年级之间与班级之间的均衡发展。

2. 强化态度责任。做好"六个一"，即认真对待每一次备课，认真上好每一节课，认真批阅每一次作业，认真对待每一个学困生，认真对待每一次测试的反馈与分析，认真完成每一件日常教学工作。

3. 提高课堂效率。课堂教学力争做到"四多"。即基础目标达成多，有效思维时间多，情感内化质变多，学习方法习得多。面向全体学生，确保基础，分层提高。培养尖子生，确保中等生，提高学困生。学校要求扩大课堂上学生参与面，拓宽发言面，每节课学生的发言面要达到 50% 以上，活动参与率要达到100%，每节课能力训练不低于10分钟，确保每个学生都参与到教学活动中。加强学困生研究，对学困生的作业面批面改，有针对性地进行个别辅导。

为了提高课堂教学效率，我们开展了"学生易错题研究"。要求教师加强日常教学中学生易错题的积累，建立各年级易错题档案，针对易错内容、易错题分类整理，按学科、年级编辑了《学生易错题集锦》，实现资源共享。《易错题集》为老师们提供了加强备课针对性的依据，针对学生的问题备课、上课，提高了教学效率。同时引领青年教师和学生关注细节，针对平时学生易混易错的问题，认真分析产生原因，在每次作业中严格要求，例如答题问题、审题问题等从每节课抓起，从学生作业中的每一个细节问题抓起，从学生的每一个习惯抓起。

# 落实"零起点"教学

## 一、深入学习，提高认识

建立"关于零起点教学"工作领导小组，全面开展"关于零起点教学"的自查自纠工作。加强领导小组的检查指导，针对一年级"零起点"教学工作强化督查、指导和评价，对教师违规行为及时纠正并按照相关规定处理，并纳入教师绩效考核，落实管理，总结交流经验，加强课程实施的有效途径、方法和规律的研究，为"零起点"教学工作保驾护航。

积极宣讲，形成共识。开展"零起点"教学工作培训，宣讲市、区专项工作精神，组织教师开展学习讨论等，不断提高认识。合理安排学科教师。在学校暑期分工时，我们兼顾了各学科、各年级，特别是一年级教师力争做到有市区骨干教师引领，成立了一支老中青三结合的学科研究团队。

## 二、合理安排，全面检查

学校把零起点教学工作列入每学期学校的工作计划，并由校长负责监督实施，保证工作效果。

（一）规范课程管理

学校严格执行国家和北京市、通州区课程设置方案要求，确保开齐课程、开足课时，严禁随意增减课程和课时。

（二）明确教学标准

开学初，学校就对全体教师，尤其是对一年级教师做出了"遵守教师职业道德，尊重教育教学规律，坚持'零起点'教学，不增减课程、不提前教学、不超标教学"的明确要求，严格按照课程标准进行教学，各科科学制定、严格执行学期计划，严禁超标、超前教学。

（三）加强校本教研

加大过程性教研力度，统一各班、各学科教学进度，严禁超前教学、压缩课时的现象。开学第一周，学校组织各学科教学研讨活动，培训学习各学科课程教学标准，交流教学经验，严格按照"零起点"教学标准来教学。在一年级任课教师座谈会上，老师们纷纷表示，"实施'零起点'教学不仅是减轻学生负担的体现，更是一种'慢的教学艺术'的体现，要在适当的时候做适合的事情，要尊重学生的成长规律。作为一年级的教师，一定严格按照教学计划教学，不会超标超时，要重视学生的良好学习习惯的养成教育过程。"

（四）聚焦课堂教学

对一年级语文、数学、英语等学科，加强随堂听课，关注教师能否按教学计划的设计组织课堂教学，观察课堂内容、进度是否与教学计划一致，观察教师是否对学生一视同仁，对"零起点"学生是否存在歧视性语言和行为。引导教师注重学生的学习方法的指导、学习能力的培养和训练，随时关注学生的注意力、坐姿、握笔姿势、课堂纪律、物品摆放等学习习惯的调整和规范，关注三维教学目标的落实。在教学中注意关注全体学生，"不让一个学生掉队"。

（五）严格控制作业量

学校加强对作业的指导和管理，严格控制课外作业总量。一至二年级不布置书面家庭作业，三至六年级书面作业不超过 60 分钟。各年级由班主任负责每天沟通各科作业量及作业时间，以中等生为标准，不加重学生负担。学校要求教师布置作业做到"三严格三禁止"，即：严格执行课程计划，严格控制作业总量和时间，严格控制简单重复性作业；禁止给家长留作业，禁止家长代评作业，禁止留惩罚性作业。

（六）严格规范考试和评价

除语文、数学、英语每学期期末举行一次全校或全年级学科考试外，其他课程不组织考试。学校组织的考试，内容要符合课程标准的基本要求，不随意增加难度。学校不以考试成绩对班级、教师、学生进行排名。

（七）严格禁止违规补课

学校严禁以任何名目在课余时间、寒暑假、双休日和其他法定节假日组织学生集体补习文化课程或上新课。

（八）公开接受监督

学校通过宣传栏、公示栏、校园网站等多渠道公示一年级秋季学期课程开设和各学科教学计划、课程表等，并通过班级群、微信公众号中发送相关通知，公开、自觉接受社会的监督。为了切实落实"零起点"教学减轻学生过重课业负担，学校开展了广泛调查，发放家长问卷、学生问卷，了解家长及社会对"零起点"教学工作的认识，扩大宣传，改进学校工作，争取多方面支持，争取社会及家长认同，助力"零起点"教学工作落到实处。

（九）定期座谈访谈

定期召开教师座谈会。了解学生学习基础、学习习惯等情况，了解老师关于"零起点"教学的情况。确保各学科在一年级教学中，都严格按照国家课程标准设置教学目标，按照上级教育行政部门和小学教研部门下发的教学进度，规范地组织教学。各科教学都要符合国家课程标准及教材的要求，不随意提高教学难度，不随意加快教学进度。在教学过程中，教师对所有的孩子一视同仁，在了解每个孩子的学习基础的前提下因材施教，设置其"最近发展区"，采取多种措施开展教学活动，做到既面向全体学生又照顾个别差异。

定期进行学生访谈。随机选取部分一年级学生进行对话交流，了解一年级学生的语文、数学、英语等知识是不是"零起点"。了解学生学习进度、作业布置及学校适应情况，了解教师是否存在随意提高教学难度、加快教学进度的行为，了解老师是否存在对"零起点"学生有言语和行为的歧视现象，了解老师布置的作业能否在校内完成，有没有家庭书面作业等。

## 三、收获巨大，意义深远

我们深深地体会到开展义务"零起点"教学工作的重要性。这次自查工作促进了我校对此项工作的全面检查，并引导我们进行深入反思，提升了对关于"零起点"教学工作的认识。今后我们将以此次检查为契机，继续深入学习有关文件精神，深刻领会其精神实质，加强"零起点"教学工作的领导，不断提升教师的认识和工作水平，让学生愉快学习、健康成长！

# 落实责任　细化管理

学生居家学习期间，我们落实责任，细化管理，明确方向，促进学生健康成长。

## 一、加强领导　引领方向

（一）制定方案　周密部署

制定《居家学习期间教育教学管理工作方案》，为了科学统筹安排，我们反复研究，几易其稿，在方案的指导下，进一步制定《学生居家学习指导意见》等，具体地指导各年级、各任课教师制定每周的学习安排，做到有的放矢。

高度重视并由校长亲自上好开学第一课，通过公众号面向学生上好爱国主义教育课，思政课和公共卫生知识普及课；面向教师做好卫生防疫、疫情防控、应急心理辅导等工作培训工作；面向家长做好法律法规和家庭教育指导，配合学校共同做好返校工作，营造校园抗击疫情的良好氛围，提高师生和家长传染病防范意识，帮助师生尽快适应返校生活。

（二）学校管理　注重细节

成立由所有领导组成的工作指导沟通群，随时沟通信息，研讨延期开学期间对教师教学工作指导建议，制定有效措施。

我们每周和每一位教研组长最少单独沟通联系一次，沟通一周学生网上学习情况，了解他们遇到的困难，帮助他们及时解决问题，为今后工作提供具体指导建议。教研组长每周汇报空中课堂学习情况，我们将教研组长反馈的材料每周整理一份《各年级、各学科一周空中课堂学习情况汇总》，作为今后工作借鉴。每周做一次延期开学教学工作小结，总结做法，找准问题，为下一步工作提供决策依据。每周根据上级视频工作会精神，结合学校上一周情况，在教研组长群及教师工作群对教研组及全体教师提出工作要求及建议。

（三）尊重差异　灵活安排

学校整理了各级课程资源转发给各科任课教师，每位教师认真查阅相关网上资源后，制定每周本年级具体课程安排表，各任课教师可以设计自己的时间表和路线图，然后将安排表发给各年级组长，年级组长统筹、协调各科学习时间后整理出本年级《官园小学 2020 年延期开学期间学生每周学习安排》，空中课堂开始后，按照市区级课程资源，每周安排各年级《空中课堂课程学习安排表》，由班主任发给学生，做到既兼顾各科，又不加重学生负担。刚开学期间，观看内容均为推荐，学习内容可以根据学生实际情况，前期自主选择、自愿观看，提供学习建议。空中课堂开始后，组织学生按时学习。学生根据教师建议和自己的实际情况，自主设计《我的一日生活》，合理安排学习，按计划安排学习及体育锻炼等，每次上完网课后做眼保健操，养成良好的学习及生活习惯，培养独立学习能力。

## 二、网络教研　反思提升

### （一）多向交流　网络互动

开展多种交流沟通。教师采取灵活多样的形式督促学生学习，将学生自学成果通过拍照、上传电子版等形式及时反馈。教师引导学生除了观看"北京数字学校"点播视频课程外，还进入相应的学习社区，提交成果，与老师、同学以及其他区县的小朋友开展网上师生、生生互动交流，开阔了视野。

建立学生学习互助小组群，很多学生认真观课，积极做笔记，并争先在学习小组群中交流、研讨，展示自己的朗读视频、笔记等学习成果，兴趣高涨。

加强不同形式的指导。关注学生差异，解决家长和学生的实际问题。任课教师指导学生收看多种网络学习课程，对网上学习有困难的学生，加强一对一指导，采用微信、电话等网络答疑方式及时发现学生学习中的问题，解决在家学习中遇到的困难，提高学习质量。

教师对学生收看网课情况做好记录，及时评价引领，真正做到"停课不停学"。

### （二）网上研修　注重实效

组织教师参加通州区名师课堂的录制工作。英语组赵洁晶等老师参加了区高年级英语课的录制。各科教师和学生一起每天按时收看网上课程，做好专项记录，针对网课开展教师听课、评课等活动，写出自己的反思建议，及时整理发现的问题，以备复课后教学更有针对性。面对后续开学后会面临教学时间严重不足问题，教研组重点研究如何将学科知识进行合理整合，包括：单元内部整合，同类知识之间整合等，为复课后提高授课实效提前做好准备。网络互动教研活动，促进了教师停课不停研，云端共成长。

## 三、开展活动　实践提升

（一）拓展实践　阅读积累

开展探究类、动手实践类和基于网络调查的项目式课程研究，进一步激发学生学习兴趣，促进学生扩大知识视野。例如：针对疫情防控工作，科学学科引导学生探究"什么是冠状病毒"，加深对防疫工作的认识；数学学科组织学生将全国新冠肺炎确诊病例、疑似病例人数制作统计图，引发学生对防疫工作的反思；劳动技术学科引导学生懂得日常如何正确消毒；道德与法治学科开展《防疫保健小知识》推广；音乐学科引导学生自编防疫小童谣；语文学科组织学生制作手抄报，致敬白衣天使，致敬英雄；美术学科引导学生用彩笔描绘自己心中的"最美逆行者"；英语学科组织学生用英文给其他深陷疫情影响的世界各国小朋友写慰问信，宣传防疫知识，鼓励他们坚定信心、共同抗疫……多学科协同开展专题研究，既促进了学科整合，又促进了学生对本次疫情防控工作的深入思考。

结合学校"悦读教育"办学特色，依托读书系列校本课程，开展"和名家一起读"等丰富的阅读活动，指导学生阅读经典文学作品。将《朱永新推荐中国小学生基础阅读书目》发给教师选择，结合小学生基础阅读书目开展系列阅读指导，分年级安排读书重点，开展整本书阅读和全学科阅读等深度阅读活动。引导学生参加全国共读公益活动，抗击疫情，从在家阅读开始，带领学生阅读经典，收获成长。为了调动学生阅读的积极性，我们将古诗词、文学常识做成"'悦读'乐闯关"游戏，让学生在玩中学，体验阅读的趣味。停课不停学，阅读不延期！让"阅读"提供给学生终身发展不竭的"源头活水"。"阅读悦生活"，"阅读阅快乐"，努力达到从"阅读"走向"悦读"！让"悦读"点亮学生的智慧人生！

（二）垃圾分类　加强宣传

积极响应关于垃圾分类工作的指示，并召开班子会进行讨论研究，黄玉钢校长提出工作要从提高政治站位、增强责任意识、形成工作合力及营造浓厚氛围方面执行学校垃圾分类的要求。同时，制定了《通州区官园小学垃圾分类工作实施方案》。我校少先队利用公众号对全体师生、家长进行了动员和宣传：

学生制作了精美的宣传小报，并发布了《红领巾见"圾"行动——官园小学少先队员·争做垃圾分类小先锋》公众号。同时向学生和家庭征集了垃圾分类的成果、做法、点子等，并制作成公众号，把垃圾分类的成果进行反馈和巩固。

（三）居家锻炼　强健体魄

读书可以修养内心，增长文化知识；运动可以锻炼身体，增强体质体魄。我们考虑到学生安全、长时间的网络学习造成的用眼过度等问题，在学生中开展"让我们一起锻炼吧"活动，引导学生在家中坚持室内体育活动，如：做广播操、踢毽子、做仰卧起坐和俯卧撑等，让学生强健体魄，享受运动的快乐，保持积极向上的乐观心态，锤炼意志，培养专注坚守、百折不挠的精神。

（四）毕业留念　长远发展

复课正值六一国际儿童节之际，我校六年级教师为学生复课积极筹备，布置班级板报，营造班级节日氛围，同时布置"防控知识宣传"、"毕业季"等相关内容。少先队在 5 月份利用线上课堂布置了"唱响五月，喜迎六一"官园小学云歌咏 PK 赛，同学们积极参与，经过海选评选出部分小歌手参与线上投票。这些活动营造了六一儿童节的氛围，使即将复课的紧张气氛得到了有效缓解。

网上教学期间我们所做的大量工作，得到了家长和学生的认可。特别是，北京市教委赵海兴副主任、市政府教育督导室学校督导处胡靖副处长、市级调研员王俊杰等同志，亲自到学校检查疫情防控及延期开学工作。通州区教育工委书记刘青松同志、党建科科长丛光锋同志和副科长梁佳伟同志也多次莅临我校指导工作，对我校在线上学习期间的各项工作进行调研和指导。通过实地检查和情况汇报，我们的工作受到领导的极大肯定，尤其是对学校线上教学工作的统筹安排及开展"和名家一起读"等丰富的阅读活动给予了高度赞扬。

知者不惑，仁者无忧，勇者不惧！防控疫情，时不我待；延期开学，共克时艰！不平凡的假期，不平凡的坚守，不平凡的家中课堂！特殊时期，全校干部教师依然要不惧挑战、迎难而上，全力以赴、勇挑重担，积极做好后续教育教学和管理工作，确保学校的教育教学工作优质高效地完成，让学生的成长可期！

# 注重过程管理  促教学工作科学化

我们学校教学管理工作的总体思路是：以基础教育工作会议及区教学文件精神为指导，以课改实验为契机，以更新教育观念，提高课堂教学质量为中心，以培养学生的创新精神和实践能力为重点，加强全过程管理，促教学工作科学化，力争达到学生有特长、教师有特点、管理有特色。

## 一、加强专业学习  规范教学行为

（一）开展学习活动

我们充分关注课程改革本土化特性，落实校本教研，促进教师专业成长。坚持课改小组和教师集体学习制度，学校为课改教师订阅了多种教学刊物，购买教学模式典型课例、专辑、全国评优课录像、课改讲座录像资料等，为教师扩大信息量。采取教师集体学习、小组学习、个人自学相结合的培训方式，开展学习活动，使"知识与技能、过程与方法、情感态度价值观""自主、合作、探究""多维评价"等课改理念深深地植根于教师的教学思想中。

（二）完善活动制度

提高教研活动的实效性，完善活动制度，做到"四有""四落实"。"四有"即有活动计划，有中心议题，有主讲人，有专题总结。确保"四落实"，即时间落实、地点落实、人员落实、活动内容落实。教研组长负责召集全组教师讨论本学科、本年级存在的主要问题，制定出具体措施。

（三）提供交流平台

利用研讨日、业务学习、学术沙龙等活动，加强教师之间的专业切磋、协调、合作，共享经验，探讨问题，互相学习，彼此支持，共同成长。例如：学校充分发挥实验骨干力量，组织一批实验的语文、数学、体育、音乐等教研组长介绍实验教材特点，谈参加一批实验的工作体会，包括好的做法、失败的教训、典型个案、应注意的问题等。老师们各抒己见，经常出现为一个问题，大家争论得面红耳赤，研究气氛浓，研讨效果非常好，这种研讨活动尤其是对二批实验教师的帮助很大，使他们少走了很多弯路。

（四）实现资源共享

学校要求教师认真备课，提高备课效益。牢牢把握"个人领悟、集体研究、把握课标、重组资源"的原则，形成具有教师个人风格和符合学生认知规律的教案和学案。集体备课强调教师之间的切磋、协调、交流与合作，共同分享经验，互相学习，彼此支持，共同成长。坚持做到集体备课经常化。

各教研组发扬团队精神，加强集体备课，取长补短。集体备课程序是：

1. 备详案。按章节顺序依次安排每人重点备一课。

2. 详案交流。将每位教师的详案组内交流。

3. 说课。说目标、重难点突破过程、导的方法、教法学法设计、学生创新思维培养、板书设计等。

4. 研讨。找出本课的特点、改革的亮点，科研课题的体现等。分析问题，找出解决措施，使集体备课的过程变为学习创新经验、分享创造成果、激发创造欲望的过程。

（五）坚持实践练兵

开展教学工作，必须有一个扎实的基础，不能走过场。我们以新课改理念为指导，探索创新型教学模式，从最常规的备课、讲课抓起，开展了系列活动。例如我校开展课改工作的具体做法是：开学前，召开全体实验教师动员会，传达学校《课程教材改革实施方案》和《课改工作计划》。第一周，组织课改教师集体培训，从学习、更新观念、各学科研究方向、研究方法等方面提出具体要求。结合研修中心对备课提出的新要求，融进课改的新理念，在全体教师中开展备课专题讲座，从新课程、新教材对备课的新要求、备课的新格式、备课中应注意的问题等方面具体指导，并打印两篇典型教案下发各组，供老师借鉴。第二周老师们通读教材，独立钻研，按新的备课要求，尝试独立备课。第三周，举行全体教师备课、板书设计比赛，学校领导亲自选定内容，统一时间，现场设计。参与实验的教师均设计实验内容，不管是否是实验教材，每篇教案都要体现课改的新观念、新思路、新方法，学校领导逐一审阅，做详细批注，肯定优点，提出具体改进建议，并跟每一位教师单独交换意见，教师修改教案。最后，学校将优秀教案、板书设计办成专题展览，全体教师参观学习，参观后分教研组研讨。

第四周开展讲课活动，区级骨干教师及实验青年教师调班授课。具体方法是：学校指定授课内容，提前三天将授课内容通知教师；教师提前一天在教导处抽签，在非自己所教班授课；全校教师听课，以教研组为单位有针对性地评课；讲课后，将教案上交，并注明教师的创新之处，课改的新理念在这节课中是如何体现的；打印板书设计，装订成册，交流评比。

通过各种培训、学习，使教师更快地理解新课程，走进新课程，提高了教师参与课改、探索创新型教学模式的综合能力。

## 二、变革教学方式　关注学生发展

新课程"以学生发展为本"的实验工作理念，确定了我校课堂教学的研究方向，教师也努力实践，用自己的教育行为解读课改精神，使我们的课堂焕发出生命的活力。

（一）精心设计备课

学校引导教师联系教材内容、学生知能实际，设计"双轨"教学方案。即备教学目标更备学习目标，备教法更备学法，备教路更备学路，备教师活动更备学生活动。站在学生的角度，研究学法。要求教师备课深入钻研、广泛涉猎、联系实际、推陈出新。备课做到"四新"，即学习新思想，认真学习《课程标准》，明确要求；探索新方法，运用挖掘式、引申式、联想式、发散式等方法，对教材进行加工处理，创造性地使用教材；创建新模式，构建民主、开放的新型课堂教学模式；体现新观念，体现"以人为本"的课改工作理念，认真备好每一节课。

（二）立足课堂实践

1.树立四种意识。课堂是教学工作的主阵地，学校提出教师要树立四种意识，即主体参与意识，师生、生生互动意识，培养学生自主学习意识，勇于实践、创新的意识。努力构建以学生为主体、有利于学生实践创新和全面发展的全新的教学模式。

2.完善教学方法。教学方法的选择做到"三个有利于"，即有利于学生参与，有利于学生思维的发展，有利于学生掌握主动获取知识的方法。教师对不同层次的学生要了如指掌，想学生所想，想学生所疑，想学生所难，根据学生实际，及时调整教学策略。

3.改进学习方式。学校积极倡导"新课标，新教材，新课堂"。把学习新课标与实践新课标有机地结合起来。转变教学观念，改进学习方式突出五个重点：把"备"的重点放在对学生的了解和分析上，把"教"的重点放在学生学习方法、方式的指导上，把"改"的重点放在对学生分层次要求、分类提高上，把"导"的重点放在学生心理、思维的疏导上，把"考"的重点放在学生自学能力和创新能力的培养上。要求每节课都要体现新观念、新思路、新方法。

精心上好每一节课，在指导思想上突出学生的主体地位；在教学内容上突出重点、难点；在教学设计上突出探究、实践能力的培养；在教学方法上突出启发式、小组合作讨论式、自我发现式、质疑答辩式；在学法指导上，突出搭桥铺路，激活思维；在教学结构上突出新模式；在教学手段上，突出现代教育技术的应用。

4.实现多元角色。充分发挥教师的主导作用，提问要有思考价值，引导学生多角度思考，学生答案可能不唯一，这时老师并不只是一个提问者，更是一个与学生同步学习的参与者、点拨者。课堂教学采用启发式、探索式、小组合作等形式，鼓励学生探究和运用各种方法解决问题。以多元智能理论为指导，针对学生的个别差异，因材施教，分类指导，关照优秀生，关注中等生，关爱学困生。

课堂教学牢记"三忌"，达到"三无"。"三忌"即忌满，教学是师生双方活动，给学生留出思考的时间、空间；忌灌，课堂不能成为教师一言堂；忌演，将课堂教学夯实，体现真实性。"三无"即教无定法，教无止境，教无不教。

我们努力追求那种"课伊始，趣已生；课正行，趣正浓；课已毕，趣犹存"的课堂教学境界，使学生乐学爱学，提高学习效率。

## 三、开展专题研究　创新教学模式

"探索三位一体新型课堂教学模式的研究"是我校承担的"十五"期间区级重点课题，我校把课改研究与本校实际结合起来，确立了"以课改理念为指导，探索创新型教学模式"的课改课题。

（一）强化课题实验

课改工作做到"四有一加强"。即有专题研究方案，有骨干教师，有典型经验，有成果的汇报、验收，加强研究成果的推广，观摩研讨，做到"三个到位"。即组织到位，课改小组研究到位，指导到位。

以教研组为单位，开展说、讲、研、评、改、写活动。说：说课改的内容，教学过程改革的具体环节；讲：讲科研的方法及研究目的和思路；研：研究教学过程的整体优化，学生的全面参与，主体性、创造性的发挥；评：评研究的得失成败；改：改进不合理的环节；写：写出进一步研究、提高的具体措施。结合科研课题及课改的新理念，在每节课中体现"促进人的发展"的课改理念，关注学生的兴趣，注意创设有利于学生参与的教学情境，引导学生自主学习。课堂教学改革体现实践性、活动性、教育性、开放性和多样性的特点，注重师生、生生间的多向交流和平等交流，探索实验课堂教学的新模式。要求实验教师每月上一节体现课改新模式的研究课，对突出的课例，组织全校教师观摩。

（二）开展专题研究

学校提倡教师将教学中的问题及时转化为研究专题。我们重点进行了以下几项专题研究：

1. 激发学习兴趣。我们提出要激发学生的学习兴趣，促进全体学生积极参与教学的全过程。但在有些课改课中，表面看学生兴趣很高，但细细想来，学生的兴趣只停留在对一朵小红花、一颗小星星的短期兴趣上。并不是说发小红花、小星星的激励方法不可用，这本身也是一种好方法，但我们发现，有的课只有到教师拿出小红花、小星星时，学生才有回答问题的积极性。所以学校提出要重视调动学生的长期兴趣，尤其是要培养学生由短期兴趣发展为对所学学科、内容的长期兴趣。学校评课主要看学生课堂参与的热情，表现的机会，个性的彰显。我们提出课上学生发言的覆盖面要达到50%以上，活动参与率要达到100%，在评课中我们也重点统计以上数字，使教师在引导全体学生全面参与教学全过程方面出经验。

2. 关注合作学习。加强小组合作的研究。在听课中，我们发现有些课安排的小组合作环节流于形式，有些只是为赶时髦，在小组中，有的后进生经常一言不发，长久下去，这些学生积极性可能会越来越低，所以如何调动小组合作中的弱势群体参与学习的积极性就是一个值得研究的问题。为了提高小组合作的实效性，调动全体学生主动参与学习活动，我们重点加强了以下几方面研究：

（1）小组合作学习中，小组成员有分工，设立主持人、记录员、检查员，并且小组成员定期轮换分工，使每个学生都有各方面的锻炼机会。

（2）制定小组合作目标。小组成员不仅要达到个人目标，还要帮助同伴实现目标，通过合作，共同完成学习任务。

（3）发挥教师的主导作用。注意发挥教师的主导作用，教师加强对小组合作方式及讨论方法的指导，包括：培养学生学会发表意见；培养学生学会倾听、分析、思考、筛选、归纳、整理；培养学生学会吸取意见，学会根据别人的发言，随时校正自己的思维、方法，达到去粗取精、去伪存真的目的。教师深入小组中，发现问题，及时指导，适时调控小组合作的进程，监控合作的质量与效率。

3.探索评价方法。课改提倡积极性评价，但为了体现以"学生为本"，有的老师在课上，尤其是公开课上，不管学生问题回答得好坏，都一味表扬，不敢评价学生方法的优劣，学生也就缺少了一种选择最优化的能力。同时，不恰当的肯定与表扬也会造成学生盲目乐观，不利于后继学习。认识到问题后，我们要求教师积极探索评价方法，既提倡鼓励性评价，也要策略地提出问题和不足，指出学生今后努力的方向。在我们的课堂上，现在经常可以听到这样的评价："再仔细观察一下，相信你一定会有和刚才不同的见解！""真是个会动脑筋的孩子，从反面想想，你会发现更好的方法。""你的思路真独特，如果再想得全面些就更好了，快来试一试！""你是第一个敢吃螃蟹的人，老师欣赏你！"

我们感到这种评价才是课改真正倡导的积极性评价，这种评价使学生学有目标，努力有方向，更有利于今后的学习。

4.重视教师引导。课改提出要关注学生这本身是无可非议的，但现在有些课堂出现了走极端现象，突出了学生的主体地位，却忽视了教师的引导。我们认为突出学生的主体地位，并不意味着就要剥夺教师的"导"。有些课，尤其是语文课上，经常出现一个问题让学生"你说""你说""你说"的现象，老师成了"点将官""主持人"，却不见"导"在何处。我们提出：当学生不会时，教师引导他们自己学会；当学生遇到困难时，教师引导他们去想；当学生无路可走时，教师引导他们开阔思路……教师成为学生学习中的伙伴、朋友，成为学生学习道路上的同路人，与学生同步学习。

（三）倡导教学反思

在日常教学管理工作中，我们积极倡导以下反思：

教师要成为反思型实践者，做实践的思考者，思考的实践者。我们引导教师经常对教学现象、教学行为、教学问题进行审视、分析、探讨、研究，不断提高自身素质。在改革中思考，在思考中实践，在实践中提升。

1. 充分进行课前反思。教师根据已有教学经验，再结合本班实际情况，预测学生学习哪部分知识可能出现哪些问题，寻找解决问题的方法、策略，使每节课都准备充分。

2. 及时进行课中反思。课中反思包括：当教学过程中出现突发事件时，教师要思考如何应用教育机制进行妥善处理；当师生、生生之间出现争议时，教师如何恰当地引导讨论、争论、辩论；当学生不能按教师预想的计划理解问题、掌握知识时，教师如何及时地调整教学方案；当课堂上学生为某一问题争论不休、使教学任务难以按时完成时，教师如何适时、有效地进行调控。

3. 课后整体反思。对一节课从课前设计、课中实施、课后反馈进行整体思考，包括教学中的亮点、疑点、经验、教训及对今后教学工作的借鉴意义等。教师将反思记入教学随笔中。学校要求教师重视课后反思，课后反思的形式包括：经验总结、课堂火花、失误反思、典型案例、点滴感悟、困惑质疑、阶段小结、今后设想等等。反思要求讲求实效，将课堂中的闪光点、疑惑点、感触点、遗憾点及时记录下来。学校为课改教师每人准备一本《教学随笔》，鼓励教师在教中思考，在教中提高。

4. 对比分析反思。本着"以学生发展为本"的课改理念，我们开展了课改教材与旧教材的对比反思。如：组织"实验教材与非实验教材教师展示课""实验教材与非实验教材教学评优课""骨干教师课改示范引路课""骨干教师调班授课"等。实验教师分科上体现课改创新模式的研究课，突出课例，全校观摩。结合区课堂教学竞赛、"三位一体"评优课等，学校用课改理念指导课堂，着眼于实验的长远发展，将课改的新理念、新方法渗透到各年级、各学科的课堂教学中，做到提前入轨，为今后课改工作的全面铺开做好充分准备。

原来下发的大量的空中课堂节目光盘，都是特级教师及各区县教研员、骨干教师的授课录像，这是很好的教师培训材料，各组充分利用这一有利条件，教研活动安排对比分析找差距活动。活动安排：（1）先自己独立备相同课；（2）再看同内容空中课堂节目录像；（3）评录像课与自己所备课的异同，对比分析找差距；（4）补充修改自己的教案。通过此项活动的开展，提高了教师独立备课及驾驭教材的能力。

## 四、加强校本教研　提高研究实效

（一）加强教研组建设

我们的教研活动做到"三个结合"，即课题研究与教研活动相结合，教学理念与教学实践相结合，教研活动与培养新教师相结合，努力做到教研活动经常化、专题化和系列化，促使教研组建设上一个台阶。教研组长做好四项工作：期初制定好教研计划；期中切实开展好教研活动；平时注意资料积累，归类整理；期末进行反思与总结。我们要求教研组长每周组织教研活动；在每月第四周检查组内教师的教案、听课笔记；每单元考试结束，与任课教师一起进行质量分析。

（二）加强专题研讨

以专题研讨的形式，相互砥砺、切磋，共同提高。定期组织教学沙龙活动，采用灵活多样的活动方式，让教师针对教育观念、教学行为、教学手段等各抒己见、畅所欲言。创设和谐浓厚的研讨氛围，实现研究与培训并举，主研与群研结合，行为与理念互动，研究与使用统一。开展教研大组活动，每月活动一次，实现年级之间的学习、沟通、交流。开展互动式研讨，加强教师之间在新课程实施中的专业切磋、协调、合作，共享经验，探讨问题，互相学习，彼此支持，共同成长。教学沙龙活动中，老师们各抒己见，经常出现为一个问题，大家争论得面红耳赤的情况，研究气氛浓，研讨效果好，这种学术思想的交流、思维火花的碰撞促进了教师间的了解与沟通。老师们走上了大教研的舞台，实现了教师之间的资源共享。例如：我们以教研组为单位，围绕课上如何使学生学会学习开展了说、讲、评、研、改、写活动。说：说学法指导的内容、过程；讲：讲学法指导的思路；评：评学生课上的主动率、活动率、互动率及学生课上的愉悦感、成功感、轻松感；研：研究教师启发、点拨之法及学生"会学"之法；改：找出不合理的教学环节，制定出改进措施；写：写出有创新的学法指导范例。学校召开"学法指导范例交流会"，交流研究成果。

（三）开展主题教研

加强行动研究，提倡反思教学，提升教研的有效性。我们号召教研组将教学中的问题及时转化为研究专题。大致可分为三个可以循环的阶段：发现问题——形成主题——深入研讨。本学期，各教研组开展问题式研究，提出本年级、本学科的一个比较难解决的问题。以敏锐的目光审视日常的教学工作，从点点滴滴的琐事中寻找问题的根源，在平凡的工作中寻找解决问题的方法。从而达到科研的目的——切实解决教与学的问题，帮助学生克服环境的不利因素，为教师架设一条向专业发展的桥梁。当教科研的主题形成后，进入深入研讨的阶段，设计解决的方案。本学期汇报课将开展问题式研究：汇报课针对本组、本班、本学科存在的问题，或本人、本学科的特色，自选内容，上"特色课"。

## 五、培养特色教师 促进专业发展

（一）培养个性化教师

引导教师张扬个性，形成自己的教学特色。在日常的工作中，名师、市区骨干教师、青年教师要培养自己的个性，青年教师从模仿起步，逐步摸索，形成自己的教学特色。老师们，尤其是青年教师要认认真真对待每一节课，在工作中要不断模仿、摸索、实践、反思、再实践、再反思，逐步形成自己的特色。现在已经有一部分教师初步形成了自己的教学特色。近两年，市数学教学实效性研讨会、市加强课堂教学设计提高教学质量课改专题研讨会、区课改总结会、秋实杯课堂教学表彰会等都在我校召开，老师们展示了自己的课堂教学成果，受到市、区领导的高度评价。

（二）开展课堂评优

上好四类课，以此来推动课堂及整体教学改革，促进教师队伍整体素质的提高。四类课是：青年教师教学过关课、教学改革大赛课、教学改革观摩课、教学改革示范课。注重参与过程的提高，以点带面，互相促进，共同提高。做到全体教师抓过关，青年教师上水平，骨干教师出特色。发挥学科中心组成员、骨干教师的示范作用，引领教师在教学实践中获得专业化发展。

（三）开展典型评课

评课做到六评，即一评教学思路是否明确，二评教学内容是否科学，三评教学模式有无创新，四评教学艺术是否有特色，五评主体参与程度，六评教学效果是否有利于学生今后发展。对不同层次的教师：一般教师、骨干教师、学科带头人、名师、市级骨干教师等，评优可采用不同的评课标准，客观公正地评课。

（四）培养青年教师

近两年，由于学校规模不断扩大，新调入几十名青年教师，这些教师教学水平有待提高。学校重视对这些青年教师的培养，加强常规教学工作的指导，多听随堂课，针对重点人采取系列听课。教研组内组长重点辅助，为他们搭建学习成长的舞台，创造更多的学习提高的机会。例如：我们把此次教学工作视导就看成是对我校教学工作的诊断、反思、提升的良好契机。我们推出了 20 几节课，授课教师多数都是生面孔，学校的 14 位区级骨干教师有 10 位我们都没安排讲课任务，比如已经初步具有自己教学特色的张薇、李继东、陈英、关艳梅等老师都没有安排，我们本想骨干都不安排，但另外 4 名，有的是组内缺少青年教师，有的是有区研究课任务需要利用本次试讲。我们的出发点就是尽量推出青年教师和新调入教师的课，锻炼青年教师，给他们创造与研修员零距离学习的机会，这些课可能存在的问题更多，但我们愿意把我们最真实的一面，把我校的整体水平，尤其是教学中的问题展示给大家看，我们更愿意接受研修员们的指导品评，我们的目的就是暴露问题，找准症结，以此机会提高。我们想通过这样的活动有重点地培养教师，为学校发展提供可持续的人才保障。

## 六、搞好质量监控　提高教学质量

实施学校—教研组—教师三级质量监控。

（一）加强日常监控

做到三个及时：即及时认真地批阅，及时发现问题，及时进行补充练习和帮教。注重培优补差工作，因材施教，使每个学生都学有所获。

（二）实现单元过关

学校重视单元试卷的使用，做好单元检测。要求各学科必须用好学校的单元试卷，进行单元过关，发现问题及时分析，查找原因。做到：知识漏洞要找准，补缺措施要得力，突出提优补差。各学科、各单元检测都要做好记录上交教导处，学校随时掌握情况。开展月月都是"教学质量月"活动，向日常教学要质量。认真及时地做好单元、期中、期末检测，重视学困生的辅导，及时发现学生在学习过程中存在的问题，做好试卷分析，并结合问题，做好知识点的弥补工作。

（三）加强学校检测

学校采取不定期、不定学科抽测。每次检测，学校都统一规定检测时间，轮换监场，领导亲自到考场巡视，了解真实情况，检测后领导和教师流水阅卷。发现普遍性问题，要求教师必须逐人、逐题进行试卷分析，将学生没有掌握的知识点、没有形成的能力，出现错误的形式、原因，做好详细记录。主管领导和任课教师共同研究解决问题的方案，受检教师上好小单元回授课，有必要的，学校再进行平行性检测，前后对比，及时查漏补缺。

在开展教学评优课活动时，学校针对单元检测中发现的教学薄弱环节，指定教师将这些薄弱环节作为授课内容，组织全校教师观摩，使讲课更有针对性。

（四）开展单项能力检测

学校坚持单项能力检测，口算、计算、应用题、字词、书写、作文、朗读、阅读、单词比赛等，各单项检测常抓不懈，每学期各有侧重，在日常教学中下功夫。每次检测都由主管领导亲自出题，力求有布置、有检查、有小结。检测以分散为主，不加重学生负担，在打好文化科学知识基础的同时，加强能力培养，使学生各项能力逐步提高，均衡发展，提高学生的整体素质。以人为本，通过"快乐周""我能行""每周作业无错误""每月作业无错误"活动，培养学生良好的学习习惯。在区两届英语词汇大赛中，我校均获得团体总分第一名。

（五）正确对待区学科检测

每次区学科检测后，学校领导都亲自到进校了解情况，和受检测教师共同到进校听试卷分析，回校后及时召开总结会，向教师反馈，总结经验及教训。对于检测中发现的问题，不掩饰、不回避，邀请进校教研员来校视导，进行会诊，学校再针对课堂、单元测验、学生作业、单项能力等跟踪指导，及时补漏。坚持问题研究，在新学期的计划中将这些问题作为研究重点，提出具体的意见、建议，及时纠偏，把失误消灭在萌芽状态。

阿基米德有一句名言："给我一个支点，我可以撬起地球。"研修中心就给我们学校、教师提供了这样一个支点，"雄关漫道真如铁，而今迈步从头越。"今后，我们将继续更新观念，坚强校本教研，在实践中反思，在反思中提高，促进我校教学工作的可持续发展。

# 以教育宣传网络为桥梁　开展校本教研

随着网络技术的运用，新教育技术时代已扑面而来，信息技术给教育带来了前所未有的巨大变革，新的教育技术犹如在我们面前打开一扇窗，让我们迎来了一个色彩缤纷的教育新世界。

我区教委网站、教师研修网、学校网站不断完善，《教育信息》《通州教育》等刊物在改革中不断创新，通州区已形成了"两刊多站"的教育新闻宣传网络。完备的教育宣传网络的形成最大的受益者就是学校和教师。我们欣喜地看到，教委网站、教师研修网、校园网已真正成为通州教师自己的网站，《教育信息》《通州教育》等真正成为了教师交流教育思想的平台，在这里教坛百花争艳，一个个行家里手在这里风云际会，一批批教坛新秀从这里脱颖而出。这里成为我区教育新理念、改革新思想传播的基地，更是广大教师交流经验、探究改革的阵地，同时也是骨干教师展示自我的舞台。这里融思想性、科学性和实用性于一体，聚教育、教学、课改于一身。通州区教育宣传网络对我校教育教学工作的开展起到了巨大的推动作用，为老师们参与课改工作，更新观念，借鉴他人经验提供了一个非常有效的窗口。下面就我校加强教育宣传网应用，开展校本教研方面的工作做简要汇报。

## 一、教育宣传网成为加强校本培训学习的工具

（一）加强培训

现在上网已成为教师们获取教育资源、交流教育信息的重要手段之一。区里各教育宣传网开通后，学校对教师参与教育宣传网络建设做了部署，学校电教主任及网管教师进行了多次大型和小型的网络应用培训，使教师们非常熟练地掌握了浏览、下载、上传、交流的技巧和方法。教学副校长召开了《通州教育》投递稿件专题培训，提高教师总结及写作水平。

（二）注重管理

学校充分利用教师研修网、校园网等为教师提供网络资源，促进学校管

理、教育、教学、师资等各方面的发展。为了更好地参与和利用网上资源，学校采取了很多行之有效的措施，使教师通过利用网上资源，提高教学水平。学校把内网和外网全天候开放，并把区教委网站、教师研修网、北京教育资源网、课程网、中国教育网址大全等加入学校网站的友情链接中，让老师们随时上网浏览教育资源。学校要求教师每人制作一个文章摘要，把网上的教育信息分门别类储存，开展分散学习、重点学习和专项学习。

如今，区教委网站、区教师研修网、校园网已成为我校教师访问率最高的网站，很多教师把这些网址保存到收藏夹或设置成了首页，每天打开电脑第一件事就是习惯性地浏览一下这些网站，通州教育新闻、最新通知、委发文件、教育法规公告，名校长、名教师、教研员工作室网址等都是教师们经常光顾的地方，《通州教育》、校园网更是老师们发表真知灼见、开展学习交流的重要场所。

（三）鼓励参与

学校把区教育宣传网络应用作为学校量化加分指标之一，作为评选先进年级组和先进教师的量化指标。教师们也非常重视此项工作，参与教育宣传网建设与应用的积极性得到了保护与提高。

我校号召全体教师参与到教育宣传网络的建设与应用中来，并要求学校市、区级骨干教师、学科带头人、青年教师等参与教师研修网、校园网、《通州教育》等的建设，关注课改动向，学习新理念，参与教育宣传网的建设与发展，教育宣传网络已成为我校校本培训学习的重要工具。

新的课改形势迫切要求教师更新教育观念，只有更新教育观念，才能使教师解放思想、开拓创新，反思以往的教学行为，进行新的学习和思考，自觉地实践课改的新思想。为使教师更新观念，提高理论素养和教育教学能力，我们把教育宣传网络作为师资培训的工具。

我们结合教育宣传网中的有关文章有计划地开展各种学习活动。定期从教委网站、教师研修网下载有关内容，以理论培训为纽带，组织全体教师学习，加强科研理论、方法学习，提高教师的理论素养。坚持教师学习制度，掌握课改、教科研的基本知识和方法。为教师们扩大信息量，为课题研究积累资料。我们针对《教育信息》《通州教育》上刊登的有关经验，搞业务知识辅导讲座。要求教师努力加强自身文化知识修养，孜孜不倦地汲取他人课改经验，做到"四点"，即多学一点，多用一点，多总结一点，多提高一点。博采他山之石，做到精勤不已，厚积薄发。另外，学校要求教师根据网上和刊物中的重点文章，每周学习研讨一次，坚持记《学习札记》，促进教师转变教育观念，用科学的理论充实自己，成为学习型教师。

## 二、教育宣传网络成为开展校本研究活动的参谋

教学离不开研究，"教而不研则惘，研而不教则殆。"我们把教育宣传网络作为指导教研活动的参考之一，以专题研讨的形式，相互砥砺，反复切磋，共同提高。结合教师研修网、《教育信息》、《通州教育》等刊登的有关文章，我们定期开展教研活动，自觉学习教育教学理论，对学科教学工作进行理性思考，交流学习体会。我们围绕教研活动的主题内容，以问题为核心，主体参与，突出重点，各有侧重，加强交流，对新课程的教育理念、课程标准、教师的教学行为及学生的学习方式进行深入的讨论，促进学习型教研组的形成。我们做到："勤"，即经常化；"全"，即全体参与、全面把握；"实"，即时间落实、问题落实。如：以教研组为单位，围绕课上如何使学生学会学习开展说、讲、评、研、改、写活动。说：说课题研究的内容；讲：课题研究的思路；评：评课题研究的得失成败；研：研究课题今后的发展方向；改：找出不合理的环节，制定出改进措施；写：写出课题研究总结、个案分析。老师们畅所欲言，记录点滴体会、总结经验教训、制定改进措施，在教育思想的交流碰撞中相互启发，共同提高。

再如，每次区检测会后，我们都组织教师阅读教师研修网上刊登的各学科教学检测质量分析、全区情况总结等，并交流讨论，查找自身教学中存在的问题，根据教研员对今后工作的要求，制定出具体的改进措施，收到了很好的效果，区历次教学质量检测中，学校教学质量始终居于区前列。

## 三、教育宣传网络成为展示校本研究成果的园地

我区的教育网站、教育刊物是教师自我学习的阵地，展现自我的舞台，我们以教育宣传网络为依托，鼓励老师们练笔，写心得、谈感想，引导教师"在教中思考，在研中提高"。

我们要求教师要加强教学反思，做实践的思考者，思考的实践者。学校引导教师经常对教学现象、教学行为、教学问题进行审视、分析、探讨、研究，不断提高自身素质。教育宣传网络上刊登的理论、经验都是以实践为基础的，

老师们有选择地付诸实践，在实践中不断地检验、修正、完善，形成理论、实践的良性循环，走课改和科研一体化的道路。教师再将反思日记编辑成个案，内容包括：经验总结、课堂火花、失误反思、典型案例、对比分析、点滴感悟、困惑质疑、今后设想等等。我们还经常针对老师们的论文、课例、个案等开展交流活动，促进教师间的交流、合作、切磋，老师们在改革中思考，在思考中实践，在实践中提升。教委网站、教师研修网、《教育信息》、《通州教育》已成为引领我校教学实践的方向，展示研究成果的平台。

教师通过对网站、刊物中基础教育改革内容的学习，课程改革理念进一步明确，对课改方面专家的观点、课改的焦点、兄弟学校的课改经验能够及时地了解和掌握，改变了以往教师在课改中的盲目性，使他们能够更准确地把握专家的观点和编者的意图，有的放矢地进行课程教学改革，老师们正在和区教育宣传网络共同成长。学校领导也通过教委网站、教师研修网上发布的上级文件精神、专家指导意见等，及时把握课改动向，对学校教师提出建设性的意见和建议。

学校把教育宣传网络建设与教学研究有效结合，开展了多项研讨活动，如：课堂教学展示、论文评优、教学设计评优、落实新课标研磨课等活动。教育宣传网络的应用促进了我校校本教研工作的顺利开展。可以说教育宣传网络给我们搭建了一个学习提高的舞台，教育宣传网等教育类网站促进了学校建设和教师自身素质的提高。

随着我校办学条件的逐步改善，校园网建设的进一步深入，网上管理、网上备课、网上学习正逐渐由青年教师影响到中老年教师，他们正逐步认识到多媒体教学和网络环境的重要性和必要性，并通过中青年教师把技术和技巧传授给老教师，使全体教师都在网络环境中受益，并主动回报给网络。我们积极在教师中开展网络教研，老师们在各自教学领域里"网上冲浪"，建起了自己的学科博客、班级博客。在这里同行切磋技艺；在这里家长倾诉对学校教学工作的殷切期望；在这里，学生倾吐学习感受；在这里，促进了同行交流，促进了家校结合，促进了学生的主动参与。

毫无疑问，教育宣传网络正在为通州教育事业的发展铺路搭桥，通过参与教育宣传网络的建设与应用，我校的教育教学水平和教师参与教育科研的积极性有了很大提高，下一步我们将更好地利用教育宣传网络，因地制宜，开展丰富多彩的校本教研活动，促进教师素质和学校办学水平的提高。

# 居家学习期间的教育教学管理

为贯彻落实教育部和北京市委市政府加强新型冠状病毒感染的肺炎防控工作要求，落实北京市委教育工委、北京市教委《关于做好 2020 年春季学期中小学幼儿园延期开学相关工作的通知》，以及《通州区教育系统新型冠状病毒肺炎防控及延期开学工作方案》《北京市通州区 2020 年春季学期中小学延期开学教育教学和管理工作方案》及《〈北京市通州区 2020 年春季学期中小学延期开学教育教学和管理工作方案〉的补充通知》精神，有效防控新型冠状病毒感染的肺炎疫情传播，做好师生延期开学期间的教育教学和管理工作，确保各项工作平稳推进，结合我校实际情况制定本方案。在延期开学期间，不负百姓重托，不辱教育使命，积极为打赢疫情防控阻击战做出贡献。

## 一、工作思路

在新型冠状病毒疫情防控的特殊时期，提高思想认识，加强疫情的防控工作，充分认识当前疫情防控的严峻形势，始终把师生生命安全和身体健康放在第一位，严格落实"四方责任"要求，落实各项措施。在延期开学阶段形成学校、家庭、社会多方合作、协调推进的工作格局，建立健全延期开学教育教学和管理工作体系，积极做好学生在家的主动防控、科学休息、自主学习工作，根据学生居家学习的特点，突出"五育并举"，突出"深度阅读"，实现"防控、健康、学习"的目标要求，促进学生健康、全面发展。

## 二、工作原则

（一）坚持"三个统一"原则

要提高政治站位，切实加强统一领导、统一指挥、统一行动，按照市区疫情防控的文件精神及部署要求，积极落实工作。延期开学是假期的延续，不得以任何形式集体组织上新课，也不得举行任何形式的线下教学活动和集体活动。

提高思想认识。充分认识当前疫情防控的严峻形势，正确理解延期开学工作的总体要求，以"防控、健康、学习"为工作核心，始终把师生的生命安全和身体健康放在第一位，坚决阻断新冠肺炎在校园传播。使学生在延期开学期间科学、有效居家学习，合理安排居家生活，锻炼基本生活技能，增强自主学习、自我规划意识和能力，促进学生健康成长和全面发展。

坚守工作底线。延期开学是假期的延续，任何学科不得以任何形式组织上新课；不得开展任何线下教学活动或集体活动；不得强行要求学生每天打卡，不能简单地用常规管理办法安排延期开学期间学生的生活和学习。延期开学工作要面向全体学生，对未返京的学生，要做到信息传递到位，隔离追踪到位，对特殊学生，要做到指导帮助到位、沟通关怀到位。

（二）做好教育教学管理原则

制定学校课程方案和课程安排表，科学组织教师对学生居家学习与生活进行指导，做好特殊时期教育教学管理工作。统筹协调，发挥好教研组、年级组、班主任的作用，及时总结经验、推广实效做法，激励教师勇于实践。

（三）坚持统筹协调原则

建立市、区、校三级统筹的工作机制，建立校级工作领导小组，厘清职责、压实责任。用好市、区为学校提供的教育教学课程资源，学校结合实际需求，统筹使用并做好本校工作方案。

（四）坚持全心服务原则

牢固树立以学生为中心的服务意识，做到服务有责、服务尽责，全心服务。做好学生、家长的沟通工作，了解学生及家长需求，倾听声音，研判舆情，提高服务的针对性和实效性。

## 三、工作内容

（一）建立机构，制定并落实工作方案

成立官园小学延期开学教育教学和管理工作领导小组。职责：根据通州区教育系统新型冠状病毒防控工作要求，制定本校的新型冠状病毒防控工作方案和应急预案。建立健全防控新型冠状病毒各项制度和责任追究制度，校长为第一责任人，落实各项防控措施，组织班主任做好本班学生的每日监测工作，及时向上级教育及卫生部门汇报学校新型冠状病毒的相关信息。按照市、区要求，科学研究制定学校工作方案，合理规划、安排、指导教师和学生的工作、学习、生活，落实好各项工作。

（二）统筹资源，组织并实施课程内容

结合市区级课程安排，依据学校实际，将市、区、校三级课程进行统筹融合，形成本校课程方案和课程安排。课程方案要根据学生居家学习的特点，突出"五育并举"，实现"防控、健康、学习"的目标要求。

1. 丰富德育内容

（1）学校充分利用公众号，组织学生开展爱国主义教育，每周向学生推送2期，加强生命教育、健康教育、安全教育、应对危机教育等，通过引导学生对危机事件的理性认识、科学防控应对，增强集体意识、公民意识，树立家国情怀，使学生全面健康成长。

（2）开展"珍爱生命，抗击病毒，我们在行动"班级手抄报评比活动。每人制作1张手抄报，将作品拍照后发给班主任组织评选。学校将优秀作品在公众号展出。

（3）开展美篇小制作活动。将"在家亲子阅读"、"我是家务小能手"、"我的快乐生活瞬间"等一日生活制作成一篇"美篇"，发到班级群和全班同学分享"我的一日生活"。

（4）以爱国主义教育、中华优秀传统文化、心理健康、生命教育、安全教育、应对公共危机事件等方面内容为重点，通过收听收看专题片、纪录片、时事新闻等方式，了解国情国策、国家危机管理体系；体会社会主义制度优越性，增强责任意识和爱国情感，落实立德树人根本任务。

（5）班主任工作。班主任采取多种形式关注学生思想动态，通过班级微信群、网络班会等，组织讨论如何自主学习，如何合理规划学习生活，加强自律，如何提高学习效率等，分享有益经验，对学生做出针对性强的学习和生活指导。例如：利用网络召开班会或小组会，分享自主学习好的经验和做法；引导学生制定好学习计划，按照计划去执行，每天进行自我对照、自我评价和自我督促，养成自律的好习惯；也可以将阅读与信息处理、绘画表达相结合，制作图文并茂的阅读笔记等；可以大量阅读相关书籍，或者看相关的电影或纪录片，或者做些手工、厨艺，拓展自己的兴趣爱好等。开学后召开"疫情期间我丰富多彩的学习生活"主题班会，组织学生进行交流。为有需求的学生提供在线心理健康咨询和答疑服务。

2. 加强课程教学

加强任课教师工作。在延期开学的时期，全校干部教师，要全力做到停课不停教，停课不停学，传递教师对学生的关爱。任课教师要指导学生收看好学校安排的网络学科课程，通过网络答疑及时解决学生学习中出现的问题；推荐指导学生阅读与学科相关的拓展类书籍；布置探究类、动手实践类和基于网络调查的项目式作业，进一步激发学生的学习兴趣。

（1）网上课程，严密组织

市、区教研部门组织各学科专家，集中统一录制了优质的课程资源，通过网络和有线电视节目向学生提供。按照学段分别布置课程，在选择市区课程资源的基础上，形成本校的课程方案和课程安排，做好市、区、校三级课程的协调统筹。"北京数字学校"、通州区"名师课堂"网络课程涵盖了义务教育阶段所有年级、所有学科的同步课程，并且在不断地更新、完善和补充课程资源，供学生在网上和有线电视上点播，还可以引导学生和家长在手机上点播。

①及时公布网上课程教学资源网址，将具体安排通知到每一位家长、每一名学生，组织学生及时收看。

②精选教学素材。延期开学期间保证学生在家进行正常学习。通过创新教学方式，精选教学素材，在各个方面为学生提供教学保障。采取在线的方式，给学生提供学习建议、学习资料，组织探究性学习，鼓励学生进行体育运动，开展心理健康辅导、防疫知识学习等，保持学校和学生之间的联动。

③向全体家长公布学校电话及教师联系方式，便于学生有问题及时联系。

④要求各科教师每天按时收看网上课程，做好专项记录，以备复课后讲课更有针对性。

（2）自学指导，及时检查

①教师安排好学生自学指导计划、下发电子版材料等辅导材料，指导学生按自学指导计划要求进行自学。

②任课教师结合本班学生实际情况科学、合理地布置作业，指导学生灵活地、有选择地自主完成，并通过拍照、上传电子版等方式及时传递到邮箱、微信中。教师还可以通过"北京数字学校"，引导学生进入相应的学习社区，提交作业，进行课后答疑，与老师、同学开展研讨交流。教师对学生完成规定作业的情况进行检查，并及时批阅学生作业，记录学生的学习情况，及时采用多种方式进行检查。

③加强家校合作。正确引导学生家长在学生放假期间督促学生在家按自学指导计划安排的进度进行自学。

加强家庭教育指导服务，增强家长居家教育指导能力，推动科学的家庭教育与专业的学校教育指导有机结合，构建起家校协同、共同参与的指导服务体系，为学生的全面发展和健康成长助力。

倡导布置弹性、探究性和跨学科的选择性作业。根据疫情防控特殊时期的特点，每位任课教师要加入所教班级微信群，采用多种检查、督促的方式，及时做好学生学习情况反馈。坚决杜绝将学生作业变成家长作业或要求家长检查批改作业的情况出现。要加强不同形式的答疑工作，及时解决学生在家学习中遇到的困难，提高学生学习的质量。

（3）网上答疑，个别指导

①学生放假期间，学校要求教师在家上班，学生有问题，可以及时与教师联系，教师进行电话及网上答疑、指导。

②教师结合学生情况，确定重难点，制定为学生答疑的具体措施。各任课教师设计自己的时间表，并研讨出在特殊时期尝试开发的一些创新课程，如国学小讲堂、分级阅读、健康室内操、卫生防疫讲堂、书法、科学实验、小厨房等。

③教师对本班的学困生做重点询问，主动了解情况并指导学生解决学习中的困难，做好指导工作。

④教师将为学生答疑中发现的典型问题，及时记录、分析、归类、整理，准备复课后及时地、有针对性地查漏补缺。

（4）特色作业，学有收获

结合学校"悦读教育"办学特色、读书系列校本课程，依托"攀登阅读"项目，开展丰富的共读活动，带领学生在家阅读。阅读经典文学作品，开展整本书阅读。开展"深度阅读"活动。将《朱永新推荐中国小学生基础阅读书目》发给教师选择，结合小学生基础阅读书目开展系列阅读指导、开展整本书阅读和全学科阅读等深度阅读活动。参加"攀登阅读"推出的大型全国共读公益活动，停课不停学，阅读不延期！抗击疫情，从在家阅读开始，带领学生阅读经典、收获成长。

教师分年级安排读书重点，要求学生充分利用放假时间，多读书，读好书，和好书交朋友。组织学生背诵好文佳段，做好读书摘抄、剪贴，积累习作素材，提高学生的习作水平，促进学生扩大知识视野，培养独立学习能力。

（5）加强反馈，掌握情况

①每天了解一次各班学生收看"北京数字学校"讲座、通州区"名师课堂"网络课程及自学情况，设专门的咨询电话，家长及学生可随时询问情况。

②教师每天与学生联系一次，询问自学情况。

③对于学生不清楚的问题，电话指导。

④教师将学生自学中的集中问题做好记录，待复课后集体辅导。

（6）探索新型教与学方式

此次疫情防控期间，学校积极探索学生自主学习的方法与途径，变被动为主动，积极探索基于网络的新型教与学方式和评价方式，为今后学校教育教学改革铺路搭桥。

例如：利用网络召开班会或小组会，分享自主学习好的经验和做法；引导学生制定好学习计划，按照计划去执行，每天进行自我对照、自我评价和自我督促，养成自律的好习惯；将阅读与信息处理、绘画表达相结合，制作图文并茂的阅读笔记等；阅读相关书籍，或者看相关的电影或纪录片，或者做些手工、展示厨艺，拓展自己的兴趣爱好。开学后召开"疫情期间我丰富多彩的学习生活"主题班会，组织学生进行交流。

（7）加强毕业年级教学工作

加强对毕业年级的管理与服务。结合市、区课程安排，制定学生在家复习备考的工作计划和实施方案，按照计划稳步推进复习工作。

组织学生观看在通州电视台和网络媒体中播放的通州区"名师课堂"毕业年级课程。组织毕业年级观看学科专题课程和跨学科的主题课程，引导学生将学过的知识链接梳理成体系，形成解决问题的能力，教师做好同步辅导和答疑工作，减轻家长和学生的焦虑情绪。

（8）加强随班就读等特殊学生的专业指导。针对学生家庭实际情况，对特殊学生开展"一人一案"的家庭指导。一是根据不同障碍类型、不同层次水平学生特点，以班级为单位制定居家生活和家庭康复训练的指导建议。二是为重度及多重障碍学生制定个别化家庭康复计划，相关康复专业教师要通过电话、微信群等方式开展对家长的线上指导与答疑。

（9）按时参加区级网络教研活动

关注通州区教师研修网发布的教研活动信息，及时通知相关学科教师按时参加网络教研活动，将最新学科教育信息和区学科教学指导意见传达给每一位教师。

### 3. 加强体育锻炼

坚持居家体育锻炼，保持健康的生活方式。观看精选的健康知识和健身指导课程，增强健康与自我保护意识。观看有趣味、易学会、练体能的学生健身操视频，在家中开展自主学习、自主锻炼。每天坚持室内锻炼一小时，促进身心健康发展。

指导学生制定家庭体育锻炼计划，安排好锻炼的频率，控制好锻炼的强度。合理选择锻炼内容、锻炼时间，尽可能减少对邻里生活的干扰。学生做好锻炼记录，养成良好的锻炼习惯。

### 4. 增强美育熏陶

坚持开展音乐、美术、书法等美育活动，陶冶艺术情操。学生可以选择自己喜欢的各类美育活动内容进行学习和欣赏。运用所学知识，尝试创新，提升审美能力，增强文化自信与文化认同感。通过欣赏与表现的形式，积累不同风格、体裁、形式、流派的中外优秀艺术作品，体验作品中表达的人类在对美好事物和崇高理想不懈追求过程中，战胜困难的坚定意志和获得胜利后的欢乐气氛，丰富延期开学期间的居家生活。

### 5. 加强劳动教育

抓住疫情防控的特殊时期，开展劳动教育，培养学生劳动意识，使他们掌握基本的劳动技能。按学段分级布置清晰的劳动内容，明确内容要求。居家学习作息做到有规律，完成学习任务的同时，参加力所能及的日常生活劳动。引导学生身体力行参与到劳动中，让学生了解劳动成果蕴含的辛勤汗水，懂得爱惜他人劳动成果。养成劳动习惯，培养劳动能力，树立劳动观念和精神，感受劳动的乐趣。家校协同完成劳动教育课程的落实，建议家长对学生完成家庭劳动任务做出评价。通过开展线上"家务小能手""厨艺微展示"等劳动教育展示、竞赛活动，提高学生参与的积极性。

（三）有效落实，做好教育教学和管理工作

在不折不扣落实市、区疫情防控要求的基础上，组织全体教职员工按正常开学时间投入教育教学和学校各项管理工作，履职尽责，做好学校防控，完成好市、区、校布置的各项工作。班主任和科任教师要承担学生延期开学期间的联系、答疑和指导任务，每天准确了解学生情况。

根据疫情防控特殊时期教育教学安排，教师在能够随时到校到岗的前提下，学校根据实际情况弹性安排教师工作，实施错峰上下班等措施，鼓励教师采用网络、电话等灵活方式，指导好学生在家的学习和生活。京外返京教师按照防疫要求做好隔离观察。

重视做好学生的心理健康教育和卫生防疫指导，通过科学宣传，帮助学生消除焦虑、紧张心理，养成良好的卫生习惯，做好自我防护，维护中小学生的身心健康。延期开学已经成为既定事实，教师应指导学生做好防护，保证学生拥有健康体魄，引导学生调整好心态，积极防范疫情，不畏惧！合理做好寒假规划，不懒惰！做自己"小课堂"的主人，有担当！

（四）专业指导，发挥家校共育合力

抓住契机发挥好家庭教育作用。指导家长做好督促学生在家学习的工作，要求学生不离家、不返校。培养学生良好的学习和生活习惯。家长应主动反馈学生在家的学习、生活和身心健康状况。开展家庭教育线上课程，让家长给予孩子更多的关心和爱护，为学生营造和谐愉快的家庭环境，确保家校共育效果。

通过多种途径保障家校沟通的畅通，主动宣传学校的工作动态，使家长及时了解工作安排，消除焦虑。学校要定期通过需求调研等方式，了解家长、学生的实际需要，改进工作，提供贴心的教育服务。

（五）重点关注，为特殊群体提供必要服务

对家庭有困难，特别是父母双方都坚守在疫情防控一线无人照看的学生，通过多种形式的调查，摸清此类群体情况，按照保基本、保刚需的原则，在符合防疫要求、确保安全的前提下，制定服务管理方案，提供必要的服务。

## 四、工作要求

（一）落实主体责任

加强党对学校教育工作的领导，充分发挥党建引领作用、科学判断疫情形势、认真落实主体责任，明确细化四方职责，形成学校、年级、班级三级工作机制，做好延期开学各项工作准备。

（二）制定工作方案

在建立校级工作领导小组的基础上，按照市、区要求，研究制定学校工作方案。

（三）确保工作落实

明确、细化责任，安排好疫情防控、延期开学应急值守，确保人员到位，信息畅通，切实把市区校各项工作部署责任到人、落到实处。

总之，学生居家学习期间，指导学生在做好防控、安全健康的前提下，开展好学习活动，布置任务体现开放性、延时性、展示性、选择性，不强制打卡；推送资源要严格把关，落实好立德树人的教育根本任务，体现社会主义核心价值观；要以生为本，及时发现问题，解决问题，满足学生家长的合理需求。

知者不惑，仁者无忧，勇者不惧！疫情就是命令，防控就是责任。目前疫情防控形势依然严峻复杂，容不得我们有丝毫懈怠的情绪、侥幸的念头或麻痹的思想。全校教师要不惧挑战、迎难而上，全力以赴、勇挑重担，积极做好2020年春季学期延期开学教育教学和管理工作。发扬斗争精神、坚定必胜信心，"越是艰险越向前"，和全国人民一起坚决夺取疫情防控阻击战的胜利，确保延期开学期间学校的教育教学工作高效优质地完成！

# 学习提高　实践创新

结合区"我在教育研究中成长"活动，我们牢牢抓住这一有利契机，深化教学改革，促进学校教学工作的深入发展。教育教学实践使我们越来越感到先进理论与科学方法在方向上的指导性，在操作中的重要性，这进一步坚定了我们坚持以科研为先导，加强教学改革，促进教师专业成长。

## 一、准备阶段

学校领导十分重视竞赛，学期初工作计划中就将此项工作作为教学工作重点，制定出了具体的措施。抓好《我在教育研究中成长》工作，首要的任务是要提高广大干部、教师对此项工作的认识，认真组织，完善管理，落实到位。

我们首先成立了活动领导小组，由主管副校长亲自担任领导小组组长，全面负责工作，带头参加专题研究，并承担活动的指导、评价、总结工作。

## 二、学习提高阶段

加强领导小组理论学习，研究活动的具体措施。认真落实区教育学会活动精神，加强领导，制订计划，总结交流经验，加强素质教育的有效途径、方法和规律的研究。

教师教育观念的转变是有效进行课程改革的关键，只有更新教育观念，才能使教师解放思想、开拓创新，反思以往的教学行为，进行新的学习和思考，自觉地实践素质教育的思想观念。学校有计划地开展各种学习活动。坚持教师集体学习制度，学习有关教育学、心理学知识，掌握教改、教科研的基本知识和方法。学校为教师订阅了《教育科学研究》《北京教育》《北京教研》《北京电化教育》《江苏教育》《课堂教学设计》《实验工作通讯》《教师博览》《通州教育》等刊物，为教师们扩大信息量，为课题研究积累资料。学校要求教师用科学的理论充实自己，做到"五多"，即多学习，多思考，多探讨，多研究，多实践。

学校加强教师的培训工作，以科研为先导，使教师由匠人型向科研型转变。以理论培训为纽带，提高教师的理论素养。教科研领导小组组织全体教师定期学习，加强新课程标准、教材、教学参考书的使用等常规培训，采取训学结合的形式，加强理论学习，探索教改工作的途径及方法，不断总结，积累经验。

加强校本培训，采取校内培训和组内培训相结合的方式，把培训工作抓牢、抓实，组内坚持新老教师传帮带，针对一节课、一个专题做具体地、深入细致地研究与探讨，变一个人的财富为大家的财富。

## 三、实践创新阶段

### （一）精心备课

加强备课的研究，提高教师的专项素质，做到"四新"：

学习新思想。认真学习领会《学科课程标准》的精神。明确教学要求，深入钻研，理解教材。

探索新方法。创造性地使用教材，活用教材。各班任课教师可以根据本班情况，调整教材内容，运用挖掘式、引申式、联想式、发散式等方法，对教材进行加工处理，创造性地组织教学。

创建新模式。联系教材内容和学生实际，构建民主、开放的新型课堂教学模式。各学科每节课都设计出练习的梯度，每节课都有提高题或开放题。

体现新观念。各年级、各学科在备课中都要体现"以人为本"的课改工作理念，非课改教师也要在备课中体现课改的思想，认真备好每一节课，做到提前入轨。

教研组抓住关键课、重点课进行研究与教案设计，充分发挥"个人钻研、小组研究、教案共享"的集体备课优势。

学校领导深入教研组指导工作，逐步引导教师：在指导思想上，突出学生的主体地位；在教学结构上，突出新模式；在教学内容上，突出重点、难点；在教学设计上，突出探究、实践能力的训练；在教学方法上突出启发式、小组合作讨论式、自我发现式、质疑答辩式；在学法指导上，突出搭桥铺路，激活思维；在教学手段上，突出现代教育技术的应用。学校要求教师进行创造性教学，通过各种方法，引导学生由"学会"到"会学"，给学生提供自主探索的机会，运用挖掘式、引申式、联想式、发散式等方法对教材进行加工处理，创造性地组织教学活动，培养学生自主探究的能力。

（二）精讲高效

1. 课堂教学采用启发式、探索式、小组合作等形式，鼓励学生探究和运用各种方法解决问题。

2. 充分发挥教师的主导作用，提问要有思考价值，引导学生多角度思考。学生答案可能不唯一，老师这时并不只是一个提问者，更应是一个与学生同步学习的参与者、点拨者。

3. 要求教师摒弃旧的教学模式、方法，创建适合素质教育的新的教学模式。学校要求：教学目标的确定，要把以"教"为主转变为以"学"为主，多层次智力特别是创新精神和实践能力、非智力的全面发展的教学目标；课堂教学的设计，要把以"教"为主转变为以"学"为主，教师的"教"围绕学生的"学"，发挥服务作用；教学活动的组织，把以教为主、学生配合的活动转变为以组织学生为主的、教为学服务的活动形式；教学信息的交流，要把教师讲学生听、教师问学生答的单向交流为主，转变为教师、学生、教材、电教媒体等有声无声的多媒体、多向交流。老师们已总结出了多种教学模式，如：语文教学中，老师们大胆创建并尝试了创设场景、扮演角色、活动中学、课外延伸的模式；数学课注重体现"教学内容生活化，教学设计活动化，教学形式情景化"的特点，探索了学法研究模式；思品教学中设计出以事明理，以理激情，情理结合，激趣导行的新模式；英语教学采用了"诱导→学习→讨论→练习→评价"的协作型模式；音乐课设计出综合实践模式等。教学模式的创新，促进了课堂教学质量的全面提高。

4. 注重培养学生的创新精神和实践能力

（1）培养学生的创新思维，教师首先要有创新的意识。课上，教师对于设计的每个问题都要反复推敲，必须符合"三个有利于"，即有利于学生接受，有利于激活思维，有利于学生主动参与。要经常进行换位思考："这个问题如果我是学生我怎样回答？我的独特见解何在？"

（2）倡导"三论"，即议论、争论、辩论，鼓励学生标新立异，提出与众不同的观点见解。

（3）鼓励学生学有创见，允许学生答错了重答，答不完整的补充完整，没有想好的可以再想，不清楚的可以举手再问，有不同意见的当堂进行讨论，自由发表意见，使学生敢想、敢说、敢为，培养学生敢为人先的勇气。

（4）培养学生的质疑精神，让学生敢问、愿问、爱问、善问，鼓励学生的创见之疑、创见之问、创见之谈、创见之想、创见之作，老师要从学生的角度去思考，现场解答问题并加以引导。期中前学校进行同科同内容的现场教案设计比赛，评优、展示、总结、培训、指导。

5.以多元智能理论为指导，针对学生的个别差异，因材施教，分类指导，关照优秀生，关注中等生，关爱学困生。

## 四、总结参赛阶段

在日常教学管理工作中，加强行动研究，提倡反思教学，我们积极倡导以下反思：

教师要成为反思型实践者，做实践的思考者，思考的实践者。我们引导教师经常对教学现象、教学行为、教学问题进行审视、分析、探讨、研究，不断提高自身素质。在改革中思考，在思考中实践，在实践中提升。

（一）课前反思

教师根据已有教学经验，再结合本班实际情况，预测学生学习哪部分知识可能出现哪些问题，寻找解决问题的方法、策略，使每节课都准备充分。

（二）课中反思

课中反思包括：当教学过程中出现突发事件时，教师要思考如何应用教育机制进行妥善处理；当师生、生生之间出现争议时，教师如何恰当地引导讨论、争论、辩论；当学生不能按教师预想的计划理解问题、掌握知识时，教师如何及时地调整教学方案；当课堂上学生思维活跃，为某一问题争论不休，使教学任务难以按时完成时，教师如何适时、有效地进行调控。

（三）课后反思

对一节课从课前设计、课中实施、课后反馈进行整体思考，包括教学中的亮点、疑点、经验、教训及对今后教学工作的借鉴意义等。教师将反思记入课后小结或教学随笔中。学校要求教师重视课后小结的反思，小结反思的形式包括：经验总结、课堂火花、失误反思、典型案例、对比分析、点滴感悟、困惑质疑、阶段小结、今后设想等等。课后小结要求讲究实效，将课堂中的闪光点、疑惑点、感触点、遗憾点及时记录下来，鼓励教师在教中思考，在教中提高。

学校以中外先进的教育理论为指导，探索一条有利于教师和学生创新、实践，共同发展的教学途径，从具体的教学方法入手，提炼、归纳、总结出最优化的方法。组织全校中青年教师人人撰写，学校将逐一审阅，交流评比，择优上交区学会参评。

此次活动的开展，锻炼了教师，对学校教学工作的开展起到了积极的促进作用，促进了教师的专业成长。

# 骨干引路　促教学工作的可持续发展

一所学校，如果没有一批骨干教师做支撑，这所学校就不可能办出一流的教育；一个学科，如果没有骨干教师牵头，也不会创出一流的成绩。实施素质教育的关键在教师，我校重视骨干教师的培养和使用，把提高教师素质放在首位，学校注重对教师灵魂的塑造、品行的雕琢、教艺的锤炼，充分发挥骨干教师的引领、示范、带动作用，促进学校教学工作的全面提高。

## 一、积极创造条件　合理安排骨干

学校鼓励教师冒尖，为教师冒尖创造有利条件，使他们成为课堂教学的排头兵、教学改革的领头雁。学校已初步培养出了一支在市区有较高知名度，具有一定的自身教学特点的骨干教师队伍。学校择优将骨干教师安排为教研组长，做到各年级、各学科都安排有骨干教师，老中青三结合，使骨干教师成为教学工作的中坚力量，形成骨干引领下的学习型教研组。

## 二、开展学习活动　提高教师素质

学校坚持理念先行，充分关注教研活动本土化特性，开展多样化的校本研究方式，促进教师专业成长。

（一）加强培训促学习提高

学校充分发挥骨干力量，组织各科专题讲座，介绍教材特点，畅谈实验工作体会，包括好的做法、失败的教训、应注意的问题等，更新教学观念，为教师带来前沿的课改信息。学校要求教师每周研讨一次，并记《学习札记》《教学随笔》，促进教师转变教育观念，用科学的理论充实自己，成为"学习型教师"。

（二）教学沙龙促交流沟通

定期组织轻松愉快的教学沙龙活动，采用灵活多样的活动方式，让教师针对教育观念、教学行为、教学手段等各抒己见、畅所欲言。创设和谐浓厚的研讨氛围，实现研究与培训并举，主研与群研结合，行为与理念互动，研究与使用统一。开展教研大组活动，每月活动一次，实现年级段之间的学习、沟通、交流。开展互动式研讨，加强教师之间在新课程实施中的专业切磋、协调、合作，共享经验，探讨问题，互相学习，彼此支持，共同成长。教学沙龙活动中，老师们各抒己见，经常出现为一个问题，大家争论得面红耳赤，研究气氛浓，研讨效果好，这种学术思想的交流、思维火花的碰撞促进了教师间的了解与沟通。老师们走上了大教研的舞台，实现了教师之间的资源共享。

### 三、坚持实践练兵　引导教师创新

（一）开展集体备课活动

牢牢把握"个人领悟、集体研究、把握课标、重组资源"的原则，形成具有教师个人风格和符合学生认知规律的教案和学案。坚持做到集体备课经常化。各教研组发扬团队精神，加强集体备课，取长补短。集体备课程序是：备详案，按章节顺序依次安排每人重点备一课；详案交流，将每位教师的详案组内交流；说课，说目标、重难点突破过程、导的方法、教法学法设计、学生创新思维培养、板书设计等；研讨，肯定优点，分析问题，取长补短，找出解决措施，使集体备课的过程变为学习创新经验、分享创造成果、激发创造欲望的过程。学校举行了全体教师备课、板书设计现场比赛，将优秀教案、板书设计办成专题展览，组织教师参观学习。

（二）优化课堂教学活动

组织骨干教师"引路课"活动，各组推选一名骨干教师上课，其他教师以推选教师为核心成立研究小组，共同参与研究与准备。活动步骤：选择课题，集体研究，体现本组的研究专题，体现自己的教学特色；分组上"引路课"，博采众长，反应课改最新的研究成果；教师分组听课、评课、研讨，找出本课的特点、改革的亮点、科研课题的体现，起到引路示范的作用。其他教师从"引路课"中受到启发，分别上"评优课""展示课"。

（三）开展教学研究

充分发挥学科中心组成员、骨干教师的作用，引领教师在教学实践中获得专业化发展。推出三个层次的课堂教学研究：青年教师加强研究，校内锤炼教艺，校外争取锻炼机会，早日入门；区中心组教师，专题研讨，积极争取承担区级研究课，总结经验，逐步形成特色；名师、学科带头人、骨干教师出色完成市、区级研究课、观摩课任务，示范引路，帮助青年教师向骨干教师迈进。开展"骨干教师家长开放日活动"，家长参与听课评课，促教师教学水平的提高。

## 四、开展群众科研　加强实践反思

我们认为让战斗在教学第一线的老师开展大的课题研究是不现实的，所以我们引导教师开展小专题的行动研究，将教学中发现的问题及时转化成研究专题，要求人人是教学者，个个是研究者。

（一）开展学法指导专题研讨

教学离不开研究，"教而不研则惘，研而不教则殆。"学校以专题研讨的形式，相互砥砺、切磋，共同提高。我们以教研组为单位，围绕课上如何使学生学会学习开展了说、讲、评、研、改、写活动。说：说学法指导的内容、过程；讲：讲学法指导的思路；评：评学生课上的主动率、活动率、互动率及学生课上的愉悦感、成功感、轻松感；研：研究教师启发、点拨之法及学生"会学"之法；改：找出不合理的教学环节，制定出改进措施；写：写出有创新的学法指导范例。学校召开"学法指导范例交流会"，交流研究成果。

（二）课堂教学导入的设计

学校积极引导教师大胆创新，上学期重点研究了课堂导入的创新，我们总结出了多种导入方法，如：谈话导入、日常生活导入、释题导入、语言描述导入、介绍导入、质疑导入、复习导入、过渡导入、操作导入、游戏导入、听辨导入、咏诗导入、谜语导入、创设情境导入、对话导入、活动导入等等。导入方法因课而异，良好的开端是成功的一半，教师的创新也从这里起步。

另外，我们还开展了多个小专题研究，如：如何激发学生兴趣、如何提高小组合作实效性、如何充分发挥教师主导作用、如何将课改理念转化为教师具体的教学行为等。这种基于教学工作实际的小专题问题式教学研究，唤醒了教师的科研主体意识，促进了教师的教育观念、教学行为发生全方位的变革，为教师的成长提供了肥沃的土壤。

实践使我们深深地体会到：教学工作是艺术，是创造性极强的实践活动，既无千篇一律的模式可循，也无放之四海而皆准的不变公式可用。而积极培养骨干教师，充分发挥骨干教师的示范引领作用，有利于提高教师的科研能力和水平，有利于教师的专业成长，更有利于促进学校教学工作的可持续性发展。

# 开展教学活动　坚持实践练兵

学校教育的关键在教师，我们重视教师的培养，把提高教师素质放在首位。学校注重对教师灵魂的塑造、品行的雕琢、教艺的锤炼，坚持以教科研促观念更新，以活动为载体，坚持实践练兵，为每位教师创造机会，搭设展示教学艺术的舞台。

## 一、加强教学研究，提高教学水平

我们坚持以教研为中心，要求各组教师精心备好每一节课。在指导思想上突出学生的主体地位；在教学结构上突出新模式；在教学内容上突出重点、难点；在教学设计上突出探究、实践能力的训练；在教学方法上突出启发式、小组合作讨论式、自我发现式、质疑答辩式；在学法指导上，突出搭桥铺路，激活思维；在教学手段上，突出现代教育技术的应用。学校要求教师进行创造性教学，通过各种方法引导学生由"学会"到"会学"，给学生提供自主探索的机会，运用挖掘式、引申式、联想式、发散式等方法，对教材进行加工处理，创造性地组织教学活动，培养学生自主探究的能力。

教师备每节课都要求做到五个字：

（1）钻。一是深入钻研教材，理解教材烂熟于胸，运用自如；二是广泛涉猎和本课教材有关的其他文字材料、音像资料、媒体手段等一切与课堂教学有关的信息。

（2）参。参考资料只是作为学习、参照，从中受到启发，但绝对不生搬硬套，盲目模仿。

（3）设。设计"双轨"教学方案。即：备教学目标更备学习目标，备教法更备学法，备教路更备学路，备教师活动更备学生活动。

（4）导。结合教材重点内容，每节课必须设计详细的学法指导范例，写清学法指导的思路、过程、方法。

（5）写。按照新大纲要求，编写讲究实效的教案，特别要注重体现培养学生的创新精神与实践能力。

总之，对教材要有新理解，教法要有新突破，学法要有新思路，常备常新，真正体现备课是一种创造性的艺术劳动。

教研活动求"新"，有创新的教研、科研、电教研的方法、措施；求"高"，在原有基础上教学能力、科研能力、应用现代教育技术特别是计算机辅助教学能力有提高；求"精"，归纳总结出规律性的经验，关键性的问题。除此以外，教师成为真正的教学活动的组织者、指导者、参与者。

## 二、促进教学改革，优化课堂结构

我们以科研的意识、现代教育的观念，坚持不懈地开展说、讲、评、研、改、写活动。说：说本课教学的具体内容、教学过程改革的具体环节。讲：讲知能训练的内容、目的、思路、方法及导拨的过程。评：评是否以学生为主体，促学生主动探究，评本课的得失成败。研：研究课堂结构的整体优化，学生的全面参与，主体性、创造性的发挥。改：改进不合理的教学环节，制定出提高的具体措施。写出具有新意的促进学生主动探究的学法指导范例，择优交流，实现互学互补。学校定期召开"培养学生创新精神和实践能力范例"经验交流会，提高教师的业务水平。

我们要求全体教师树立促进发展的观念、尊重儿童的观念、主动发展的观念，充分利用多种教学媒体，摒弃旧的教学模式、方法，创建适应素质教育的新模式。我校教师已总结出的语文教学模式有：

双主体教学模式。以学生为主体，思、议、读、写相结合，以思代讲，以议代讲、以读代讲、以写代讲，提高学生阅读能力。

四读训练模式。一读知内容，二读找重点，三读谈理解，四读表情感。

读写结合，同步训练模式。如：范文对照，读写结合；紧扣动词，读写结合；抓住对话，读写结合；诱发想象，读写结合等。

课内外阅读相结合模式。通过读、说、画、演、写、展、评等形式，研究课内外阅读相结合的规律，实现知识、能力、情感相互迁移。

情境教学模式。感知——创设画面，引入情境，形成表象；理解——深入情境，理解课文，领会感情；深化——再现情境，丰富想象，深化感情。

数学学法研究模式。动手测量，感知学法；细心计算，发现学法；观察比较，探究学法；电脑操作，验证学法；教师精讲，理解学法；合作研讨，掌握学法。

英语教学采用协作型模式，即：诱导→学习→讨论→练习→评价，使不同基础和能力的学生都有机会发掘自己的潜能，提高了英语交际会话能力。我校学生及辅导教师在北京市"新星杯"英语词汇游戏大赛中获团体二等奖，区英语会话能力比赛一、二等奖。

教师在教学中充分利用录音、录像、挂图、教具、多媒体辅助教学等手段，突出重点，突破难点，采用直观形象的手段，激发内部动机，鼓励质疑，努力启发学生思考问题，引导学生动脑、动手、动口，表扬学生的点滴进步，创设宽松和谐的课堂氛围，激发学生求知的兴奋点，使学生乐学、爱学、勤学、巧学，思维一直处于活跃的状态，并贯穿于教学过程的始终。例如：陈英老师在教一年级拼音复习课时，结合教学内容，设置相应的童话角色，让学生担当主角，带着头饰扮演鸭妈妈和小鸭，摇摇摆摆地走进"秋天的果园"，由教师扮演的山羊伯伯不断提出不同的问题，小鸭们欢快地回答，并反过来向山羊伯伯提问。在儿童想象的作用下，课堂笼罩着童话的迷人色彩，精心设计的教学环节深深地叩动了学生的心弦，在教学的全过程中，教师作为学生合作的伙伴，与学生同步学习，教师成为一个真正的教学活动的组织者、指导者、参与者，充分体现了学生的主体作用，调动了他们的主观能动性。

## 三、坚持实践练兵，促进岗位成才

学校开展各种教学活动，提高教师的业务水平，如组织"骨干教师展示课""教学评优课"等活动，为教师施展才华搭起舞台，促使教师形成自己的教学特色。结合区"春华杯"课堂教学竞赛和"三位一体"评优活动，学校首先举办校内"春华杯"和"三位一体"课堂教学竞赛活动，采取自愿参评，分学科展示的方法，把每节课都录像，教师自选内容，独立教学设计，自看课堂实录，自评教学设计、教学过程、教学行为，体现新课标精神，注重培养学生的创新精神和实践能力。教师踊跃报名参赛，共录课30余节，很多教师备课、自制课件至深夜一两点钟。学校对每节课仔细研究，经过综合评选，择优推荐李献敏老师参加区"春华杯"竞赛，李献敏老师自编《挑战时装设计师》一课，通过电脑展示世界著名时装大师的作品，实物展示教师设计的一件件独具匠心的纸时装，提供充分的感性材料，调动学生强烈的设计愿望。可真别小看这些十几岁的孩子们，一张张纸在他们灵巧的手里好像都被赋予了生命，作品构思新颖、设计独特、五彩缤纷。学生的思维插上了想象的翅膀，他们个个变成了能工巧匠。他们还即兴为教师设计了大方得体的纸时装，并邀请教师参与，共同登台，走起模特步，畅谈创新实践的构思，展示创新实践的成果。教室里不时响起热烈的掌声，为他们创新实践的精神喝彩。这节课以小组总分第一的成绩进入决赛，捧回了"春华杯"，她的区骨干教师展示课得到市教研员的高度评价，市美术教研员说："这是一节非常成功的、有创新的课，李老师自编教材，教法新颖，形成了自己的特色，教改步伐走在了全市的前列。"

本学期初，为了迎接区"秋实杯"课堂教学竞赛并准备参加区"三位一体"决赛，我们又组织24位老、中、青骨干教师参加了在北京举行的"全国特级教师、青年教师课堂教学观摩展示活动"。然后学校组织初赛，择优选派关艳梅老师参加区"秋实杯"比赛，学校领导和关老师共同备课，多次修改教案，利用休息日去北京录像、制作课件，为了参加决赛，她把所教年级段的每篇课文都准备出了详细教案，最终获得了"秋实杯"。

参加区"三位一体"评优课决赛，为了赛出我校的特色和水平，我们对《自相矛盾》这课深入研究，并引导学生在学习现代文的基础上学习古文，加强古典文学对学生的熏陶和感染。同时教师还注重培养学生的创新精神和实践能力，为了让学生深入体会卖矛和盾的人是怎样自相矛盾，教师让学生拿着道具到讲台前表演，充分发挥学生的想象力，学生表演得惟妙惟肖、入木三分，激起全场一阵又一阵热烈的掌声。学生再把自己的体会朗读出来，读出理解，读出了不同的个性，此课获得区"三位一体"评优课一等奖。

## 四、提供优越条件，创造一流业绩

学校积极为教师提供优越条件，鼓励教师创造一流业绩。实践证明：开展教学活动，坚持实践练兵，是培养骨干教师的重要途径，是提高全体教师素质的重要手段，我们将继续努力，开创学校教学工作的新局面。

重视教师引导。新课程标准要求突出学生的主体地位，但这并不意味着就不要教师的"导"。课堂上经常出现，遇到一个问题教师让学生"你说""你说"的情况，教师成了"点将官"，却不见"导"在何处。本学期研究了：当学生不会时，教师指导他们会学；当学生遇到困难时，教师引导他们去想；当学生的思路狭窄时，教师启发他们拓宽思路；当学生迷途时，教师把他们引上正路；当学生无路可走时，教师引导他们铺路架桥。

# 坚持科研引路　促进学校发展

官园小学自 1987 年建校以来，先后被评为"北京市教科研先进校""北京市课改样本校"，连续 8 年被首都精神文明办评为"首都文明单位"，连续 11 年被通州区教委评为"全面育人，办有特色"学校。学校在不断发展、壮大，教育教学质量稳步提升，社会声誉越来越好。校长赵昆山为通州区名校长，学校现有市级骨干教师 5 人，通州区名师 3 人，骨干教师 17 人。回顾这些年取得的成绩，我们认为很重要的原因就是学校始终坚持科研对教育教学的引领作用，把教科研作为提升教育教学质量、教师专业发展和学校可持续发展的原动力。

## 一、领导重视，科研管理制度化

学校领导十分重视教科研工作，把其纳入学校的整体发展规划，成立了三级管理网络，三级组织目标明确，各有分工。

| 教科研领导小组 | → 学校教科研组 | → 学校课题组 |
|---|---|---|
| 组　长：校长 | 组长：主管科研工作主任 | 组长：课题组长 |
| 职　责：全面领导教科研工作 | 组员：市区级骨干 | 组员：全校教师 |
| 副组长：教学副校长 | | |
| 职　责：制订工作计划 | 职责：制订课题研究计划 | 职责：开展子课题研究 |
| 　　　　发布学校课题 | 　　　实施课题研究 | 　　　有研究成果 |
| 　　　　带领课题研究 | 　　　有研究成果 | |
| 　　　　考核评比 | | |

为了使教科研的管理更加规范、科学，学校还先后出台和完善了《官园小学科研课题管理制度》《官园小学科研成果奖励制度》《官园小学先进教科研小组评选标准》《官园小学理论学习制度》等。

学校每学期拨出相应的活动经费支持教师参加各种培训，为每位科研小组成员免费订阅一份科研刊物，学校还为教研组订阅了《教育科学研究》《北京教育教学教研》《福建教育》《江苏教育》等多种刊物，为课题研究提供理论支持。

领导的高度重视，制度的有力保障，资金的大力支持，教师的积极参与，使我校的教科研工作充满活力。

## 二、注重过程，研究工作规范化

我校共有市、区级立项课题 7 项，先后参与国家、北京市课题研究 5 项。无论是市、区立项课题还是校级课题，学校都严格按照课题研究的程序，规范操作。

每学期学校都要聘请市、区教科研专家来校进行各种专题讲座，说思路，谈做法，讲经验，为教师科学选题提供帮助。学校要求每位教师要建立研究档案，随时积累过程性材料，做到"二有一汇报"，即有阶段性研究的目标、计划、措施，有阶段性成果；每学期以不同的形式汇报课题进展情况或阶段性成果。

借助科研这一途径，促进教师在教学过程中不断研究、反思、在实践中不断增强研究意识，提升研究水平，逐步形成自己的教学特色，向科研型、智慧型教师转变。

## 三、全员参与，科研教研一体化

学校把科研的程序方法引入到教研活动中，全体教师在参加教研活动的同时强化科研意识，受到科研方法的培训，使教研成为科研，科研融入教研，科研、教研"双轨合一"。主要方法是：

（一）学习加思考——增强科研意识。学习有关教育教学的或与自己课题研究相关的理论，让教师站在理论的前沿反思自己的课堂教学，引导教师修正不利于学生发展的教学观念、教学方法和教学手段。

（二）实践加研究——提高研究实效。引导教师学做有心人，留心身边发生的教育事件，善于反思自己和他人的教学活动，养成从教学中发现问题，从问题中提炼课题，然后再带着课题走进课堂。做到教学与研究相结合，从而增强课题意识。

（三）提炼加推广——展示科研成果。教师撰写的教育论文、案例随笔、教学反思等文章，通过学校网站进行登载宣传，为教师提供交流互动、取长补短、共同成长的良好空间。

（四）制度加保障——确保教科研有序开展。为了保证教科研活动更具实效，学校制定了一系列监督检查措施。

教研活动科研化是为了丰富教师的理论基础，培养教师善于总结、反思的习惯，最终达到让教师丰富自我、提高自我、更新自我、发展自我的目的。

## 四、重点培养，教师发展专业化

近几年，新调入我校的青年教师越来越多，已占到任课教师总数的70%左右。我们清醒地认识到：学校要想实现可持续发展，有所突破，有所创新，办出特色，就要加强对这支年轻教师队伍专业素质的培养。因此，学校倡导青年教师积极开展教科研工作。

（一）澄清认识，激发青年教师的科研热情

没有教育科研引路，我们的教育教学便会停滞不前，失去生机和活力，只有研究才能带来理念的更新，才能指导行为的转变，才能提升水平的底线，才能实现教育的发展。为了消除教师对教科研的畏难心理，我们首先帮助他们转变认知：科研不是脱离教学的课题研究，科研的内容来源于我们的日常教学，科研的成果服务于我们的教学。学校的教科研就是一个"发现问题—解决问题—探索规律—发现真理"的过程。教学中遇到的问题都可以作为科研的课题来研究，我们每一位教师都是研究者。认识上清晰了，再重新审视自己的工作，他们发现确实有很多问题需要研究。我校引导他们将这些问题进行梳理，分析产生的原因，初步设想解决的办法，并在教学实践中实施、研究与改进。教师采用行动研究的方法解决了教学中的许多实际问题，如低年级语文组通过开展"避免低年级学生唱读现象的研究"减少了很多学生一读书就唱的现象；中年级语文组通过开展"避免学生习作中错别字的研究"，使学生习作中的错别字大大减少。教师感到教科研是在帮助他们解决实际问题，并不干扰自己的教学，研究的热情高了。

（二）开展活动，提升青年教师的科研能力

1.开展学习活动

（1）多条渠道学习

首先是向书本学习。鼓励青年教师多看与自己课题研究有关的文章，精读教育专著，以此来提升理论水平，厚实科研功底。

其次是向专家学习。我校先后聘请了市基教研中心、区教师研修中心专家开展专题讲座，帮助青年教师提高解决问题的能力。

再次是向同行学习。一是以学校内部的教研活动为平台，定期开展不同年级之间、不同学科之间同一研究内容的研讨活动，通过横向交流，学别人之长，补自己之短，实现优势互补；二是在参加校外的教研活动、专题讲座时养成多听、多问、多思的习惯，博采他山之石，做到精勤不已，厚积薄发。

（2）多种形式学习

教科研学习采用的形式有集体学习、教研组学习、自我学习。形式不同，学习的内容各有侧重。集体学习的内容以科研理论、科研知识、科研方法为主，教科研组的学习主要针对本组的课题开展，自我学习主要结合自身实际进行。

2. 开展研讨活动

围绕研究课题，以教科研组为单位开展"说、研、评、改、写"的活动。说：说研究的问题，研究的过程；研：研究实施的过程与方法是否科学；评：评议研究的得失成败；改：改进不合理的环节；写：写出进一步研究、提高的具体措施。围绕热点、疑点、难点问题开展专题研讨活动。此外，我校还推出了教科研主题活动，内容包括："说说我的教育故事"、"我发现的教学问题"演讲、"对一堂课的反思"研讨会等。

3. 开展反思活动

我校认为，作为一名青年教师就应该有一双敏锐的眼睛，能随时发现教学中的问题；有一种探索与思考的习惯。我们倡导青年教师做实践的思考者、思考的实践者。我校开展了下列反思活动：

（1）课堂自我反思

充分进行课前反思：预测学生学习哪部分知识可能出现哪些问题，预设解决问题的方法、策略。

及时进行课中反思：当教学过程中出现突发事件时，教师思考如何应用教育机制进行妥善处理；当师生、生生之间出现争议时，教师思考如何恰当地引导讨论、争论、辩论；当学生不能按教师预想的计划理解问题、掌握知识时，教师思考如何及时地调整教学方案；当课堂上学生为某一问题争论不休、使教学任务难以按时完成时，教师思考如何适时、有效地进行调控。

整体进行课后反思：对一节课从课前设计、课中实施、课后反馈进行整体思考，课后反思的形式包括：经验总结、课堂火花、失误反思、典型案例、点滴感悟、困惑质疑、阶段小结、今后设想等等。鼓励教师在教中思考，在教中提高。

（2）集体个案反思

教师成长之路应是经验加反思，把课堂作为案例，以先进的教育教学理论为指导，对教师课堂教学进行诊断与评价。案例分析有助于教师了解自身的缺失，从而有针对性地加强缺失方面的学习与锻炼，形成教学风格和特色，促进个性发展。

（三）重点培养，打造科研骨干队伍

学校以培养科研骨干为突破口，以此达到聚合一批人，带动一批人，培养一批人，推出一批人的目的。工作中，再通过这些科研骨干的引领与辐射作用，以点带面、以点促面，重点培养，全面"开花"。在科研骨干队伍的培养上我们的主要做法是：

1. 给任务，压担子

我校要求科研骨干教师必须承担区级重点课题，每学期要在组内进行一次专题讲座，每学期至少要有一篇以上的论文获区级以上奖励或讲授区级以上的研究课、评优课、观摩课一节。

2. 给指导，促提高

聘请北京市基教研中心的吴正宪老师对我校三位年轻老师的课堂教学进行点评、指导；多次聘请研修中心的各个学科的教研员深入科研骨干的课堂对他们进行面对面的指导；大力支持李继东老师参加中国教育学会"十一五"《吴正宪教育思想与教法研究》的课题研究活动，支持魏秀霞、李连纺、杨雅静三位教师参与北京市教科院《小学生数学素养的评价研究》课题研究活动。

3. 给机会，促成长

（1）创造外出学习的机会。由学校出资先后派出15名科研骨干参加由北京市基教研中心牵头举办的小学语文、数学青年骨干教师培训班；选派两名科研骨干参加科研方法的培训。"专家＋教师"的培训方式，"理论＋实践"的培训内容令他们收获颇丰。

（2）创造展示自我的机会。学校尽可能地为科研骨干搭建展示自我的平台。我校16名科研骨干中有12人做市级研究课、评优课13节；连续获得通州区"春华杯""秋实杯"奖。16名骨干的百余篇论文获市区一、二等奖。目前，骨干教师无论是从教学能力还是科研水平，对于其他教师都起到了引领作用。

我们要进一步找好科研与学校工作的结合点，找好科研与教师自身发展的结合点，让科研产生更大的综合效应和增值效应，使其真正成为学校发展的原动力。

改|革|篇

# 让学生在同一片蓝天下健康成长

新课程改革的重要理念是要体现"以人为本"，面向全体学生的关键就是要面向有问题的学生，而有心理障碍的学生又是其中的代表，让每一个有心理障碍的孩子和正常学生在同一片蓝天下健康成长是我们义不容辞的责任。

## 一、心理上疏导他们

学校要求教师重视特殊学生，对他们给予特殊的关爱。对于有心理障碍的学生，工作要突出"细""爱""严"三个字。坚持动之以情，晓之以理，导之以行，持之以恒，帮助他们树立信心，发现他们身上的闪光点，为他们创造表现自我的机会。

老师们认真学习有关教育理论，满足有心理障碍学生对自尊的需求，使他们摆脱自卑感，树立自信心，巧点学生心灵的火花。一年级学生张某开学很长时间了也不敢讲一句话，从开学的第一天，老师就给他特许，可以用肢体语言表达意思，如点头、摇头、做手势等，引导他慢慢学会和其他同学用语言交流。班内组织活动，老师都有意识地带着他和大家一起活动。由于胆小，他不敢和男生一桌，老师就让他自己挑选座位。老师们说得好：爱不是教师空洞的口号，教师的一言一行、一举一动都要考虑到弱势群体，要时刻把他们放在心上，爱要体现在方方面面，爱是教师真挚的关心，是教师不图回报的付出，是细致入微的心理疏导，让有心理障碍的学生心中充满爱的阳光。

## 二、学习上偏爱他们

（一）制订个别计划

有心理障碍的学生在身体、智力等方面都有自己的特点，在学习类型、学习能力以及学习兴趣、态度和需要方面也存在着差异，这就要求任课教师认真对待学生的差别，教学工作不搞一刀切。因此，学校要求教师根据学生情况做具体分析，针对有心理障碍的学生制定个别教育计划，在每节课当中要认真落实计划，对这些学生既要尽心尽力，又不能要求过高，更不能求全责备。期末教师要撰写个别教育训练情况小结。

（二）改革教学方法

课堂上，教师坚持以普通学生为主，兼顾有心理障碍学生的教育原则，决不放弃每一位学生，对有心理障碍的学生要早一点打算，多一点关心爱护，多一点个别辅导，多一点鼓励表扬。课堂上优先让他们发言，优先让他们在黑板上展示，优先给他们面批作业。学校领导深入课堂听课，主要看学生是否全体参与，同时检查教师是否做到关爱有心理障碍的学生，让这些学生感受到师爱，感受到学习的快乐，感受到自己和其他同学是平等的，使个别教育计划真正落到实处。

针对学生的特点，因材施教。学生的个体差异是客观存在的，而有心理障碍的学生个体差异更大，课堂上，老师们加强研究，对有心理障碍的学生降低标准或分解问题，使他们获得进步，增强学习的信心。

加强课堂实践。"纸上得来终觉浅，绝知此事要躬行。"美国华盛顿图书馆的墙上写着这样三句话："我听见了我忘记了，我看见了我记住了，我做了就理解了。"揭示的是同一个道理：实践出真知。心里有障碍的学生注意力不容易集中，课堂教学中，教师必须变换形式，增加实践环节，通过各种形式的教学实践活动，积极引导学生参与到教学活动中来。

（三）加强个别辅导

教师平时及时记录有心理障碍学生知识能力的检测情况，分析所差之处，采取不同措施及时补救。老师们对学生加强课下的补漏工作，在补的过程中，尽量从树立他们的自信心出发，提高他们的学习效果。另外，对个别学生放宽作业要求，分层次留作业，提倡为他们留弹性作业。教师督促这些有心理障碍的学生按时完成作业，如有不完成作业的情况，教师分析原因，耐心、细致地做好思想工作，根据学生的不同特点，个别指导。教师对个别学生的作业批改要认真、细致，如有问题及时讲解，学生及时改正，真正做到有心理障碍的学生上课有人管，作业有人谈，学习有人关心，从而激发他们的学习兴趣，不放任自流，也不姑息迁就。

## 三、能力上培养他们

我们认为对有心理障碍的学生的教育绝非仅仅是对"缺陷"的补偿，更多的应是对后天人格缺陷的矫正。这部分学生缺乏自信，很大原因就是因为经历的失败和挫折太多了。帮助心理有障碍的学生走出自卑阴影的唯一途径就是要培养、提高其适应社会的能力。老师们引导学生克服依赖，战胜胆怯，改掉惰性，鼓励学生勇于试一试，敢于露一手。

例如：学生简某因脑瘫，导致语言不清，手、腿都不灵活，独立走路都有困难，同时还出现了严重的心理障碍。他经常自己走路就摔跟头，老师就搀扶他上下楼，指导他把绳子拴在树上用绳子拉着练习臂力、手力，引导他每天早晨锻炼，练习动作的协调性，老师和同学经常教他自理的方法，慢慢地，他也会自己收拾书包、铅笔盒、学具袋了，独立动手、动脑能力得到了协调发展。学生凤某不敢说话，不会表达，老师就从训练他和别人打招呼开始，一个字一个字地带他练习发音，下课了，老师带动同学们和他一起聊天，就一件事让他简单地叙述，说说自己的想法。慢慢地他敢说话了，能和同学们进行简单的交流了，发展了语言表达能力。开始时，有同学笑话有心理障碍的学生，可老师并不嫌弃他们，帮他们树立自信，表扬他们的点滴进步，让他们在班集体里抬起头来，使学生学会自尊、自信、自强，掌握做人的本领和生存能力。

有心理障碍的学生是学校中一个特殊的小群体，促进这些学生成长往往需要学校、教师付出艰辛的努力，这就需要我们从关心的角度出发，教育学生"一个也不能少"，使有心理障碍的学生尽快迈入正常学生的行列，让他们和正常学生在同一片蓝天下健康成长。

# 强化主体意识　促进学生主动探究

教育要以人的发展和人的素质提高为目标，重视学生主体作用的发挥。一所好学校，一个好教师，不仅要把真理告诉学生，更重要的是教给学生探究真理的方法，注重对学生身心发展规律，特别是对学习规律的探索和研究，以学论教，学教结合，通过激发学习兴趣和引导积极思维，促进学生主动发展。

我们教学观念的转变经历了一个由自发到自觉，由朦胧到清晰，由浅显到深入的过程。有一句话使我们深受启发："授人以'鱼'，不如授人以'渔'。"这句话对教育工作者来说已是耳熟能详，它强调了教给学生获取知识的方法比给予知识本身更重要，从"鱼"到"渔"的确是教学观念上的一大进步，教育者不仅要手把手地为学生示范"捕鱼"的方法，更要重视创造一个宽广辽阔、有风有浪的"渔场"，让受教育者从实践中摸索怎样"捕鱼"。这给我们的启示是，教育要尽可能提供一个平等开放，有利于学生发挥主体作用，锻炼能力，施展才华，弘扬个性的宽松环境，注重创造条件，让学生在实践中尝试发现知识，探究真理，进行创造性的主动学习。

从授鱼、授渔到授渔场的转变，形象地揭示了我校教学观念的转变，这"字里行间"的变化使我们有所感悟，树立了"强化主体意识，促进学生主动探究，推进素质教育"的教学理念，并在实践中不断地研究、探索。

## 一、加强主体研究，探索促进学生全面参与的有效途径

学生是具有主观能动性不断发展的主体，课堂教学要以学生的发展为本，以学生为主体，教师的教要为学生的学服务，把主体地位真正还给学生，引导他们积极参与教学过程，探索有效参与的途径，在自主学习中主动获取知识，形成能力。

（一）承认差距，促进全体学生参与教学活动

教师正视学生知识、能力、习惯等方面的差异，面向全体，尤其要特别关

爱学习困难生，鼓励和信任他们，使他们产生归属感和成就感，逐渐主动参与到教学活动中来。

教学活动注意从学生的差异出发，分层教学，在确立总目标的基础上，根据不同层次学生的特点，确定不同层次的目标，使目标定位于学生的"最近发展区"，让不同层次的学生按不同层次的要求享有同等参与活动的机会，恰当解决"吃不饱"和"吃不了"的问题，让尖子生学活，困难生学会。

（二）激发兴趣，促进主体充分参与教学全过程

好奇是儿童的天性，兴趣是最好的老师，教学手段的艺术性越高，学生学习的兴趣越浓。学生学习的成功靠动机的激发，而成功的学习又能激发更强烈的求知欲，正如苏联教育家赞科夫所说："教育法一旦触及学生的精神需要，便能发挥其高度有效的作用。"

在教学中充分利用录音、录像、挂图、教具、多媒体辅助教学等手段，突出重点，突破难点，采用直观形象的手段，激发内部动机，鼓励质疑，启发学生思考问题，引导学生动脑、动手、动口实践，表扬学生的点滴进步，创设宽松和谐的课堂氛围，激发学生求知的兴奋点，使学生乐学、爱学、勤学、巧学，思维一直处于活跃的状态，并贯穿于教学过程的始终。例如：陈英老师在教一年级拼音复习课时，结合教学内容，设置相应的童话角色，让学生担当主角，戴着头饰扮演鸭妈妈和小鸭，摇摇摆摆地走进"秋天的果园"，由老师扮演的山羊伯伯不断提出不同的问题，小鸭们欢快地回答，并反过来向山羊伯伯提问，师生互相提问，在儿童想象力的作用下，课堂笼罩着童话的迷人色彩，教师精心设计的教学环节深深地叩动了学生的心弦，在教学的全过程中，教师作为学生合作的伙伴，与学生同步学习，充分体现了学生的主体作用，调动了学生的主观能动性。

## 二、加强实践研究，探索促进学生主动参与的教学方法

面向全体，全面发展，设定促使学生主动发展的教学目标，规范了学校教学与教学管理工作，学校首先向教师提出要树立四种意识，即：双主体的学习意识；师生、生生互动意识；培养学生自主学习意识；勇于实践、创新的意识。

学校引导教师加强实践研究，探索促进学生主动参与教学过程的方法。在指导思想上突出学生的主体地位；在教学结构上突出新模式；在教学内容上突

出重点、难点；在教学设计上突出探究、实践能力的训练；在教学方法上突出启发式、小组合作讨论式、自我发现式、质疑答辩式；在学法指导上，突出搭桥铺路，激活思维；在教学手段上，突出现代教育技术的应用。学校要求教师进行创造性教学，通过各种方法，引导学生由"学会"到"会学"，给学生提供自主探索的机会，运用挖掘式、引申式、联想式、发散式等方法对教材进行加工处理，创造性地组织教学活动，培养学生自主探究的能力。

此外，教师对不同层次的学生要了如指掌，想学生所想，想学生所疑，想学生所难，根据学生的实际，及时调整教学策略，在学生"山穷水尽"的关键时刻，教师再抛砖引玉，指点迷津，使学生豁然开朗，教师的"教"真正为学生的"学"服务，教师成为一个真正的教学活动的组织者、指导者、参与者。

### 三、加强学法研究，探索促进学生主动探究的教学模式

学习的内涵在推进素质教育的今天已经有了极大的扩展和深化，已不单纯是学习知识技能，而是扩展到"学会学习"上。教师要把课堂教学的着力点放在训练学生"学会学习"的方法和创建新的教学模式上。高强的武艺是一拳一脚地打出来的，学生的能力也同样是训出来、练出来的，而不是教师讲出来、演出来的，在学法指导上、在创建新的教学模式上花力气。探索和运用各种促进学生主动探究的教学方法，激发兴趣，形成探究动机，唤起强烈的求知欲望，体验发现知识的兴奋感和完成任务的胜利感，培养学生学会学习，主动探究。

教学模式不是简单的方法和程序问题，而是教学艺术的创造，教师要树立尊重学生的观念、促进学生主动发展的观念、引导学生学会学习的观念，探索"强化主体意识，促进学生主动探究，推进素质教育"的新的教学模式。

学法是技术更是艺术，学法是创造性极强的实践活动，既无千篇一律的模式可循，也无四海皆准的不变公式可用。学法是教师在课堂教学实践中训练出来的，目的在于让学生自主学习，自主探究。

### 四、加强合作研究，探索促进学生勇于创新和实践之路

现代教学理论认为学习是一个交流与合作的互动过程，小组合作学习可以使师生间的单向交流转变为多向交流，充分体现学生的积极性、主动性，而积极性、主动性是学生创新、实践的源泉。通过小组合作、课堂辩论等形式，

学、说、评、导、练，教师保证学生的主动参与，决不越俎代庖，在创造活动中，不因循守旧，不墨守成规，增加学生个体之间、群体之间和师生之间多向交流的机会，相互启发，诱发联想，激活思维，解决疑难问题等，培养学生观察、分析、理解、概括、表达等能力。

苏霍姆林斯基说过："在人的心灵深处，都有一种根深蒂固的需要，这就是希望自己是一个发现者、研究者、探索者，而在儿童的精神世界中，这种需要特别强烈。"这就要求我们每位教师在教学过程中必须瞻前顾后，把握新课程标准的每一项要求，结合学生实际，大胆改革，勇于实践，精心选择教法，鼓励学生积极探索，想别人没想到的方法，找别人没找到的窍门，巧点学生创新的火花，引导他们去发现、去体会、去争辩，给学生创造积极参与的机会、独立思考的机会、自我表现的机会、主动探究的机会，在课堂教学的每一个环节上扎扎实实地实施素质教育。

# 常规＋细节＋过程＝教学质量

曾经看到这样一个公式，感触很深，"常规＋细节＋过程＝奇迹"，仔细想来，教学工作更是如此。没有规矩不成方圆，良好的"教学常规秩序"是开展教学研究、改革，提高教学质量的保证；"细节决定成败"，细节虽小，却能透射出教育的大理念、大智慧；重视"教学过程管理"也已逐渐被更多人认同，有了过程管理的严、精、细、实，才能收到理想的教学效果。只要我们抓好常规、关注细节、重视过程，就能真正提高教学质量。下面我就从常规、细节、过程三方面就我校教学工作向大家做一个简要汇报。

## 一、常规要规范（提高质量抓常规）

每次传达学校教学计划我们都把常规工作作为首要的一条。上学期，研修中心组织我们参观了北京一师附小，一师附小张校长在介绍经验的时候说本学期教学工作主要抓了学生认真、按时完成作业的习惯，开始听了觉得有些诧异，如此优秀的学校，还将抓好学生作业作为教学的一项主要工作，但细细想来又深有感触，在教育洗去铅华的今天，无论什么学校，无论什么时候，抓好常规工作都应是教学工作的首要任务。

在搞好教学管理方面，我们坚持实现"六化"目标，即"集体备课经常化、个人备课具体化、课堂教学艺术化、课外作业多元化、单元测试规范化、质量分析制度化"。

（一）制订教学计划，我们坚持贯彻"六体现"，即体现新的课改理念，体现学校教学工作重点，体现科研课题，体现针对本班、本学科教学薄弱点的切实有效的措施，体现对一学期教学工作的指导性，体现可操作性。

（二）开展备课研究

深入钻研教材，悉心准备方法。充分理解教材，解决"教什么"的问题，通览教科书，熟悉其全部内容，包括编者意图、组织结构，从教材体系上把握教学内容，弄清前后关系，多问几个为什么；悉心准备方法，落实"怎么教"

的问题，根据教学目的、教材内容和学生实际进行教法的设计、选定和加工。

加强集体备课。集体备课程序是"个人准备——一人主讲——集体讨论——一人上课——全体评议——修改再上——总结提高"的模式进行。

（三）提高课堂实效

课堂教学我们力争做到"四多"。即基础目标达成多，有效思维时间多，情感内化质变多，习得学习方法多，使学生终身受益。

加强预设与生成的研究。没有预设的课堂是不负责任的，没有生成的课堂是不精彩的。高质量的预设是课堂教学成功的前提，动态生成则是课堂教学成功的关键。认知心理学家奥苏贝尔有一句至理名言："假如让我把全部教育心理学仅仅归纳为一句话，那么我将一言以蔽之，影响学习的唯一重要因素，就是学习者已经知道了什么，要探明这一点，并应据此进行教学。"这是处理好预设和生成关系的关键所在。

对于课上学生临时生成的资源，我们要求教师宽容地接纳、理智地筛选、巧妙地利用。当学生的差异性和教学的开放性使课堂呈现出丰富性、多变性和复杂性时，教师要根据实际情况灵活选择、整合，甚至放弃原有的教学预设，机智地生成新的教学方案，形成从预设到生成的课堂教学的一种超越。把生成当成一种追求，当成彰显课堂生命力的常态要求。

我们力争使教学活动成为学生体验成功、快乐的活动，成为激励学生学习，学生愿意参与学习的活动，成为学生发现问题并积极改进的活动，最终成为学生完善自身的活动。使学生成为学习的主体、评价的主体，并在活动中认识自我、完善自我、实现自我，真正落实素质教育。

（四）开展教学研究

1.开展对比分析活动。如：组织"实验教材与非实验教材教师展示课""实验教材与非实验教材教学评优课"、骨干教师"课改示范引路课"等。学校购买了大量特级教师、全国评优课授课录像等资料，这是很好的教师培训材料。学校充分利用这一有利条件，科研活动安排对比分析找差距活动，活动安排：先自己独立备相同课，然后看同内容特级教师课堂实录；再评录像课与自己所备课的异同，对比分析找差距；最后补充修改自己的教案。通过这些活动的开展，提高教师独立备课及驾驭教材的能力。

2.开展研课活动。每天上课前，组内都把今天要讲授的内容提前研讨，从课堂教学设计、课中容易出现的问题、课后如何反馈等方面仔细说课，为课堂教学做好充分准备，如今，这些做法已经成为了老师们的教学习惯。

3.开展评课活动。开展"三级评课制"：一是由全员参与的集体评课，二是由教研组长带领下同年级同学科老师的研讨评课，三是由老师个人自己写出评课要点，进行交流。把备课、说课、做课、评课的过程作为全体教师共同研究、共同提高的过程，充分认识到提高课堂教学效率和课堂教学质量是提高教学质量的基本保证。

（五）重视培养习惯

叶圣陶先生说过："什么是教育，简单一句话，就是要养成良好的习惯。"足见培养学生良好学习习惯的重要性。我们重视学生习惯的培养，如：培养学生认真听细思考多动脑的听讲习惯、回答问题习惯、预习复习习惯、自学习惯、独立阅读习惯、审题检查习惯、认真书写检查习惯、及时改错习惯等，老师们要在计划中制定出具体措施。学生作业力求书写认真、规范，数量适中。以人为本，通过"快乐周""我能行""每周作业无错误""每月作业无错误"活动，培养学生良好的学习习惯。

我们提出老师们抓好常规就是奇迹，每位教师扎扎实实做好日常的教学工作，创造出我们每个班、每个学科的奇迹，那将是我们学校教学工作的奇迹。

## 二、细节要关注（提高质量看细节）

在工作中，我们格外关注教学中发现的细节问题，这些问题来自我们的课堂、来自教师的实践。反思这些问题产生的原因，开展专题研究，更能让我们走出循规蹈矩的误区。

（一）提高效率问题

要提高教学质量，课堂是关键，但是我们发现，在课堂教学中存在时间浪费现象，主要反映再一些教师不太注意"小节"问题，其主要表现在：有些教师为鸡毛蒜皮的小事耽误教学时间；有些教师因为个别学生的问题耽误全体学生的时间；有些教师备课不充分，导致课堂教学效率不高。针对这些问题，我们提出要充分做好课前准备。教师上课前10分钟准备好教材，资料、备课本、图片、教具等课堂所需一切用品；课前应熟悉教案，保证课堂教学有效进行。

教师必须根据各班学生的实际情况，结合不同的教学内容，采用适当的教学方法。实施五字教学法："顺"，即顺应天性，因势利导；"激"，即激发兴趣，激活思维；"启"，即启迪思想，启迪智慧；"导"，即导学入情，导思释疑；"育"，即能力培育，习惯培育。注重七个"留有余地"。即：讲课前，留有预习的余地；讲课中，留有练习的余地；提问时，留有思考的余地；训练时，留有动脑的余地；探索时，留有讨论的余地；讲完课，留有回味的余地；留作业时，留有看书的余地。

针对提高课堂教学实效问题，我们开展了解决问题式引路课，具体做法是：各组先推荐一节"学科引路课"，推选一名教师上课，其他教师以推选教师为核心成立研究小组，共同参与备课与准备教具、学具工作。活动步骤：选择课题，集体备课，体现本组的研究专题，体现自己的特色，准备教具与学具；分组上"引路课"，教师分组听课；分组评课、研讨，找出本课的特点、改革的亮点，分析问题，找出解决措施，取长补短，起到引路示范的作用；其他教师从"引路课"中受到启发，分别上"评优课""展示课"。例如，针对教师教学中发现的问题，我们开展了"作文教学示范课""数学应用题训练课"等活动。

（二）批阅作业问题

针对学生的作业要求，做到"有发必收、有收必批、有批必评、有错必纠"。从书写格式、学生改错、教师复批标记等方面提出具体要求，在这些细节中，培养师生做事严谨的习惯。我们感觉，发现问题不可怕，发现问题、解决问题，才能使我校教学工作去粗取精、去伪存真、日臻完善。

成功无止境，起点总是零。我们将在今后的工作中，从常规入手，关注细节，重视过程，返璞归真，唱响主旋律，让"常规＋细节＋过程"创造出教学质量的奇迹，谱写我校教学工作的新篇章。

# 课题引领探索"三位一体"课堂教学模式

## 一、课题形成背景

教学模式是指在一定的教育思想、教学理论、学习理论指导下的教学活动进程的稳定结构形式，也就是按照什么样的教育思想、理论来组织教学活动进程，是教育思想、教学理论、学习理论的集中体现，它既是理论系统的具体化，又是教学方法的系统概括。

长期以来，我们的学校教育偏重于在学科知识的机械记忆、浅层理解和简单层面上展开教学活动，实施以创新精神和实践能力为重点的素质教育，虽已取得了不少经验和成果，但似乎还没有一条明确的思路和完整的构想，在教学模式的改革、创新上还突破不大。素质教育是一种科学的教育思想，也是一种先进的教育模式，是对以往的教育实践"取其精华去其糟粕"的扬弃过程，只有不断地探索和创建新的教学模式，才能进一步深化课堂教学改革，优化教学过程，取得最佳的教学效果。

随着科学的飞速发展，科学技术特别是信息技术运用于教育，使教育技术不断更新，使教育者改革传统教育模式、方法成为可能。教研、科研、信息技术相交叉的成分越来越多，相融合的程度越来越大，相组合的条件正日新月异。开展教育教学研究，抛开整体，单方面强调哪一方面都不能很好地实现素质教育。素质教育要求我们，未来发展要求我们，学生学习要求我们，进一步深化课堂教学的活力源是"三位一体"。以教研为中心，以科研为先导，以信息技术为平台，深化课堂教学改革，创建新型课堂教学模式，有利于提高教学质量，有利于培养学生的创新精神和实践能力。构建"三位一体"课堂教学模式的主旨在于：以中外先进的教育理论为指导，探索一条有利于教师和学生创新、实践，共同发展的教学途径，从具体的教学方法入手，提炼、归纳、总结出最优化的方法。

## 二、课题实验过程

将教研、科研、信息技术三种教育资源整合是课堂教学的根本要求，我们必须用系统论的观点，探索"三位一体"的教学规律。我校坚持以教研为中心，加强课堂教学研究，改革课堂教学结构及方法；以科研为先导，课题引路，树立科研意识，加强方法研究，引导教师由教研型逐步向科研型转移；以信息技术为平台，提高课堂教学效率。努力构建以学生为主体，以培养学生创新精神和实践能力为重点的全新的"三位一体"教学模式。

（一）提升"双件"水平，做好"三位一体"研究准备

1.加强软件建设

进行"三位一体"教学模式改革的关键在教师，课题组教师多数战斗在教学第一线，都参与了市、区"十五"课题的研究，有较高的专业理论水平和较强的工作能力，掌握一定的科研方法，他们是学校的中坚力量，为课题的实施提供了良好的人员保证。学校重视对教师教艺的锤炼。

（1）以理论培训为纽带，提高教师的理论素养。每学期有计划地组织教师学习教育学、心理学、教育科研理论，采取训学结合的形式，加强学科课程标准、教材、教学参考书的使用等常规培训。

（2）以基本功训练为依托，提高教师业务素质。基本功培训采取集中辅导、组内研讨与个人自学相结合的方式。学校集中搞好各项基本功培训，组织业务知识辅导讲座，指导教师练好制订计划、设计教案、正确书写板书、撰写总结等各项基本功，并定期进行基本功竞赛。

（3）加强信息技术的使用培训。在今天，信息技术已不再是简单的辅助媒体，而是作为学生的整体认知工具，正在不断改变学生的认知、思维、学习方式。学校坚持对教师进行信息技术的使用培训，教师上校级以上的研究课、评优课都要求独立使用多媒体，组织课件制作培训，用现代教育技术理念指导现代教育媒体的使用。

（4）开展专题研讨，教师相互砥砺，共同提高。坚持两周一次的课题小组学习制度，坚持"四点"，即多学一点，多用一点，多总结一点，多提高一点，做到精勤不已，厚积薄发。

（5）鼓励教师参加校内外学习。我们组织实验骨干教师参加在北京举行的"全国特级教师、青年教师课堂教学观摩展示活动"，为李献敏老师创造与美

国教育专家座谈的机会，派田俊华、夏长莲、黄玉凤等老师参加全国评优课现场观摩，先后选派三十几位青年教师参加市教研、科研、信息技术培训，请校外的专家搞专题讲座，播放全国特级教师录像课，组织教师到兄弟学校听课。通过学习，教师们开阔了视野。学习后，组织交流、讨论，将新理念落实到课堂实践中，促教研、科研、信息技术在学科教学中整合。中青年教师积极参加教师进修学校组织的各项活动，参加区级中心组的教师就有 27 人，他们得益于教研员的指导和帮助，仅上学期，老师们就做市、区两级观摩课、评优课 13节。

几年来，我校已培养出一支积极投身教学改革、具有一定研究能力的实验骨干教师队伍，为开展"三位一体"研究奠定了坚实的人才基础。

2. 加强硬件建设

学校重视"三位一体"实验工作，将课题研究作为教学工作的重点来抓，积极提供人力、财力保障。我们坚持实效性原则，年年有投入，年年有效益，坚持现代教育硬件、软件、潜件按比例协调发展。近几年，学校用于改善"三位一体"实验环境、设施的投资已达几十万元。

（二）强化常规管理，奠定"三位一体"研究基础

1. 抓讲课

课堂是教学过程的中心环节，学校要求教师遵从教学设计原理，改革课堂结构，努力创建"三位一体"教学模式、方法、学法，实现课堂教学最优化和学生认知最优化。我们抓住了以下几个环节：教学目标的确定要有利于学生的全面发展，将课堂教学资源与课外资源进行合理的选择与组合；教与学策略的确定，要符合学科特点，突出学生的主动性，教师的"教"紧紧围绕学生的"学"；教学方法的选择做到"三个有利于"：有利于学生参与，有利于学生思维的发展，有利于学生掌握主动获取知识的方法；教学活动的组织要突出创新实践；教学信息的交流要强调多种学习资源，实现多向交流；教与学反馈要及时，调控有效；教与学的评价要科学、合理。

2. 抓评课

对典型的"三位一体"优秀课例，采取群评群议、边听边议的形式取长补短，探索教与学的真知，评议后进行透彻反思，写出"听课一得"，使评课真正起到提高自身素质的作用。

3. 抓教研

"教而不研则惘，研而不教则殆。"学校加强教研组建设，搞好日常的交流研讨活动。教研活动加强研究，充分发挥"个人钻研、小组研究、教案共享"的集体备课优势，抓住关键课、重点课进行研究与教案设计，进行教研组内的资源整合，实现学校教育资源共享。

（三）确立教学目标，明确"三位一体"研究方向

从系统论观点出发，教研、科研、信息技术是相互联系、相互作用的。构建教研、科研、信息技术"三位一体"新型教学模式要求：教师要帮助学生建立"新知"与"旧知"之间的联系，使学生实现有意义的学习；在加强施教的科学操作性上下功夫，调动学生学习的积极性，以"需要"激励学生，以"目标"激励学生，以"情趣"激励学生。如：营造宽松、民主、和谐、生动、活泼的学习知识和思考问题的氛围，培养学生"同中求异""异中察同"的能力，引导学生举一反三，闻一知十。课堂教学以"精"取胜，抓住关键，把要解决的问题、疑惑、凝练在精讲之中，精讲采取的方法是"多退少补"，即学生能理解、能自学的退而不讲，感到困惑、难以理解、发展智力的适当补充。

（四）坚持实践练兵，探索"三位一体"教学模式

学习的内涵在推进素质教育的今天已经有了极大的扩展和深化，学习已不单纯是学习知识技能，而是已扩展到"学会学习"上。"与其给学生现成的猎物，不如教给学生打猎的方法。"面向全体、全面发展的教学目标是我校教学模式改革的出发点和归宿，回顾实验过程，可以说是一个艰辛的求索、探究、提高的过程。我们坚持用系统论的观点，深化"三位一体"教学模式改革，明确用科学的方法、思想、观念开展课堂教学改革的现实意义。

1. "三位一体"研究坚持做到"五新一多"

"五新"即以科研的观念、教育教学的新思想做指导；加强教学研究，确立主体性教育教学新观念；发挥现代新教育技术的功能优势；研究新的教法、学法；创建新型师生关系。"一多"即教研、科研、信息技术相结合，做到教学活动模式多样化。

2. 课题研究做到"五有一加强"

"五有一加强"即有骨干教师，有专题研究方案，人人有子课题，有典型经验，有成果的汇报、验收，加强研究成果的推广。学校每学期安排一至二次"三位一体"科研成果的汇报验收，交流研讨，推广经验，促进发展。观摩研讨做到"三个到位"，即组织到位，课题小组研究到位，召开专题研讨会指导

到位。

3. 教师树立"四种意识"

"四种意识"即双主体的学习意识，师生、生生互动意识，培养学生自主学习意识，师生勇于创新的意识。教师把课堂教学的着力点放在学生"学会学习"的方法和构建"三位一体"课堂教学模式上。我们要求任课教师树立尊重学生的观念，促进学生主动发展的观念，引导学生学会学习的观念。

4. 以活动为载体提高教师的综合素质

开展"三位一体"实验，必须有扎实的基础。

（1）我们从常规的备课、讲课抓起，开展了系列活动。上学期开学第一周，学校在全体教师中开展了备课专题讲座，从新课程标准、新教材对备课的新要求、备课的新格式、备课中应注意的问题等方面进行具体指导，并打印了两篇典型教案下发给各组，供老师们学习借鉴。第二周，老师们按照新的备课要求，通读教材，独立钻研教材，按新要求尝试独立备课。第三周，举行了全体教师备课、板书设计比赛，学校领导亲自选定内容，教师现场设计，要求每篇教案都要体现新理念、新思路、新方法，学校领导逐一审阅，做详细批注，肯定优点，提出具体改进意见，并跟每一位教师单独交流，教师再修改教案。最后，学校将优秀教案、板书设计办成专题展览，组织全体教师参观学习，教师参观后分教研组讨论。第四周，开展市、区级骨干教师及青年教师的调班授课活动，具体方法是：①由学校指定授课内容，提前三天通知教师本人。②教师提前一天在教导处抓阄，在非自己所教班授课。③全校教师听课，以教研组为单位有针对性地评课。④教师授课后，将教案上交，并注明创新之处，以及"三位一体"实验课题在课中是如何体现的。⑤学校将授课教师中的优秀教案、板书设计打印，装订成册，进行交流。

（2）以教研组为单位，以科研的意识、现代教育的观念，围绕课上如何使学生学会学习的问题开展"说、讲、评、研、改、写"活动。说：说学法指导的内容、过程，教学过程改革的具体环节；讲：讲学法指导的思路、方法及导拨的过程；评：评是否以学生为主体，促学生主动探究，学生课上的主动率、活动率、互动率及学生课上的愉悦感、成功感、轻松感，评课的得失成败；研：研究课堂结构的整体优化，学生的全面参与，主体性、创造性的发挥，研究教师启发、点拨之法；改：找出不合理的教学环节，定出改进提高的具体措施；写：写出促进学生主动探究的学法指导范例，择优交流，达到互学互补。学校定期召开"学法指导范例经验交流会"。

（3）为了培养教师独立备课、讲课能力，结合市教学评优和区"三位一体"课堂教学竞赛，学校开展了"四自"活动，即自选内容、自备教案、自看课堂实录、自评教学设计、教学过程、教学行为。老师们踊跃报名，共录像30余节，很多人备课、自制课件至深夜一两点钟。学校对每节课仔细研究，经过综合评选，择优推荐参加市、区比赛。

（4）围绕"三位一体"课题，学校还开展了"三课"活动，即青年教师"三位一体"展示课，中年教师"三位一体"评优课，老年教师"三位一体"观摩课。凡是区级以上的课，学校领导、教研组成员都和授课教师共同备课，推敲教案，切磋教艺，力争使每节课都成为精品课、优质课。

各种教学活动的开展为教师施展才华搭起了舞台，促使教师逐步形成自己的教学特点，为教学模式改革提供了肥沃的土壤。

（5）课堂研究、实验、总结常规化。开学初定好课题计划；学期中做好课题研究，进行阶段性经验交流汇报；学期末撰写经验论文。围绕重点制定措施，要求有可行性、针对性。课题总结做到"五求"，即求实，实事求是；求精，有重点，总结出规律性和关键性的经验和问题；求新，有创新的科研方法、措施；求因，分析原因，提出可行性建议；求高，在原有基础上，教学能力、科研能力、成绩有提高。开展计划、总结交流评优活动。

## 三、实验主要成果

经过不断探索，老师们已总结出以下教学模式：

课内外阅读相结合模式。通过读、说、画、演、写、展、评等形式，研究课内外阅读相结合的规律，实现知识、能力、情感相互迁移，为学生打开更多认识世界的窗口，拓宽学生施展各种才能的天地，在潜移默化中提高学生的全面素质。课内外阅读采用了课前、课中、课后，适时、适量、适度相结合的方法。上"结合课"的具体方式是：学一篇重点课文带几篇课外读物；抓住"结合点"，让学生学会运用，举一反三。于文红老师运用此模式做的《猫》一课，学生自己制作课件，自主展示，课内外有机结合，以课内带课外，以课外促课内，得法于课内，收益于课外，达到补充、深化、巩固、延伸课内外阅读的目的。此课在北京电视台《教育之窗》栏目播放，并作为支援西部教育的资料向西部发行。

读写结合同步训练模式。阅读是写作的基础，写作是阅读的目的。将阅读和写作两个不同的心理过程通过外化与内化整合在一起，提高学生阅读与写作能力。如：范文对照，读写结合；紧扣动词，读写结合；抓住对话，读写结合；诱发想象，读写结合等。读写结合同步训练教学模式的探索使学生获益匪浅，仅《成功少年文萃》一书就刊登我校学生作文10篇。课内外结合典型班二年三班在老师的精心辅导下，写作能力突飞猛进，一年中该班就有15篇学生作文刊登在《读写知识报》上，《读写知识报》还对该班的读写结合情况进行了专题报道。我校读写结合特色经验刊登在全国《作文导报》上，并多次在北京广播电台、区电视台交流。

四读训练模式。即一读知内容，二读找重点，三读谈感悟，四读表情感。使学生掌握读书方法，会读书、多读书。《林海》一课，字字是情，句句是景，令人回味无穷，夏长莲老师采用了以默读促理解，以品读促感悟，以诵读促抒情的方法，收到了很好的效果。她运用"四读"模式多次成功地为全区教师做观摩课、研究课。夏老师的《将相和》一课获市信息技术课评优二等奖，《卖火柴的小女孩》《将相和》录像课分别在北京电视台《教育之窗》栏目播放，并制成录像带在全国发行，这两课的教案均被北京现代教育技术信息资源库征用，夏老师被评为市级骨干教师、区级名师。

创设场景、扮演角色、活动中学、课外延伸模式。一年级拼音教学，老师运用此模式为教委领导和全区校长做教学观摩课，听课后，领导一致认为此模式令人耳目一新，将思想性、知识性、趣味性融为一体，师生同处于一种令人愉悦的活动空间中，学生主动投入学习活动的"力"与教师积极完成教学任务的"力"相互作用，相互推进。

双主体教学模式。教师根据教材内容、特点，创建了以思代讲、以议代讲、以读代讲的双主体教学模式，提高学生的阅读能力。

培养学生收集、处理信息的"读—背—说—写"四段教学模式。"读"，培养学生掌握正确的读书方法，帮助学生合理地选择读物。"背"，好文佳段的背诵，促进学生体会文章感情，培养学生吸收、积累的能力。"说"，培养学生把读的、背的内容进行系统整理并用自己的语言表达出来。"写"，在读、背、说的基础上，学生才会真正有感而发，提笔成文。

情境教学模式。感知——创设画面，引入情境，形成表象；感悟——深入情境，理解课文，体会感情；深化——再现情境，丰富想象，升华情感。例如：陈英老师在教一年级语文复习课时，结合教学内容，设置相应的童话角色，让学生担当主角，学生戴着头饰扮演鸭妈妈和小鸭，摇摇摆摆地走进"秋天的果园"，老师扮演的山羊伯伯不断提出问题，小鸭们欢快地回答，并向山羊伯伯提问，课堂笼罩着童话的迷人色彩，精心设计的教学环节深深地叩动了学生的心弦。陈英老师的《ang、eng、ing、ong》和《一杯牛奶》两节录像课和李春葵的评课分别在北京电视台《教育之窗》栏目播放，并作为支援西部教育的资料，向西部发行。

快速阅读学习模式。一个人穷极一生，接受吸纳的信息是相当有限的，提高学生收集、分析、整理、归纳、综合、概括信息的能力显得格外重要，培养学生掌握快速阅读的方法，是提高学生阅读能力的一种有效手段。

探究式模式。引导学生用眼、用耳、动口、动手、动脑，各种感官协调参与教学活动，进行学习、感悟、交际、运用，体现学生的主体地位。用眼看，看懂文中插图的意思，看清信息技术媒体等直观教具提供的画面内容。用耳听，听清老师的讲解、点拨、引导；听清同学的发言，能听出主要意思，适时补充或发表不同见解。动口说，说自己对文章字、词、句、段、篇的理解；说自己读懂的东西和不懂的内容；说自己通过文字所展开的联想或想象；说自己独到的见解等。动手练，让学生将体会、感受加上想象用自己喜欢的方式亲自练一练，演一演。动脑想，想文章要表达的思想感情；想作者是通过选取怎样的材料来表达这种感情的；想文章的写作思路；想文章遣词造句的精妙之处；想自己还有哪些疑问之点。田俊华老师在区"三位一体"评优课决赛中，对《自相矛盾》一课深入研究，为了让学生深入体会卖矛和盾的人是怎样自相矛盾的，课上充分发挥学生的想象力，学生拿着矛和盾的道具到讲台前表演，表演得入木三分、惟妙惟肖，这时学生再把自己的体会朗读出来，读出了理解，读出了不同的个性，此课获得区"三位一体"评优课一等奖。另外，田老师的《小珊迪》一课还在市信息技术年会"三优"评选活动中获得了二等奖。

"读、画、听、思、议、练"小组合作模式。"读、画、听、思、议、练"有机结合。"读"：读课文；"画"：画重点词、句，或将字面的意思用形象的图示表示出来；"思"：是独立思考；"议"：小组间、同学间合作讨论，针对问题阐发不同观点，通过同学间的辩论，学生自主获取知识；"练"：是在教师指点下有效地进行练习。张立娟老师的《深山风雪路》一课在北京市小学电教第四届年会"三优"评选活动中获一等奖。

数学学法研究模式。即：实践操作，感知学法；合作研讨，发现学法；观察比较，探究学法；电脑演示，验证学法；教师精讲，理解学法；归纳概括，掌握学法。这一模式的运用，体现了"双主体"，学生在参与教学的全过程中，在操作中感知，在观察中比较，在合作中发现，在巩固中提高。王淑侠老师利用此模式上的《百分数的意义》一课获市录像评优一等奖。

思品课教学中设计出以事明理，以理激情，情理结合，激趣导行的模式。蔺文艳老师利用此模式多次做区级观摩课、研究课，《团结合作》一课获市思品评优二等奖。《说话有礼貌》一课，通过看一看、想一想、议一议、说一说、演一演、做一做，评一评等方法，在活动中明理、活动中增智、活动中创新、活动中育人。此课获区"春华杯"奖，同时又在北京市小学电教第四届年会"三优"评选活动中获一等奖，蔺老师被评为市优秀思品教师。

英语教学采用协作型模式，即：诱导→学习→讨论→练习→评价，使不同基础和能力的学生都有机会发掘自己的潜能，提高了英语交际会话能力。关艳梅老师的英语课荣获区首届"秋实杯"奖、市信息技术"三优"录像课评比三等奖、区英语录像课评比一等奖。我校学生及辅导教师在北京市"新星杯"英语词汇游戏大赛中获团体二等奖，区英语会话能力比赛一、二等奖。

美术课中的个性模式：仿美→审美→立美→创美，令人赏心悦目。李献敏老师自编《挑战时装设计师》一课，通过课件展示世界著名时装大师的作品，实物展示教师设计的一件件独具匠心的纸时装，提供充分的感性材料，调动学生强烈的设计欲望。别小看这些十几岁的孩子，一张张纸在他们灵巧的手里好像都被赋予了生命，作品构思新颖，设计独特，五彩缤纷，学生的思维插上了想象的翅膀。他们还即兴为老师设计了大方得体的纸时装，并邀请老师参与，共同登台，走起模特步，畅谈创新实践的构思，展示创新实践的成果，李献敏老师获得了区首届"春华杯"奖。她的区骨干教师展示课受到市教研员的高度评价，市美术教研员说："这是一节非常成功的、有创新的课，李老师自编教材，教法新颖，形成了自己的特色，教改步伐走在了全市的前列。"李老师利用此模式讲的《剪纸》一课获市一等奖，《诗配画》一课在北京市教师基本功大赛中获全能三等奖，录像课《绘画的构图》在市信息技术年会"三优"评选活动中获一等奖。她本人还被评为市级美术先进教师，区级名师等。

"兴趣—尝试—信心—成功"的劳动课教学模式。李士刚老师应用此模式上的《剪窗花》一课学生参与面大，实践性强，获市劳动课评优一等奖。为了培养学生的动手能力，提高审美情趣，我们采用此模式，开展了丰富多彩的活动，取得了可喜的成绩。北京市第八届中小学生粘贴画作品竞赛，学校获团体二等奖；第九届学校获团体一等奖，我们的获奖作品在自然博物馆展出。在北京市中小学生暑期工艺竞赛活动中，共有94人获奖，其中一等奖2名，二等奖8名，三等奖84名，学生参与面广，获奖率高。

"三位一体"课堂教学模式实验给我校的教学改革带来了勃勃生机，北京市基教研中心来校视导，教师共做课30余节，80%以上被评为优等课。近几年来，老师们成功地上市评优课，获一等奖6节，二等奖3节，三等奖2节；做市优秀课堂实录6节，有4节课在北京电视台播放。教师上区级研究观摩课、评优展示课共100余节。老师们在市级以上获奖、刊登论文30余篇。

实验使我们深深地体会到：教学活动是一门艺术，是创造性极强的实践活动，既无千篇一律的模式可循，也无放之四海而皆准的不变公式可用。教学模式是教师在课堂教学实践中不断摸索、完善的，目的在于让学生自主学习。

# 加强评价指导　探索评价方法

## 一、课堂教学评价

（一）教师要有效调控，引导学生有效参与课堂教学。教学目标体现多元性，教学内容体现科学性，教学环节体现层次性，教学设计体现开放性，教学方法体现启发性、通俗性、实用性，教学活动的组织体现主体性、参与性、实践性，教学手段的运用体现灵活多样性，教学信息的交流体现多向性，教学气氛体现民主性，教学评价体现自主性。

（二）教研组评课。提倡解剖课，通过课后评议、课后反思，达到吸收、借鉴的目的。教研组要进行典型评课4次，将详细内容记在教研记录上。

（三）加强教师自评。课后小结要讲求实效，将闪光点、疑惑点、感触点、遗憾点及时记录下来，在教中思考，在教中提高。

## 二、学生评价

（一）发挥评价的导向、激励、反馈功能，体现多元评价。做到目标多元，主体多元，手段多元，内容多元，表达方式多元。

（二）探索学生评价方式的多样化。注重形成性评价和学生自我评价。自我评价、生生评价、师生评价、群体评价融为一体。教师在课堂上适时地发表师评，机敏地引导自评，相机地组织群评，巧妙地安排学生互评。

（三）评价要考虑过去、重视现在、着眼未来。评价中，多发现学生的优点、长处和闪光点，并给予鼓励，扬其长、励其志。同时评价也要恰如其分、实事求是，教师要讲究方法地帮助学生正视存在的问题和不足，并找出切实的改进措施。（听课中我们也发现，有的学生回答得很有创意，教师却不表扬，长此下去，学生的积极性就没有了。相反，有的课，不管学生回答的好坏，都说好。一味表扬、不恰当的肯定也会造成学生盲目乐观，不利于后继学习。）

（四）加强《评价手册》的使用研究，总结经验。

# 三级课程整体建设一体化课程方案

为了规范学校课程管理，加强学科实践活动课程建设，充分发挥课程整体育人价值，提高干部、教师的课程领导力，我们积极开展三级课程一体化建设。

## 一、学校基本概况

学校遵循学生成长规律，实施"悦读"教育办学特色，以"一切为了学生的发展"为宗旨，进一步提高课程建设及管理质量，探索三级课程与学校特色发展相结合的有效途径。以更新教育观念，提高常态课课堂教学质量为中心，聚焦课堂，加强教学策略、学习策略和课堂教学实效性的研究，以发现问题、解决问题为本，加强常态课教学研究，加强对课堂教学全过程的科学管理，规范教师日常的教学行为，提升学生的人格素养，使其具有良好的发展潜能，促进学校整体办学水平的提升。

学校有一支老中青三结合，影响力、战斗力比较强的骨干教师队伍。教师具有扎扎实实、求实奋进、勤耕不辍的工作作风，虚心好学、积极进取、努力拼搏的学风，具有一定的理论水平和教育教学能力，有科研的意识，掌握一定的教科研方法，有比较丰富的课程改革经验，经受过多种形式的教学竞赛的考验。

学校面临的挑战。学校占地面积较小，堪称通州区的袖珍学校。学校操场制约了学校发展，限制了学生实践活动的范围；教师队伍呈现老龄化趋势，教师平均年龄已经接近40岁，年龄增大、教育教学任务、家庭负担导致教师患病增加，活力降低，创新减弱；个别学科还缺乏专业教师。

面对学校实际，我们决心突破先天占地不足的瓶颈，挖掘学校潜能，突显通州首都行政副中心的教育中心地带的优势，以课程为抓手，打造一个"一切为了孩子健康成长"的富有官园特色的现代化学校。

## 二、办学理念与培养目标

（一）办学理念

30 几年来，学校在多年的教育实践中树立"以人为本"的管理思想，秉承"悦读"教育的办学理念，坚持"人才强教、内涵发展、优化资源、开拓创新"的办学思路。以学生发展为本，促进学生健康成长并具有良好的发展潜能；以教师发展为本，提升教师综合素养，形成市、区、校三级骨干教师梯队；以学校发展为本，提升学校办学品质和水平，努力打造与通州首都行政副中心、国际新城相适应的人民满意的现代化学校。

（二）培养目标

以"悦读"教育办学特色建设为引领，加强社会主义核心价值体系教育，弘扬中华优秀传统文化，增强学生社会责任感、创新精神和实践能力。培养学生成为"崇德、励志、博学、乐群"的少年儿童，为学生全面发展和终身发展奠定基础。

## 三、课程设置与课程结构

（一）课程设置

学校实施三级课程资源整体推进，加强综合实践活动，彰显学校"悦读"教育办学特色的工作思路。具体思路是：围绕读书促发展的目标，以读书为主线，充分挖掘国家课程资源，渗透"悦读"教育特色；综合利用地方课程资源，凸显"悦读"教育特色；合理安排校本课程资源，深化"悦读"教育特色。通过读书修身励志，通过读书培养人格情趣，通过读书博学益智。读书活动与综合实践活动相结合，全面提升学生的综合素养。

1. 国家课程

我校依据教育部和市、区教委的有关规定，全面落实"义务教育课程方案"，确保国家课程开齐、开足。学校对国家课程的落实进行全方位监控，遵循学生身心发展规律，适应社会进步、经济发展和科学技术发展的要求，为学生持续、全面发展奠定基础，以确保国家课程的有效实施。

（1）学科课程

依据北京市及通州区义务教育课程设置方案，我校学科课程开设品德与生活、品德与社会、科学、语文、数学、外语、体育与健康、音乐、美术等。

（2）综合实践活动课程

综合实践活动课程是国家和北京市规定的必修课，旨在使学生通过亲身实践，综合培养人文、科学素养，培育和践行社会主义核心价值观，提高综合运用知识解决问题的能力、交流与合作的能力、创新意识与实践能力。我校综合实践活动课程门类如下：

①学科实践活动课程

依据区课程方案，此类课程由相关学科教师结合教材、学生实际，自主或合作开发出实践活动课程，各学科总学时平均应有不低于 10% 的学时用于开设学科实践活动课程。

②其他综合实践活动课程

三至六年级每周开设劳动技术、信息技术、研究性学习社区服务社会实践各一节。书法课程一二年级以硬笔书法为主，在语文课中开展训练，三至五年级书法课程与信息技术、劳动技术等学科课程整合。

研究性学习、社区服务、社会实践类课程，与社会大课堂活动及学科实践活动融合。充分利用市区周边资源，根据年级特点，以年级为单位，开展"走进（近）"系列活动。如：走近大运河、走进军营、走进韩美林艺术馆、走进社会综合实践体验基地等。

2. 地方课程和校本课程

（1）市级地方课程

每周开设地方课程一节。

（2）区域地方课程

区域地方课程与学科课程整合，通州自然与科学学科整合，通州社会与道德与法治学科进行整合。

校本课程。每周开设校本课一节，校本课程主要包括读书实践活动和国学启蒙教育两大领域课程。

（3）学校自主安排学时

一至六年级每周开设班队活动一节。

（二）学时安排

1. 年学时安排

全年 52 周，其中教学时间 39 周、假期（寒暑假、国家法定节假日等）13周。全年 39 周的教学时间，其中上课 35 周、复习考试 2 周、学校机动 2 周

（用于安排学校传统活动、文化节、运动会、游学等活动）。

2. 周学时安排

每周按 5 天安排教学，每学时平均为 45 分钟。根据《通州区义务教育三级课程整体建设一体化课程方案》，开展长短课、大小课相结合的课程实验，周总学时时长不超过相应年级规定的学时总量。一、二年级周总学时为 1170 分钟（26 学时 ×45 分钟）；三至六年级周总学时为 1350 分钟。根据区里要求和我校实际情况，语文、英语、数学、品生、品社、科学、体育与健康等基础类科目集中安排在前六节课，实施大课时，每课时 40 分钟，研究性学习、学科综合实践、班队会等其他基础类科目实施小课时，每课时 30 分钟；语文、数学学科实践活动每周各 1 课时，研究性学习、社区服务、社会实践类活动综合实践活动课程，每周 1 课时，30 分钟，这三类学科实践活动集中安排在每周五下午的半天时间内。每年级每天余 30 分钟为学校自主安排时间，（周学时总量参见《官园小学义务教育课程设置表》。）

一至六年级课程原则上分类集中安排，为学生创造更多自主探究的时间和空间。晨会、班队会、少先队活动等，在学校自主学时内安排。

3. 实践活动课程学时

各学科总学时平均应有不低于 10% 的学时用于开设学科实践活动课程，在内容上可以某一学科内容为主，开设学科实践活动，也可综合多个学科内容，开设跨学科综合实践活动；在学时上可与劳动技术、信息技术、研究性学习、社区服务和社会实践活动等统筹使用，也可以与地方课程、校本课程统筹使用。学科实践活动课程由学校具体统筹安排，做到因地制宜、灵活多样。

由学校教学、德育相关部门组织年级组教师设计安排实践活动内容。采取分学科实践、跨学科实践与学校五大节日课程统筹安排的方式进行，保证每周 3 学时，语文实践活动 1 课时，数学实践活动 1 课时，多学科综合实践活动 1 课时，每学期 15 次，集中安排在每周五下午的半天进行。品德与生活、品德与社会、科学、英语等学科的实践活动主要与市、区、校开展的相关活动相结合，与学科活动相结合，确保学时用于开设学科实践活动课程，即品德与生活、品德与社会学科用于学科实践活动时间每学期不少于 4 学时；科学学科用于学科实践活动时间每学期不少于 4 学时；英语学科用于学科实践活动，每学期不少于 4 学时。

## 四、课程实施

（一）综合实践活动课程实施

1. 合理安排，统筹兼顾

综合实践活动课程是国家规定的必修课，包括学科实践活动、信息技术、劳动技术、研究性学习、社区服务和社会实践等。我校的综合实践课程的实施采取集中安排、统筹管理与灵活使用相结合的原则。学科实践活动采取灵活多样的形式，既可以放在该学科的课时内进行，也可以与研究性学习、社区服务、社会实践结合，还可以与各学科开展的活动结合。活动课程既有每周固定的课时保证，同时又有剩余的课时与校内外的社团活动、社会大课堂等活动有机融合，使学生能充分参与社会实践活动。在实践中增长智慧，培养学生的创新精神和实践能力。

2. 关注整合，全面育人

在综合实践活动课程的实施中关注整体育人功能以及学科内、学科间的联系与整合，加强综合实践活动课程的开发与实施，大力培育和践行社会主义核心价值观。要进一步把握课程标准，明确学科课程的定位、性质、目标及其与课程整体育人之间的关系，规范课程内容深度、广度和进度，努力实现三级课程间的融通、课堂内外的融通、学段间的融通、学科间的融通、教学环节的融通，尊重教育规律和学生成长规律，促进学生全面、健康、快乐成长。

3. 学科实践，扎实推进

我校校本课程中开设有《读书实践活动》《数学实践活动》课程，已经编印出了系列读本，这是开展学科实践活动很好的参考资料。

语文实践活动结合学校办学特色，开展课内外阅读活动，为学生打开连接课内外的窗口。课内外阅读相结合，摸索结合方法。采用文科突破、以点带面的方法，进行适时、适量、适度的课内外结合，强化巩固课本知识，补充课内知识的不足。上好结合课。上"结合课"的具体方式是：学一篇重点课文带几篇课外读物；抓住"结合点"，以课内带课外，以课外促课内，得法于课内，收益于课外。活动形式"四会"，即故事会、读书推荐会、佳作欣赏会、拓宽知识会。"三赛"即朗读背诵好文佳段赛、短文速读赛、读写知识赛。"两评"即读书笔记展评、优秀文集展评。课内外阅读——培养学生创新意识。做到"五多"，即多读书、多背文、多思考、多想象、多动手。掌握创新、实践的技法，即善学习、懂学法、勤动脑、会操作。培养创新实践的品质，即独立、果断、刚毅、求实、合作、进取。构建创新、实践的课堂教学模式，即课内外结合，读写同步训练。

语文、英语学科的内容以知识类、体验类为主，校内安排阅读、朗诵、讲故事、演讲、辩论、表演戏剧等形式进行相关内容的实践活动。校外组织学生身临教科书中涉及到的实践基地，感受语言与实际的联系，参观文学家故居，担任博物馆解说志愿者，参加汉语和英语比赛等活动。

数学学科的校内外实践活动以数学知识的实际应用为主，结合学校已开设的《数学实践活动》课程，主要以探究类、动手类的活动为主，围绕"身边处处有数学"这一主题。校内安排模拟商店、数学小游戏等活动，学生运用建模思想解决车票购买和交通流量等问题，校外可以设计组织学生到超市、银行、图书馆进行实践类的活动，还可以组织学生到古代建筑博物馆、现代城市规划馆等考察数学的应用。

道德与法治学科的校内外实践活动以道德、法制和情感的真实体验为主，校内安排时事讲坛和电子报制作、模拟法庭、校内定向测定等活动；校外组织参观国家博物馆、首都博物馆、抗日战争纪念馆等历史社会博物馆，组织学生到公园、山地等开展地质调研。

科学课以"我们身边的科学"为主题，校内开放实验室，开展科学小实验、小制作、小发明等活动，科技论文的撰写和电子报的制作，科普读物阅读交流和笔谈；校外组织参观自然博物馆、中国科技馆等自然、科技类博物馆，组织学生到植物园、污水处理厂、现代农业园、化工厂等开展实地调研。

艺术和体育与健康学科的校内外实践活动以体验艺术、丰富体育生活为主，结合校内的艺术节、体育节、运动会开展系列活动，校内可组织绘画、书法等美术作品的展览，合唱节和舞蹈节、器乐演奏、主题展示活动等表演，开发并组织学生参与足球、篮球、排球、武术等传统体育项目；校外可组织到北京国际图书城、韩美林美术馆、运河磁画馆等文艺场所感受艺术的魅力，到体育馆观看体育比赛，参加社区开展的各类文体活动。

劳动技术、信息技术及研究性学习三至六年级每周1课时，劳动技术学科由专任教师组织实施；信息技术与传统文化中的书法统筹安排每周1课时，由信息技术老师组织实施。研究性学习、社会实践及社区服务由班主任组织实施。

学科实践活动课程充分利用中小学生社会大课堂实践基地、高校科研院所、博物馆、科技馆、展览馆、纪念馆、企业、社会团体等社会单位资源。

（二）地方与校本课程的实施

1. 地方课程实施

地方课程是由市开发并统一开设的课程，市级地方课程含专题教育综合课程、中华优秀传统文化、书法、中国梦、职业生涯、我们的城市、我爱北京等每周1学时。

依据通州区课程方案，对于北京市地方课程，我校开设了书法和专题综合教育课程。一至六年级开设专题教育课程，一二年级书法以硬笔书法为主，与语文教学结合，三至六年级书法课与信息技术学科整合，学校统筹安排。

2. 校本课程实施

校本课程主要包括读书实践活动和国学启蒙教育两大领域课程。读书实践活动课主要包括两大类：第一类：阅读内容，扩大学生的阅读量，包括儿歌、古诗、散文、故事、国学经典等。我们已经开发的系列读书实践活动包括《爱读》《乐读》《美读》《赏读》《品读》《享读》等。第二类：读书方法，包括阅读技能的培养、读写结合训练、读书实践活动等，已经开发的这类校本课程有《读书方法汇编——书海识路》。国学启蒙教育课程包括：《三字经》《弟子规》《声律启蒙》《千字文》《论语（上、下）》《诗卷》等。

深入开展校本课程研究，开发校本课程资源，完善教材建设，使教材更有针对性，更能突出学校的办学特色。知识和能力、过程和方法、情感态度和价值观三个维度整合，统筹安排，因课设练，多次反复，螺旋上升。校本课程教材编写的指导思想是"三多""一少"，"三多"即多一些情趣，多一些实践，多一些探索。"一少"即少一些束缚。

加强实施国学教育的有效途径的研究。包括：读（背）、思（悟）、行（用），读思同步、知行合一。读（背）的要求：读要充分，方式多样，可以包括：循规蹈矩读正确，师范读、师教读、借拼音读，突破难点读、去掉拼音读、开快车读，五花八门读流利，男女对读、在电梯读、做健康手指操读、变换节奏读、自由展示读、摇头晃脑读、拍手读、唱读等。提倡练"背功"，积累与激活。思（悟）的要求：思是说读写做的关键，同是读诗各不同，区分朗读与默读，不动笔墨不读书。行（用）的要求：从小做起，从小事做起，从身边事做起。要求教师做到：导、点、熏。导：导思、导法，领进门，带上路；点：点拨指点，点燃、点化、点评，把握好点的时机与分寸；熏：身教胜于言教，教师要提高自身国学素养，用自身的国学修养熏陶感染学生。

在学校自主安排的学时中，一至六年级每周开设班队会1节。

（三）其他

**1. 保证学生体育锻炼时间**

我校体育与健康课程深入贯彻"健康第一"的原则。充分利用体育学时、早操、课间操、课外体育活动等，切实保障学生每天体育锻炼时间不低于1小时。

**2. 作业布置及要求**

一至六年级在课内留有作业时间，低年级作业在课内完成，不得布置课外作业；其他年级书面形式课外作业一周布置一次，作业设计体现开放性、综合性、探究性、实践性，教师全批全改。

（四）课程评价

"学习标准"建立于学习的过程中，我们从知识与能力、过程与方法、情感态度与价值观，这三个维度对学生进行综合评价。

**1. 学科课程的评价**

我校的课程评价采用定量与定性相结合的方式，对课程的计划、实施、结果等课程要素进行评价。

对于分科课程的课堂教学，依据我校课堂教学评价标准，对教师课堂教学进行诊断、评价。定期检查、评价教师的教案、教学工作手册，学生作业采用普查和抽查的方式进行评价。教学质量采用专项测试和综合测试相结合的方式进行检测。学生学习情况的考核沿用已经形成的各学科学习评价标准。

**2. 学科实践活动、地方课程及校本课程的评价**

注重学习过程的评价，以"表现性评价"为主，用"多棱镜"的目光去审视学生，从多维的角度去评价他们的表现，采用自评、小组评、家长评、教师评等多元化的评价方式，推动学生可持续性地向前发展。探索多种评价方式，如：活动评价法，开展读书经验交流会、故事会、演讲会、朗读背诵比赛等，在活动中评价学生的阅读情况；作品展示法，定期开展读书笔记、手抄小报的展示活动，充分利用好图书角、黑板报、学习园地等媒体展示学生们的阅读成果等。力争将评价贯穿于读书实践活动的始终。每学期末对全体学生学习情况进行综合考评，特别突出的学生还能被评为"实践之星""学习实践小能手"

等。

实践活动的具体评价方法是：

活动评价法：定期开展经验交流会、故事会、演讲会、朗读背诵比赛，在活动中评价学生的实践情况。充分利用好图书角、黑板报、学习园地等展示学生们的实践成果。

评价形式：采取学生自评、小组互评、教师总评相结合的方式。

每节课重点检查两组的学习情况，做到每个人都有成绩。结合评价手册中的平时成绩，记录学生的实践效果。期末进行一次学科实践成果展示，表彰优秀，总结提升。

## 五、课程实施的制度与管理

（一）制度建设

严格落实教育部《义务教育课程方案（2022 年版）》和《通州区义务教育课程实施办法》，开齐课程，开足课时。建立和完善《课程管理制度》《课堂管理制度》《教学常规工作要求》《任课教师职责》《检查评比制度》等各种制度，引领教师逐步规范自己的工作。

（二）过程管理

1. 领导分工，顶层设计

课程改革工作涉及到学校工作的方方面面，不是单独一个部门的任务。学校成立以校长为组长、主管教学、德育、体卫工作的副校长为副组长、各部门的中层干部、教研组长构成的课程建设领导小组，围绕学校特色建设方案制定课程建设方案和校本课程开发方案，指导、监控、评价三级课程的实施。

校长全面管理三级课程建设工作，负责核心思想的把握及课程整体设计思路的确定、课程建设方案的审核、各类课程的实施监控与评价工作。

教学副校长负责设计三级课程建设方案的制定，负责课程的协调、指导管理工作，监控各类课程的实施过程，评价课程实施效果。

德育副校长负责综合实践类课程、艺术、科技、班队活动类课程的实施与评价管理工作，及时调整所属领域的课程规划。

总务主任负责体质提升课程的实施与管理。及时调整所属领域的课程规划。负责每天课后一小时的统筹安排和协调监控工作。做好各类课程实施过程中的后勤保障工作。

教学主任、德育主任负责协助主管领导做好各领域课程的日常管理工作，组织好每学期的课程评价、资料积累和分析，负责撰写各领域课程总结。

加强领导小组的理论学习，研究课程的具体实施方法。认真落实市、区课程改革工作精神，加强领导，共同关注课程改革，分工合作，制订计划，落实管理，总结交流经验，加强课程实施的有效途径、方法和规律的研究。

2.科学实践，促进整合

根据我校校情特点，综合实践活动课程的实施坚持做到四个结合：

（1）与生活实践、社会实践活动相结合

坚持面向学生的"生活世界"，紧密联系学生的学习、生活实际，引导学生从生活中、社会实践中提出问题，努力做到目的明确、计划周密，使方案更具可行性。

（2）与课程整合相结合

综合实践活动课要加强学科之间的整合，把各种技术手段完美地融合到实践活动中，超越不同知识体系，以关注共同要素的方式安排学习实践活动，将多学科教学内容整合到各种实践活动中，为实践提供丰富多彩的课程形式。

（3）与学校办学特色相结合

我校开展"悦读"主题教育，综合实践活动中可以突出这个主题。

（4）与课堂教学相结合

将学科实践活动作为课堂教学的补充和扩展，通过开展有针对性的实践活动，达到巩固延伸课内知识的目的。

3.关注学生，提升素质

关注整体育人功能以及学科内、学科间的联系与整合，加强综合实践活动课程的开发与实施，大力培育和践行社会主义核心价值观。进一步把握课程标准，明确学科课程的定位、性质、目标及其与课程整体育人之间的关系，规范课程内容深度、广度和进度，不赶进度、不增难度，尊重教育规律和学生成长规律，促进学生全面、健康成长。

学生综合素质提升工程。依据学校"悦读"教育特色和社会主义核心价值体系建设，深入挖掘教育资源，建立德育主题活动、学生综合实践活动基地、志愿服务组织、中华传统文化教育、科学技术和艺术社团等教育阵地，培养学生的创新精神和实践能力，提升学生的综合素养。

4.注重研究，促进发展

组建课程研究团队，成立课程研究核心组，结合本学科、本年级开展的课程研究，骨干教师发挥引领辐射作用，共同承担课程的开发、实施与评价工作。

5. 规范常规，确保落实

为了确保综合实践活动课程的落实，每学期初，各学科任课教师要将学科实践活动纳入教学工作计划中，制定有针对性的措施，根据学科实践活动所规定的学时数量，结合本学科的学习内容和特点，制定本学期学科实践活动的次数和具体内容，学期末上交《官园小学学科实践活动统计表》。在备课中，各学科要有不少于10%的内容备学科实践活动，在实践中落实综合实践课程的方案。学科实践活动课程要有详细的教学设计，最好写在备课本的最后，并做出标注，期末学校重点检查。每学期开展学科综合实践活动评优及展示活动。

（三）资源保障

学校对于综合实践活动的实施提供财力、物力、人力等各方面保障，以确保活动的顺利进行。

1. 政策保障

学校领导重视课程改革工作，把此项工作作为学校发展的要务来抓，校长负总责，各部门分工合作，密切配合。

2. 师资保障

各年级、各学科合理配备市、区骨干教师，力争每一个学科、每一个年级都有骨干教师引领，共同开展课程研究，将市、区、校课程方案落到每一节课中，每一次活动中，落实到每一个学生身上。

3. 经费保障

学校要对课程改革在经费上给予大力支持，保证各类课程正常有序地开展，要重视图书室、阅览室等实践基地的建设。

学校将课程改革工作作为一项重点工作来抓，要抓出成效，抓出特色，使之成为我校整体工作的一道亮丽的风景线。

# 立足本校实际　开展校本课程研究

校本课程是基础教育课程教材改革对课程确定的一种新的形式，是我国课程改革的一大亮点，对这类课程的设置、安排是我们面临的一个新课题。为此，我们把校本课程当作一项科研课题来研究，根据"北京市实施教育部《义务教育课程设置实验方案》的课程计划（试行）"的要求，运用"整合"思想，结合校情特点，确定我校校本课程为：读书实践活动课、数学实践活动课。读书实践活动课、数学实践活动课是新课程标准实施下学校教学的延续和补充，要大面积地提高教育教学质量，就得开拓学生的视野，丰富学生的知识和实践能力。坚持不断探索，不断研究，不断完善，促进学校特色的形成与发展。

## 一、课程基本情况

（一）课程类型及课时安排

课程类型。我校校本课程为"读书实践活动课""数学实践活动课"，以读书实践活动为重点，属于综合实践活动类课程。

读书实践活动课主要包括：阅读（儿歌、古诗、散文、故事等）、阅读技能的培养、读写结合、开展读书实践活动等。

数学实践活动课主要包括：操作与制作实践活动、调查实践活动、生活实践活动、观察实验活动、游戏竞赛实践活动、课题研究实践活动等。

（二）任课教师情况

骨干引路，合理安排。在承担校本课程任务的老师中，我们创造条件，每个年级都力争做到老中青相结合，每个年级都有区骨干引领，把校本课程作为课题来研究，掌握一定的科研方法，初步形成以骨干引路，带动整体校本课程研究工作健康发展的良好局面。

## 二、加强课程研究

（一）领导重视

校长对课改工作给予大力支持，是校本课程实施的坚强后盾。学校有校本课程工作领导小组，校长亲自担任组长，教学干部任副组长。领导小组的职责主要是确定课题、研究操作流程和方法、实验效果分析、检测、总结等。学校还建有教学干部具体负责的校本课程研究小组，研究小组的职责主要是研究校本课程的具体方法、负责编写教材、研究实验中出现的具体问题，开展行动研究，提高实验效果。

学校对校本课程在经费上给予大力支持。尤其重视图书室、阅览室的建设，本学期花 16 万元新购买了大量报刊、图书、音像资料等，根据教育发展新形势和新课程对教师和学生的要求，淘汰那些知识陈旧、不适合师生阅读的书籍，重新添置符合师生阅读层次、引发师生阅读兴趣和适应形势要求的书籍，并保证正常借阅。每个班级都要建立图书角，各班级学生还可以自带图书，交流阅读，做到常换常新。积极倡导家长为学生创设家庭小书库，为学生读书营造良好氛围。学校将校本课程的研发作为一项重点工作来抓，要抓出成效，抓出特色，使之成为我校教学工作的一道亮丽的风景线。

（二）加强研究

1. 认真编写读本。我们各教研组在学校校本课程开发方案的指导下，制定本年级课程纲要，结合本年级段实际，团结协作编写校本课程读本，做到贴近学生、贴近生活、贴近教学实际。

2. 加强备课的研究，提高教师的专项素质。学校在学期初举行专题讲座，对教师的备课进行具体指导，要求教师要突出校本课的新观念、新思路、新方法，认真备好每一节课，教研组抓住关键课、重点课进行研究与教案设计，充分发挥"个人钻研、小组研究、教案共享"的集体备课优势，实现校本课程集体电子备课。

3. 开展课例研究。以教研组为单位，开展说、讲、研、评、改、写活动。

说：说校本课程的内容，教学过程改革的具体环节；讲：讲科研的方法及研究目的及思路；研：研究教学过程的整体优化，学生的全面参与，主体性、创造性的发挥；评：评研究的得失成败；改：改进不合理的环节；写：写出进一步研究、提高的具体措施。

4. 开展活动，实践练兵。开展校本展示活动。组织每学期开展"校本展示课引路课""校本评优课"，对典型的优秀课改录像课、研究观摩课等，分学科进行评议，取长补短，提高校本课水平。韩海静、蔺晓静、韩洪英、李建平等老师的引路课在老师中起到了很好的示范作用。其中韩海静老师的校本课教学设计获全国资源网评比一等奖，并刊登在区《走进校本课程》一书中。

5.加强课后反思。对一节课从课前设计、课中实施、课后反馈进行整体思考，包括教学中的亮点、疑点、经验、教训及对今后教学工作的借鉴意义等。教师将反思记入课后小结或教学随笔中。学校要求教师重视课后小结的反思。小结反思的形式包括：经验总结、课堂火花、失误反思、典型案例、对比分析、点滴感悟、困惑质疑、阶段小结、今后设想等等。课后小结要求讲究实效，将课堂中的闪光点、疑惑点、感触点、遗憾点及时记录下来。学校为课改教师每人准备一本《教学随笔》，要求教师每学期记录课后小结不少于6个，鼓励教师在教中思考，在教中提高。

## 三、重视课程实施

（一）与生活实践、社会实践活动相结合

综合实践类课程是基于小学生的经验、密切联系小学生的自身生活和社会生活、体现对知识的综合运用的课程形态。

在推进校本课程过程中，我们坚持面向学生的"生活世界"，注重密切学生与生活、学生与社会的联系，超越书本知识学习的局限，引导学生从生活、社会现实中提出问题，围绕人与自然、人与他人或社会、人与自我、人与文化等方面，自主提出活动主题，并深入自然情景、社会背景或社会活动领域，开展探究、社会参与性的体验、实验等学习活动，形成对自然、对社会、对自我的整体认识，发展良好的情感、态度和价值观。校本课程为密切学生与生活、学生与社会的联系，架起了一座桥梁。

我们注重改变学生的学习方式，把学生探究发现、大胆质疑、调查研究、实验论证、合作交流、社会参与、社区服务以及劳动和技术教育等作为重要的发展性教学活动，密切学生与生活、与社会的联系，满足学生多方面的发展需要，培养学生综合实践能力、探究能力，以及社会责任感。例如：例如，围绕读书，低年级老师设计了"找春天"的活动，先让学生到公园里、小河边、麦田旁去看春天，再到故事书中去找春天，然后动手画春天，动口说春天，动手写春天，通过开展"看—找—画—说—写"的系列实践活动，丰富了学生的生活，提升了他们对自然、对生活的认识，提高了他们的综合能力。又如，我们通过组织学生查找民俗知识、和家长一起过节日、收集民间俗语、展示民俗文化等，密切了学生与社会的联系，收到了很好的教学效果。可见，读书与生活实践、社会实践结合，拓展了学生的学习空间，提高了他们的综合素养，充分体现了学校课程的自主性、实践性特点。

（二）与课程整合相结合

随着基础教育课程教材改革的不断深入，整合思想越来越引起了人们的关注。不同学科之间进行融合，能够超越不同知识体系，形成"1加1大于2"的效果。"读书"所具备的整体性、实践性、开放性、生成性等特性为教师在教学实践中进行课程整合提供了平台和广阔的空间。将多学科教学内容进行整合又为我校读书活动的开展提供了丰富多彩的课程形式。

（三）与发展智能相结合

研究表明，读书能够促进学生个性和共性的全面发展。所以，在推进"读书"校本课程的进程中，我们非常注重根据学生的年龄特点，对不同年级、不同层次的学生提出不同要求，既照顾整体，又注重个性，以此激发学生的潜能，促进他们的智能发展。

1.注重标准的渐进性，调动学生读书的积极性。根据学生的不同个性和基础，我们制定了《读书达标升级条件》，主要包括合格、良好、优秀、大王等级，开设了"小博士"和"希望星"读书日，同时加强对学生读书方法的指导，注意抓好"读前辅导"和"读后深化"两大环节，在组织学生读书前，先向学生简介书的内容、主题思想和时代背景，提出问题和要求，引导学生走进文本，读懂文本；读书之后，组织座谈讨论、演讲、写读后感等活动，强化读书效果，达到读后深化的目的。为充分调动学生读书的积极性，学校想了很多办法，如开展"读书大王教你读好书"的专题广播、读书主题汇报、"精彩两分钟"好书介绍、"猜猜看"读书知识竞赛等活动，给学生创造了上台展示的机会，使学生对读书产生了浓厚的兴趣。在读书的过程中，我们不仅要求学生自己会读书，还要求他们会学习。我们号召学生阅读多方面书籍，像科学技术、文化艺术、人文社会、哲学历史等等，都是学生读书的内容。通过广泛涉猎，博览群书，既激发了学生的积极性，又拓展了他们读书的广度和深度。

2.注重方法的适切性，增强读书的实效性。读书无定法，贵在得法。在读书过程中，我们深深体会到校内外结合是缺一不可的。因此，选择结合方法，上好结合课则成了我们实施"读书"校本课程的重要内容。首先，我们在探索结合的方法上做文章。我们从提高学生阅读能力这个基本素质入手，采用文科突破，以点带面的方法，进行适时、适量、适度的课内外结合，强化巩固课本知识，补充课内知识的不足，帮助学生将知识进行迁移、延展、贯通。在这一思路指导下，教师们根据课文内容和教材编排特点及教学要求进行适时适度的指导，初步总结出课前、课中、课后三结合的操作要求：课前结合主要是创设一个广阔的信息背景，为新知识教学做好铺垫；课中结合主要是课堂教学的补充和提高，有利于突出教学重点，突破教学难点；课后结合应该成为课堂教学的巩固和延伸。三种结合方式的综合运用能够达到补充、深化、巩固、延伸课内知识，提高学生听、说、读、写能力的目的。其次，我们在抓好结合课上下功夫。上"结合课"的具体方式是：学一篇重点课文带几篇课外读物；抓住"结合点"，以课内带课外，以课外促课内，形成良性循环。"结合课"做到五落实，即：时间落实、读物落实、辅导落实、笔记落实（三至六年级会写三种类型笔记：摘抄型、提纲型和感想型）、活动落实。这样得法于课内，收益于课外。除此之外，我们还围绕"读书"开展了多种活动，包括"四会""三赛""两评"。"四会"即故事会、读书推荐会、佳作欣赏会、拓宽知识会；"三赛"即朗读背诵好文佳段赛、短文速读赛、读写知识赛；"两评"即读书笔记展评、优秀文集展评。活动的开展，给学生搭建了展示读书成果的舞台，培养了读书兴趣，同时学生的口语表达、思维、概括归纳等能力得到了全面发展。

3.读书与培养创新意识相结合

新的《义务教育课程标准》把培养创新和实践能力作为课程开发与实施的重要标准，无论是国家课程、地方课程，还是校本课程，都要遵从课标的规定。因此，在实施校本课程的过程中，我们始终坚持与培养创新意识紧密结合，提出了"善学习、懂学法、勤动脑、会操作"的读书目标，强化了"四多"的读书要求，即多背文、多思考、多想象、多动手。学生在读书的过程中，形成了良好的心理品质，如独立、果断、刚毅、求实、合作、进取等，初步构建了创新、实践的课堂教学模式，即课内外结合，读写同步训练，保证了校本课程的有效实施。

## 四、研究评价方法

"学习标准"建立于学习的过程中，我们从知识与能力、过程与方法、情感态度与价值观，这三个维度对学生进行综合评价。注重学习过程的评价，以"表现性评价"为主,用"多棱镜"的目光去审视学生,从多维的角度去评价他们的表现,采用自评、小组评、家长评、教师评等多元化的评价方式,推动学生可持续性地向前发展。探索多种评价方式,如:活动评价法,开展读书经验交流会、故事会、演讲会、朗读背诵比赛等,在活动中评价学生的阅读情况;作品展示法,定期开展读书笔记、手抄小报的展示活动,充分利用好图书角、黑板报、学习园地等媒体展示学生们的阅读成果等。力争将评价贯穿于实践活动的始终。每学期末对全体学生校本课程学习情况进行综合考评,读书特别突出的学生还会被评为"读书之星""读书小博士""实践小能手"等。具体评价方法是:

(一)读书实践活动

1. 活动评价法:每月开展一次读书经验交流会、故事会、演讲会、朗读背诵比赛,在活动中评价学生的阅读情况。

2. 作品展示法:定期开展读书笔记展示活动,充分利用好图书角、黑板报、学习园地等展示学生们的阅读成果。

3. 评价形式:采取学生自评、小组互评、教师总评相结合的方式。

4. 成绩显现方式设置四个等级:优、良、及格、不及格。

5. 每节课重点检查两组的学习情况,做到每个人都有成绩。

6. 结合评价手册中的朗读一栏,记录学生的读书成绩。

7. 期末进行一次读书成果展示,表彰读书优秀生。

8. 读书成绩一贯优秀者,有资格参加校级读书大王的评选。

(二)数学实践活动

1. 操作与制作实践活动

优:能在规定时间内动手完成操作和制作,作品符合规范,操作能力强。

良:能够完成作品,具备一定的实际操作能力。

及格:基本能够独立完成作品,作品符合要求。

2. 游戏竞赛实践活动

优:积极参与,运用方法灵活,成绩排在班级前20位。

良:认真参与,能够按时完成游戏竞赛内容,成绩排在班级21-40位。

及格:能够完成竞赛内容,认真参与。

3. 实际测量实践活动

优:灵活掌握多种测量长度的方法,测量结果与实际距离误差小,能根据实际情况准确选择长度单位。

良：能利用多种方法测量实际长度，测量结果与实际距离误差较小。

及格：掌握一定测量实际长度的方法。

4.观察、调查实践活动

优：观察结果细致全面，调查结果翔实准确，能够根据观察、调查结果分析相关数学问题。

良：观察、调查结果较全面，分析结果正确。

及格：具备一定的观察、调查能力，能根据结果分析问题。

5.课题研究实践活动

优：能够准确灵活地处理生活中的实际问题，并根据问题进行简单的研究分析，掌握一定的课题研究步骤。

良：能够利用数学知识解决生活中的问题，并能够有条理地对问题进行简单的研究分析。

及格：能够利用所学知识解决问题，并正确分析问题。

校本课程是新兴学科，既无现成的规律可循，也无不变的公式可用，我们坚持立足本校实际，开展校本课程研究，使校本课程工作开展得扎实有效。

# 开展校本课程研究做到"三个结合"

在校本课程的实施中，我们坚持做到"三个结合"：

## 一、与生活实践、社会实践活动相结合

综合实践活动是基于小学生的经验，密切联系小学生的自身生活和社会生活，体现对知识的综合运用的课程形态。

我们坚持面向学生的"生活世界"，密切学生与生活、学生与社会的联系，超越书本知识学习的局限，引导学生从生活、社会现实中提出问题，围绕人与自然、人与他人或社会、人与文化等方面，自主提出活动主题，并深入自然情景、社会背景或社会活动领域，开展探究，及具有社会参与性的体验、实验等学习活动，形成对自然、社会、自我的整体认识，培养良好的情感、态度和价值观。综合实践活动为密切学生与生活、学生与社会的联系，架起了一座桥梁。

我们注重改变学生的学习方式，把学生探究发现、大胆质疑、调查研究、实验论证、合作交流、社会参与以及劳动和技术教育等作为重要的教学活动。这一活动密切了学生与生活、社会的联系，满足了学生多方面的发展需要，培养了学生的综合实践能力、探究能力，以及社会责任感。例如：低年级老师设计的《找春天》一课，老师安排了"看—找—画—说—写"等系列活动，先引导学生到公园里、小河边、麦田旁去看春天，再到故事书中去找春天，然后动手画春天，课堂上动口说春天，最后大家动手写春天。又如结合社会设计的《传统节日》一课，我们组织学生查找民俗知识、和家长一起过节日、收集民间俗语、展示民俗文化等，这些活动来源于学生的生活实践和社会实践，收到了很好的教学效果。

## 二、与课程整合相结合

课程整合是把各种技术手段完美地融合到课程中，超越不同知识体系，以

关注共同要素的方式安排学习的课程开发活动，而综合实践活动课所具备的整体性、实践性、开放性、生成性和自主性等特性为教师在教学实践中进行课程整合提供了更广阔的空间。将多学科教学内容进行整合，这为校本课程提供了丰富多彩的课程形式。

例如：我校高年级的《我与网络》综合实践活动课，将多学科教学整合，同时，这节课也是对小学开展研究性学习的初步尝试。整个活动分为以下几步：

第一步，课前，老师组织学生自己编制"我与网络"调查表，从上网时间、地点、浏览的内容、父母及老师的态度等多方面编制问卷。这本身就是学生自己独立写作、编辑的过程，培养了学生的写作能力。同时，编制严谨的调查问卷是科学精神的很好体现。

第二步，学生们自愿结合成几个大组，分别深入到学校 6 个年级进行问卷调查。在这个过程中学生遇到了一些困难，有的班老师怕耽误上课时间而不配合，但学生们还是自己想办法找老师协调，讲解这次活动的意义，最后终于完成了调查任务。活动过程的参与培养了学生分工合作能力、交往协调能力，以及正确面对挫折和困难的能力，学生在活动过程中磨炼了意志。

第三步，学生利用数学知识将各年级情况进行汇总，整理数据，每组完成了两份"我与网络"调查统计表。这也培养了学生收集和整理信息的能力。

第四步，活动课上，老师播放网络歌曲《东北人都是活雷锋》，体现了音乐学科内容，激发了学生兴趣。

第五步，展示学生的网络绘画作品。这既体现了美育又勾画出了学生头脑中五彩缤纷的信息世界，培养了学生的审美情趣。

第六步，学生介绍自己知道的网络知识。这展现了学生头脑中丰富的网络世界，渗透了信息技术学科内容，培养了学生的信息技术素养。

第七步，学生根据几个统计表，找出自己最关心的问题，分组研究，当场绘制出统计图。这渗透了数学统计知识，培养了学生分析问题、解决问题的能力。

第八步，老师组织开展"网络利弊谈"正反方辩论赛，学生纷纷发表各自见解，在论辩中加深了对网络的全面认识。在这个过程中，老师不强求一致，尊重学生个性。这渗透了语文、思品学科内容，培养了学生语言表达能力和明辨是非的能力，学生在论辩中走进了网络，理性地认识了网络。

第九步，学生畅谈系列活动感受。这也培养了学生综合实践能力。

此课将音乐、美术、信息技术、语文、思品、社会、科学、数学等多学科进行了很好的整合，充分体现了我校校本课程与课程整合相结合的特点。

### 三、与学校办学特色相结合

我校以开展读书活动为特色，所以校本课程就开展了读书实践活动。

（一）课内外阅读——促进学生多元智能的开发。

学校根据学生的年龄特点，对不同年级、不同层次的学生提出不同要求，既照顾整体，又注重了个性的发展，促进了学生多元智能的开发。我们加强对学生阅读方法的指导，注意抓好"读前辅导"和"读后深化"两大环节，在组织学生阅读前，先向学生简介书的内容、主题思想和时代背景，提出问题和要求，引导学生走进文本，读懂文本；阅读之后，组织座谈讨论、演讲、写读后感等活动，强化阅读效果，达到读后深化的目的。我们号召学生阅读多方面书籍，科学技术、文化艺术、人文社会、哲学历史等等，都是学生阅读的范围。博览群书也促进了学生多元智能的开发。

（二）课内外阅读——学生打开连接课内外的窗口。

1.课内外阅读相结合，摸索结合方法。我校从提高学生阅读能力这个基本素质入手，采用文科突破，以点带面的方法，进行适时、适量、适度的课内外结合，强化巩固课本知识，补充课内知识的不足，帮助学生将知识进行迁移、延展、贯通。教师根据课文内容和教材编排特点及教学要求进行适时、适度的指导，初步总结出"课前、课中、课后"三结合。课前结合，为新知识教学做好铺垫，创设一个广阔的信息背景；课中结合，是课堂教学的补充和提高，有利于突出教学重点，突破教学难点；课后结合，成为课堂教学的巩固和延伸。三种结合方式的综合运用达到了补充、深化、巩固、延伸课内知识，提高学生听、说、读、写能力的目的。

2.上好结合课。上"结合课"的具体方式是：学一篇重点课文带几篇课外读物，抓住"结合点"，以课内带课外，以课外促课内。"结合课"做到五落实，即时间落实、读物落实、辅导落实、笔记落实（3—6年级会写三种类型笔记：摘抄型、提纲型和感想型）、活动落实。这样得法于课内，收益于课外。我们还围绕读书开展了多种活动，包括"四会""三赛""两评"。"四会"即故事会、读书推荐会、佳作欣赏会、拓宽知识会，"三赛"即朗读背诵好文佳段赛、短文速读赛、读写知识赛，"两评"即读书笔记展评、优秀文集展评。活动的开展，给学生搭建了展示读书成果的舞台，培养了读书兴趣，同时学生的口语表达、思维逻辑、概括归纳等综合素质得到了全面提高。

（三）课内外阅读——培养学生创新意识。

培养学生掌握创新、实践的方法，即善学习、懂学法、勤动脑、会操作。做到"五多"，即多读书、多背文、多思考、多想象、多动手；培养创新实践的品质，即独立、果断、刚毅、求实、合作、进取；构建创新、实践的课堂教学模式，即课内外结合，读写同步训练。

# 弘扬书法国粹　提升审美能力

书法艺术是我国的国粹，是中国文化的浓缩，是民族精神的体现，它源远流长。在今天这个键盘、鼠标大行其道，毛笔被遗忘、钢笔被疏远的信息化时代，弘扬国粹书法显得尤为重要。

为了深入贯彻教育部《中小学书法教育指导纲要》《北京市教育委员会转发教育部〈中小学书法教育指导纲要〉的通知》（京教基二〔2013〕10号）、《通州区教育委员会落实教育部〈中小学书法教育指导纲要〉的实施方案》的文件精神，扎实推进学校书法教育的开展，提高书法教学质量。我校结合教育部、市、区文件精神，以及我校书法教育工作实际，特制定了我校书法教育实施方案。我们力争以此为契机，推动学校书法教育工作的进一步开展。

## 一、指导思想

我校以教育部、市、区教委关于书法教育文件精神为指导，全面实施素质教育，继承与弘扬中华民族优秀文化。通过书法教育培养学生的爱国情怀，提高学生汉字书写能力，培养审美品质，陶冶情操，提高文化修养，促进学生全面健康的发展，从而全面提升我校书法教育的整体水平。

## 二、深入贯彻落实上级文件精神

（一）加强学习，更新观念

教师教育观念的转变是落实书法教育的关键。新时期书法教育迫切要求教师更新教育观念，解放思想、开拓创新，反思以往的教学行为，进行新的学习和思考。学校将书法教育纳入学校工作计划，明确各学段书法教育的目标与要求，制订实施书法教育的具体方案，并将其纳入学校教学的常规管理。学校加强教师培训，合理安排培训时间和内容。加强写字课程标准的学习，苦练教师个人教学基本功，提高书法教师整体水平。有计划地开展各种学习活动，做到"五多"，即：多学习，多思考，多探讨，多研究，多实践。

校本培训做到：自学与集体学习相结合，深入落实各级领导部门对书法教育的要求；学习与观看录像相结合；学习与交流心得相结合；自己学习与讲座指导相结合。组织教师针对一节课、一个专题开展深入细致的研究与探讨。

学校加强书法教师基本功培训，提高教师的专业素质。加强校本培训，采取校内培训和组内培训相结合的方式，积极邀请外校市、区专家级书法骨干对我校教师进行指导培训，校内组织教师加强平时书写训练。以活动为契机，注重实践与应用研究，注重常态教学研究，积极开展教师软笔、硬笔书法及粉笔字比赛，提高书法教师整体水平。

（二）加强管理，提高认识

学校充分认识写字课程的意义，筹建书法专业教室，并在经费上给予大力支持，保证课程正常有序开展。加强课程管理，选拔合适的教师担任本课程的教学工作，配备专职和兼职书法教师，力争逐步形成以专职书法教师为主体、专兼职相结合的书法教师队伍。学校做好课程考核评价、课程资源档案管理、教师指导经验的交流与推广等工作，建立有效的激励机制，鼓励教师参与写字课程的教研工作。开学初，校长亲自组织全体干部教师深入学习教育部、市、区文件精神，召开领导干部会进行专门部署，深刻领会精神实质，贯彻落实相关要求。在教师中开展书法教育专项学习、讨论，统一思想，明确认识，加强领导，责任到人。

（三）开齐课程，开足课时

学校按规定开设书法课，3—6年级每周安排1课时用于毛笔字学习，1、2年级书法教育以语文课为主，以使硬笔书法教学贯穿于学校书法教育的全过程。

（四）倡导多样化的教学方式方法

学校的书法教学采用书写实践、作业展示、欣赏评价、讨论交流等形式，激发学生学习兴趣，提高教学效率。鼓励学校、教师、学生通过互联网获取丰富的书法教育资源，加强交流，构建开放的网络书法教学平台，充分利用现代信息技术进行生动活泼的书法教学。

（五）落实书法教育要求

1.重视养成良好的书写习惯和态度

在书法教育过程中，尤其是学习的初始阶段，教师要对学生的书写态度、书写姿势、书写用具的使用和书写环境进行指导，严格要求。

2. 注重培养学生的书法基本功

临摹是书法学习的基本方式。临摹过程包括读帖、摹帖、临写、比对、调整等阶段。在临写的初始阶段，要充分发挥习字格在读帖和临写过程中的重要作用，引导学生观察范字的笔画、部件位置和比例关系。在临摹的过程中，养成读帖的习惯，形成"意在笔先"的意识。学生用毛笔临摹经典碑帖，力求准确。部分书写水平较高的学生可尝试背临。

3. 遵循书法学习循序渐进的规律

小学生初学书写首先学习用铅笔，随着年龄增长，逐步学习使用钢笔和毛笔。书法教学要以书写笔画为起点，从结构简单的字到结构复杂的字，从单字练习到篇章练习，从观察例字、描红、仿影、临帖到独立书写。教师要科学、合理、系统地安排教学进程，使学生逐步掌握基本技法，不断提高书写能力。硬笔书写教学要贯穿中小学书法教育的全过程。

4. 强化书写实践

各学科都要培养学生养成良好的书写习惯和态度。教师要对学生的书写态度、姿势及用具的使用和书写环境进行指导，严格要求。通过课堂练习、书写作业和各学科书面作业等多种方式保证学生有丰富的书写实践活动。各学科教师要注重对学生书写实践的指导，对日常作业要有明确的书写要求。努力把练字与作业有机结合起来，避免加重学生课业负担。

5. 发挥语文教学的主渠道作用

语文教师要认真学习和领会《语文课程标准》（2011版）和《中小学书法教育指导纲要》精神，在语文教学过程中开展书法教育，提高学生的汉字书写能力。每个学段的语文课都要指导学生写好汉字。学校每天应在语文课中安排10分钟左右的写字时间，在教师指导下随堂练字。

6. 营造书法教育的良好环境

培养良好的写字习惯，提高学生的书写水平是中小学教学的主要任务之一，更是所有学科教师的主要职责。学校要健全管理制度，鼓励所有学科教师既要关注学生的书写质量，也要关注教师自身书写能力的提高，真正做到"教师提笔即示范，学生提笔即练字"。学校还可通过社团活动、兴趣小组、专题讲座、比赛展览、观摩研讨、艺术文化节等多种形式，激发学生的练字热情，丰富学校书法教育的文化内涵，营造书法教育的良好氛围，促进书法教育不断发展。

（六）评价方式与方法

书法教育不举行专门的考试，不开展书法等级考试。学校采用灵活多样的评价方法，可采用圈点法、批注法、示范法以及作业分析法，也可以采用展示激励、反思总结以及建立成长记录袋等方法。评价过程中综合采用自评、他评、互评等方式。学校在各学科考试中设置书写卷面分。

## 三、拓宽书法教育途径

（一）激发书写兴趣

教师在教学中注意激发学生的写字兴趣，变枯燥乏味的机械练习为形象生动的有意追求。采用故事激趣、比较激趣、竞赛激趣、展览激趣等方法，激发学生学习书法的兴趣。写字课上，《名人练字故事》是激发学生习字兴趣的生动教材。教师注重抓好写字教学，注重对写字课教学的分析与研究。写字的教学过程不仅传授知识、训练技能，而且要引导学生去感受、认识、理解写字的美，使学生产生一种美好的情感体验。书法课上，教师要引导学生从懂书法到热爱书法这一中国古老而灿烂的传流文化，提升自己的艺术品位和修养。

营造书法育人环境。学校精心布置书法教育环境，在走廊里、教室墙壁上，开辟书画专栏，经常更换，随时展出学生的优秀书画作品，使学生课间能在书法的氛围中徜徉，不自觉地对自己和别人的作品进行评论。学校结合读书活动，在文化墙上还刊登与书法教育有关的人文历史，使学生在潜移默化中受到熏陶和感染。

（二）养成书写习惯

古人说："字无百日工。"学习书法，不是一件轻而易举的事，它需要扎扎实实、毫不松懈的坚持，需要有一个较长时间的严格训练。"教育就是培养良好的习惯"，要指导学生写一手端端正正的字，也就是要培养学生良好的写字习惯。

写字课上教师要注意正确的写字姿势与握笔姿势的指导；书写时引导学生心定神安，不急不躁；写字课上注重对学生方法的指导、习惯的养成。以讲解书法技法为手段，带领学生进入汉字王国，在书法笔墨的练习和创作中得到能力的培养和训练。让学生从对汉字符号的简单记忆转变成对汉字形象生动的理解，并能用艺术化的方式——书法，表达出来，体会汉字的独有神韵。

树立"提笔即是练字"的意识。学生在做各科作业时，教师要加强对学生书写的指导，要求字写得正确端正，格式要规范，书写要清晰，行款要整齐。天天练、月月练、年年练，持之以恒。通过规范化、标准化的写字训练，培养学生良好的书写习惯。

另外，教师要成为学生书写的榜样。学校积极抓好教师书法示范，开展教师软笔、硬笔、粉笔字比赛，使教师成为学生"学书"道路上的引路人与指导者。教师当堂示范板书，面批作业注意写字姿势，握笔姿势，要求教师批改的字迹也要端正。

（三）拓宽习字内容

结合我校"悦读"教育特色，开展书法教学工作。将读书知识与写字学科教学进行整合。在练习书法的过程中，《弟子规》《三字经》《千字文》《论语》《中国古典诗词欣赏》等我国传统启蒙教育课程，以及经典古诗文、名家名篇、名言警句等都是学生习字的内容，使原本枯燥的书法学习变得有滋有味。学生在练习书法的同时，接受文学、艺术等多种传统文化的熏陶，既弘扬了民族文化精神，提高了人文修养，又有助于学生多元智能的发展。

（四）开展书法活动

学校以年级、班级为单位，开展硬笔字比赛、软笔字比赛，评比出写得最好、练得最多、进步最快的同学。学生的作品在橱窗里展出后，将被作为礼品送给兄弟校小朋友，以此让学生体验成功的快乐，提高学生对书法的认识，激发习字兴趣，提高了审美情趣。

今后的工作中，我们要认真开展书法教育，提高写字教学质量，带领学生研习国粹书法，展东方汉字神韵。

# "读书实践活动"校本课程开发

根据"北京市实施教育部《义务教育课程设置实验方案（试行）》的课程计划"、"通州区义务教育课程设置"和区教委关于《校本课程开发与管理的指导意见》的要求，结合我校原有特色以及学校工作实际，我校将"读书实践活动"确定为校本课程中重要的一项内容，并力争做到在实践中摸索，在实践中完善。

## 一、校本课程开发的目的和依据

面对全新的课程改革的新形势，基础教育如何把学生培养成具有健全的价值观和负责的生活态度，具有创造意识和能力，善于发现和探究，具有参与社会实践的能力，具有社会责任感和生态伦理意识的人，已成为各国课程改革的核心命题。

校本课程是基础教育课程教材改革以来出现的新的课程形式，是我国课程改革的一大亮点。但学校、教师对这种新的课程形式又是陌生的，还没有什么现成的经验可循。研究好这类课程的设置、内容安排是我们遇到的一个新课题。

我校确立的主要校本课程为"读书实践活动"，读书在中国古代就已形成良好的风气。"读书破万卷，下笔如有神""读书百遍，其义自见"……不难看出，古代许许多多文人墨客的宝贵经验均跃然纸上，流芳百世。直至今日，祖先的经验仍值得我们后人借鉴。"一本好书，一生财富。"读书是人们重要的学习方式，是人生奋斗的航灯。阅读是一扇窗，或者说是一条路，帮助我们通向另外一个客观世界，去获取人类文化的精华。一个人的精神成长史实质上就是一个人的阅读史，而一个民族的精神境界，在很大程度上取决于全民族的阅读水平。阅读可以完善人性，提升修养，拓展人生；阅读可以丰富生活，愉悦身心，静享幸福；阅读可以调节情绪，丰富情感，使我们懂得感激、感动、感恩。让每一个孩子养成良好的读书习惯，并在读书实践中形成一定的人文素养，在孩子的灵魂深处储存一笔精神财富，这应是学校教育的一项重要的工作目标。书是人类的朋友，书是人类进步的阶梯！现在的知识更新得越来越快，单纯靠教科书已远不能适应时代的发展。人类获取知识80%靠阅读，仅靠课内阅读的训练，是远远不够的。鉴于此，扩大课外阅读量势在必行，阅读能力的高低已成为影响一个国家和民族未来的因素之一。

课程改革的形势要求我们要培养一批会动手、动脑，有实际操作技能、敢于创新的新型人才。读书实践活动是新课程标准实施下学校教学的延续和补充，要大面积地提高教育教学质量，就得开拓学生的视野，丰富学生的知识和实践能力。

一个人读书的过程，就是传承文化、培植精神、润泽心灵的过程。朱熹诗云："半亩方塘一鉴开，天光云影共徘徊。问渠那得清如许，为有源头活水来。"开放的读书实践活动、教学实践活动提供给学生的必然是终身发展不竭的"源头活水"。"读书实践活动课"就是要坚持"以学生发展为本"的实践工作理念，以深化课程改革和推进素质教育为目的，以读书实践为载体，努力培养学生的创新精神和实践能力，为学生的终身学习和可持续性发展打下坚实的精神基础。

## 二、校本课程的总体目标

（一）读书实践活动推进了学生对自然、社会和自我的整体认识与体验，通过这一活动，让学生在探索中不断发现，在交流中不断碰撞，在思考中相互接纳。以此发展学生的创新能力、实践能力以及良好的个性品质。通过读书实践活动引导学生对知识进行主动建构，让学生在各种各样的操作、探究、体验活动中，去参与知识的生成过程、发展过程，主动地发现知识，培养学生主动获取知识的能力，拉近知识和生活的距离。

（二）学校通过开展读书实践活动课，激发了学生读书的兴趣，让每一个学生都想读书、爱读书、会读书，从小养成热爱书籍，博览群书的好习惯。课程使学生在实践活动中陶冶情操，获取真知，充实文化底蕴，促进知识更新和综合实践能力的提高。

（三）学校通过读书活动的开展，进一步完善了师生的文化知识结构，丰富了文化知识内容，培养了深厚的文化底蕴，提高了全体师生的创新精神和实践能力，营造了浓烈的校园文化氛围，彰显了学校的办学特色。

### 三、课程阶段目标

（一）低年级段：

1.学生结合阅读教学巩固汉语拼音，复习学过的生字，继续学习看拼音读准字音，学习随文读好轻声。

2.激发朗读兴趣，使学生产生阅读愿望，爱读书。

3.学生能正确、流利地读好每篇文章，声音响亮而自然。部分学生能够有感情地朗读文章。

4.学生学习默读文章，做到不出声、不指读，逐步养成边读边记忆内容，边读边思考问题的良好习惯。

5.学生学会结合语言文字和生活实际来理解词句意思，学会结合语言文字来思考问题，达到学有所获。

6.读书实践活动中，学生学习朗读，培养语感，积累语言，丰富课外知识，促进听说读写能力的提高。

（二）中年级段：

1.学生学习阅读的基本方法，培养阅读习惯，能独立完成阅读短文的训练。

2.学生学习和掌握中年级段习作的基本知识和方法，并能够在实践中运用。

3.在学习过程中培养学生的人文素养和爱国精神。

4.使学生学会交流，在合作中学习，树立自信心。

5.使学生提高分析能力，能正确认识事物。

（三）高年级段：

1.对阅读有浓厚的兴趣，有主动阅读的习惯，掌握不同类型文章的阅读方法。

2.能用普通话正确、流利、有感情地朗读诗歌，背诵优秀诗文。

3.默读文章，边读边思考。学会略读与浏览，粗知文章大意。

4.能复述叙事性作品的大意，初步感受作品中生动的形象和优美的语言，关心作品中人物的命运和喜怒哀乐，与他人交流自己的阅读感受。能发挥想象，进行有创意的阅读。

5.养成读书看报的习惯，收藏并与同学交流图书资料。

6.在语言环境中学习语言，运用语言，丰富自己的语汇，增强表达效果。

7.积累文章中的优美词语，精彩句段。

8.能在老师的指导下组织有趣味的语文实践活动，在活动中学习语言，学会合作。

9.读写结合。阅读后能够不拘形式地写下自己的感受、体会，为文章续写精彩片段等，注意表达自己觉得新奇有趣的、印象最深的、最受感动的内容，尝试在习作中运用自己平时积累的语言材料，特别是有新鲜感的词句，从而提高自己的习作能力。

10.创编课本剧，激发学生的想象力和创造能力，培养他们运用语言的能力。

11.阅读中，感受中华传统美德的教育；产生热爱大自然、探索大自然的情感；激发爱科学、学科学的情感。

## 四、校本课程的内容

读书实践活动课主要包括：阅读（儿歌、古诗、散文、故事等）、阅读技能的培养、读写结合的练习、读书实践活动的开展等。

## 五、课程实施

根据我校校情特点，校本课程的实施坚持做到四个结合：

（一）与生活实践、社会实践活动相结合

坚持面向学生的"生活世界"，紧密联系学生的学习、生活实际，引导学生从生活中、社会实践中提出问题，努力做到目的明确、计划周密。对于学生自行设计的读书实践活动方案，教师要多加指导，使方案更具可行性。

（二）与课程整合相结合

读书实践活动课要加强学科之间的整合，把各种技术手段完美地融合到校本课程中，超越不同知识体系，以关注共同要素的方式安排学习实践活动，将多学科教学内容整合到各种实践活动中，为校本课程提供丰富多彩的课程形式。

（三）与学校办学特色相结合

我校以开展读书活动为学校特色，我校校本课程就以"读书实践活动"为主。

1.课内外阅读——为学生打开连接课内外的窗口

（1）课内外阅读相结合，摸索结合方法。采用文科突破，以点带面的方法，进行适时、适量、适度的课内外结合，强化巩固课本知识，补充课内知识的不足。教师根据课文内容和教材编排特点及教学要求进行适时适度的指导，初步总结出课前、课中、课后三结合。课前结合，为新知识教学做铺垫，创造一个广阔的信息背景；课中结合，是课堂教学的补充和深化，有利于突出教学重点，突破教学难点；课后结合，成为课堂教学的巩固和延伸。

（2）上好结合课。"结合课"的具体方式是：学一篇重点课文带几篇课外读物；抓住"结合点"，以课内带课外，以课外促课内，得法于课内，收益于课外。"结合课"做到五落实，即时间落实、读物落实、辅导落实、笔记落实（三年级以上会写三种类型笔记：摘抄型、提纲型和感想型）、活动落实。活动形式有三种："四会"，即故事会、读书推荐会、佳作欣赏会、拓宽知识会；"三赛"即朗读背诵好文佳段赛、短文速读赛、读写知识赛；"两评"即读书笔记展评、优秀文集展评。

2. 课内外阅读——培养学生创新意识

做到"五多"，即多读书、多背文、多思考、多想象、多动手；掌握创新、实践的技法，即善学习、懂学法、勤动脑、会操作；培养创新实践的品质，即独立、果断、刚毅、求实、合作、进取；构建创新、实践的课堂教学模式，即课内外结合，读写同步训练。

（四）与课堂教学相结合

将"读书实践活动"作为课堂教学的补充和扩展，通过开展有针对性的实践活动，达到巩固延伸课内知识的目的。

## 六、校本课程的评价

"学习标准"建立于学习的过程中，我们从知识与能力、过程与方法、情感态度与价值观，这三个维度对学生进行综合评价。我们注重学习过程的评价，以"表现性评价"为主，用"多棱镜"的目光去审视学生，从多维的角度去评价他们的表现，采用自评、小组评、家长评、教师评等多元化的评价方式，推动学生可持续性地向前发展。探索多种评价方式，如：活动评价法，即开展读书经验交流会、故事会、演讲会、朗读背诵比赛等，在活动中评价学生的阅读情况；作品展示法，即定期开展读书笔记、手抄小报的展示活动，充分利用好图书角、黑板报、学习园地等媒体展示学生们的阅读成果等。力争将评价贯穿于读书实践活动的始终。每学期末对全体学生的校本课程学习情况进行综合考评，读书特别突出的学生还会被评为"读书之星""读书小博士""读书实践小能手"等荣誉称号。读书实践活动具体评价方法是：

（一）活动评价法：每月开展一次读书经验交流会、故事会、演讲会、朗读背诵比赛，在活动中评价学生的阅读情况。

（二）作品展示法：定期开展读书笔记展示活动，充分利用好图书角、黑板报、学习园地等媒体展示学生们的阅读成果。

（三）评价形式多样：采取学生自评、小组互评、教师总评相结合的方式。

（四）成绩显现：设置四个等级：优、良、及格、不及格。

（五）每节课重点检查两组的学习情况，做到每个人都有成绩。

（六）结合评价手册中的朗读一栏，记录学生的读书成绩。

（七）期末进行一次读书成果展示，表彰读书优秀者。

（八）读书成绩一贯优秀者，有资格参加校级读书大王的评选。

## 七、保障措施

（一）领导重视

抓好校本课程工作，首要的任务是要提高广大干部、教师的认识。学校有教科研工作的良好条件，校长对课改工作给予大力支持，这些是校本课程实施的坚强后盾。学校首先成立校本课程工作领导小组，校长亲自担任组长，教学副校长负责校本课程的协调、指导管理工作；教学主任负责校本课程的具体管理，资料的积累分析、课程评价工作。学校加强领导小组的理论学习，研究校本课程研发的具体措施。认真落实市、区校本课程工作精神，加强领导，制订计划，落实管理，总结交流经验，加强校本课程的有效途径、方法和规律的研究。

（二）经费保证

学校要对校本课程在经费上给予大力支持，保证校本课程正常有序地开展。尤其要重视图书室、阅览室的建设，每学期有计划地订购报刊、图书、音像资料等，根据教育发展新形势和新课程对教师和学生的要求，淘汰那些知识陈旧、不适合师生阅读的书籍，重新添置符合师生阅读层次、引发师生阅读兴趣和适应形势要求的书籍。为保证正常借阅，每个班级都要建立图书角，也可由各班级学生自带图书，交流阅读，要做到常换常新。积极倡导家长为学生创设家庭小书库，为学生读书营造良好氛围。学校将校本课程的研发作为一项重点工作来抓，要抓出成效，抓出特色，使之成为我校教学工作的一道亮丽的风景线。

（三）更新观念

学校将有计划地开展各种学习活动，加强培训，提高教师开发校本课程的水平。做到"五多"，即多学习，多思考，多探讨，多研究，多实践。要求全体课改教师树立促进学生发展的观念，尊重儿童的观念，促进学生主动发展的观念，通过校本课的开展，鼓励先进，帮助后进，使不同能力和不同知识基础的每个学生都有机会发掘自己的潜能。

（四）实践探索

加强备课的研究，提高教师的专项素质。学校在学期初举行专题讲座，对教师的备课进行具体指导，要求教师突出校本课的新观念、新思路、新方法，认真备好每一节课，教研组抓住关键课、重点课进行研究与教案设计，充分发挥"个人钻研、小组研究、教案共享"的集体备课优势。

（五）搭建平台

开展活动，实践练兵。开展校本展示活动。组织"校本展示课""校本评优课"，把典型的优秀课改成录像课、研究观摩课等，分学科进行评议，取长补短，提高校本课水平。定期举办演讲比赛、读书心得交流会，诗歌朗诵会、辩论赛、故事大家讲、手抄报展等等，展示学生校本课学习成果，为学生施展才华搭起舞台，提供机会。在活动中，对突出的个人、班级、教师给予一定的奖励。鼓励学生在学习中实践，在实践中创造。通过校本课的开展，重视发掘学生的潜能，引导每一个学生真正参与到读书实践中来，促进学生的全面发展。

总之，校本课程是新兴学科，校本课程的研究对于我们来说还是个新课题，既无现成规律可循，也无不变公式可用，这就需要我们在实践中不断探索，在实践中不断完善。

# 开展信息技术研究　提升师生信息素养

在《中小学信息技术课程指导纲要（试行）》《关于加快中小学信息技术课程建设的指导意见（草案）》和"北京市推进教育信息化建设工作会"精神的指引下，根据《官园小学发展规划》中"一切为了学生健康成长，打造通州区现代化学校"的办学理念，学校确定了"科研引领，培养兴趣，提高素养，发展技能"的学校信息技术课程建设目标，实现了"培养学生对信息技术的兴趣和意识，让学生了解、掌握信息技术基本知识和技能，使学生具有获取信息、传输信息、处理信息和应用信息技术手段的能力，形成良好的文化素养，为他们适应信息社会的学习、工作和生活打下必要的基础"的目的。

## 一、加强管理，明确目标，努力提高自身素养

（一）管理到位

学校设有教育信息化领导小组，校长任组长，教学副校长任副组长，负责学校教育信息化总体规划建设。学校制定了《年度信息技术建设三年规划》和《信息技术发展规划》，从硬件、软件环境建设，教师信息素养，资源库建设和信息技术学科建设等方面进行规划指导。

学校还设有网络和信息技术研修组，具体负责学校校园网管理、信息技术教学研究与管理、学生电子化学籍管理、信息技术与学科课程整合研究等方面。研修小组每两周开展一次学科研修活动。

（二）制度建设

学校制定了《官园小学管理制度与职责汇编》，加大了学生机房管理使用制度、教研组活动制度、学生电子化学籍管理制度、网络信息工作管理制度、设备使用与维护制度的执行力度。健全的管理制度和有效的监控评价，保证了学校教育信息化工作的正常开展。

（三）研训提高

学校将提升教师信息素养纳入教师继续教育校本规划之中，提出了"以教

师发展为本，为教师专业成长服务"的培训理念。从教师实际需求出发，做到了科学安排，合理实施，注重服务，实效为本。

1. 专题培训。几年来，学校先后进行了 PowerPoint、Flash、FrontPage 课件制作，网络道德、网络安全、网上资源检索、网上交流知识，电子化学籍管理与应用，北京市教育资源网、课程网、教师研修网应用，教师电子邮箱、工作室、博客建设与管理，多媒体设备应用与维护，电子白板应用等专题培训。专题培训，对于干部教师信息技术知识的普及和技能的提高发挥了重要作用。现在干部教师已经融入信息技术世界，学校管理、课堂管理、教育教学实现了信息化，更新了教学观念，推进了教育教学改革。

3. 外出学习。学校每年都组织信息技术教师参加电化教育学术年会、中小学师生电脑作品大赛培训、北京教育资源网培训、信息技术与学科教学整合研讨交流等学习交流活动，开拓了教师视野，提高了教师信息素养。学校连续4 年被评为"北京教育资源网和课程网先进单位"。

4. 组内研培。信息技术与网络研修组在组长的带领下，积极进行信息技术学科课堂教学实践研究和教学软件应用培训。3 位教师把参加区研修中心培训学到的知识技能互相传授切磋，并通过观看、讨论、分析优秀录像课例提高自己的授课水平。研修小组多次被评为"区优秀研修组"。

## 二、加强硬件、软件环境建设，合理配置资源

硬件和软件环境建设是开展好信息技术教学的前提。

在硬件建设上，学校根据北京市办学条件标准要求采取国拨与自筹相结合形式积极进行校园网基础设施建设。

今年，学校在前几年硬件建设的基础上利用学校加固的契机对原有设备进行了升级改造：1. 千兆网到桌面；2. 更换了新的路由器、交换机、服务器；3. 升级改造了两个学生计算机教室，安装了多媒体设备，将学校最好的计算机配置到学生计算机教室。这是我校第三次对学生机房进行升级改造。

计算机教师为每台学生机安装了学习软件和学习素材，运用凌波多媒体教学管理软件，实现了教师机对学生机的有效管理。

为了保证计算机的使用安全，学校购买了瑞星网络版杀毒软件，下一步准备购买硬件防火墙，实现对计算机的有效监管。

### 三、以学生发展为本，培养学生的学习兴趣，提高学生的信息素养

（一）上好每一节信息技术课

教师遵循信息技术学科"知识的综合性，技术的发展性，教学的实践性，学习的协作性和学科的工具性"五个特点，精心设计教学过程，坚持精讲多练，激发兴趣，传授技能，自主学习，适当评价，以培养创造思维为原则，提高课堂教学实效。

（二）探索信息技术学科教学质量评价方法

在信息技术学科的教学评价方面，我校依据教学目标，按照发展学生个性和创新精神的原则，着重考查学生的计算机基本知识、上机操作和作品创作的知识技能的掌握情况。在考查基本知识方面，我们依据配发光盘内各单元的基本知识，设计考查试卷。上机操作采取任课教师自己考评，学校抽取部分学生测评的方式进行。在测评中甄选部分能够发挥个人创造的题目进行考查，以查验学生在信息技术学习中的创作能力。

（三）开展学生课外活动

学校成立信息技术课外活动小组，由信息技术教师定期培训，激发学生学习信息技术的兴趣，培养学生信息技术素养，教给学生网络道德、电脑绘画、电子报刊、网页制作的技术。学校通过信息技术课堂教学和课外小组的辐射作用，提升了全校学生的信息素养水平。韩鹤冲同学的电子报刊获"北京市师生电脑作品"三等奖。

### 四、科研引领，加强研究，促信息技术与学科课程整合

学校作为北京市电化教育小学专业委员会会员校，北京市课程改革样本校和北京市网络和信息中心的课题校，积极参加了全国重点课题《信息技术与学科教学整合的策略研究》。学校以科研课题为引领，组织教师积极开展运用现代教育技术进行课堂教学改革的研究与实践，深入探索信息技术与学科课堂教学整合的教学模式，取得了丰硕成果。《信息技术与小学语文数学课程整合的课堂教学模式研究》课题荣获通州区教学科研成果二等奖，北京市教育科研论文一等奖和课题成果评选一等奖。5人的论文、教学设计获国家级一、二等奖；27人次获北京市论文、教学设计、课例评比一、二、三等奖，15人次获区教学设计、课例、论文评比一、二等奖。

通过课题引领作用，教师主动参与多媒体和网络环境下的信息技术与学科教学整合的研究，取得了许多宝贵经验，促进了学校教学改革的深入，培养了学生主动参与学习的兴趣，提高了课堂教学质量。我校教师连续获得通州区课堂教学最高奖，捧得"春华杯"和"秋实杯"，学校被评为课堂教学先进单位。

## 五、存在问题及措施

（一）工作量大，教师缺乏对信息技术课堂教学的深入研究。由于信息技术教师都是兼职，平时要管理近 300 台计算机，40 套多媒体电子白板，电子化学籍，网络、网站，每学期摄、录、编 50 节以上的研究课，还要参与课题研究等等，事务性较多，造成课堂教学缺乏新意。

（二）评价方面还应科学有效。学校在如何更加科学有效地进行信息技术学科教学质量监控与评价方面，还要更多地实践研究，以促进信息技术课堂教学更加实用高效，更适用于学生发展。

（三）措施

1. 学校应减轻信息技术教师工作负担，使其加强信息技术课堂教学的研究指导和理论学习，吸收借鉴优秀课例中的优秀教学设计和教学方法、手段，提高自身理论水平和信息技术素养，提高课堂教学实效。

2. 学校应借鉴优秀教学管理经验，结合本校实际，开展信息技术学科有效测评实验，力求取得更好的效果。

# 在特色建设与展示中且行且悟

通州区小学办学特色展示活动，在区教委的正确领导和小教科的精心组织策划下，从在后南仓小学隆重启动，到在官园小学圆满落幕，历时一年时间，如今画上了一个圆满的句号。

我有幸作为评委亲历了这样一个完整的过程。这次作为评委的经历与以往不同，过去主要是参与教学工作的某一方面的评价，很少站在整体的角度去审视一所学校的办学历程。本次我们每一位评委在特色建设的道路上既是参与者，又是评价者；既是建设者，又是质检员；既是微观的操作者，又是全区特色办学宏观的审视者……多重的身份，不一样的视角，让我感触颇多，真的有话要说。正如华南师大基础教育培训与研究院王红副院长在官园小学特色展示活动上说的那样，在特色建设与展示中我们每一位评委和着全区特色建设的节拍，一路走来，且行且悟。我感悟着各校的成长，分享着全区特色建设的收获与喜悦，这将是我人生的宝贵经验。

## 一、活动组织　内容丰富

本次特色展示活动组织形式多样，内容丰富，更注重实效。既有校长全方位的特色汇报，又有学校物化成果的交流学习，使理论与实践面对面；既有深入课堂听课，又有师生活动展示，让我们亲身感受到每所学校特色办学的实施途径与方法；既有校园环境及校园文化的展示，又有档案等过程性材料的呈现，记录学校特色形成过程的一个个脚印；既有教师座谈，感受教师参与学校办学特色创建的真实感受及教师对校长办学理念的具体解读，又有学生座谈，体会学校办学特色对师生产生的潜移默化影响；既有评委与校长及领导班子的互动交流，又有特聘专家的主题鲜明的指导讲座，提高了特色展示的规格与水平；既有评委参与评审的全过程，又有各校领导现场观摩，从点到面，促进了各校的反思提升。专家的点评既有对学校特色理论的分析，又有以每所学校为典型案例的深入剖析，促进我们内化提高；从评委的组成

221

看，既有德育干部，又有教学干部，更有老一代教育专家的亲临指导，实践剖析。从各类评委的提问、发言交流的不同视角，让我们从多方位、多角度去感悟特色的内涵，同时各类评委之间的交流与沟通也是一种形式的学习。从老专家身上我们感悟到严谨、深邃的办学思想，从德育评委及教学评委身上我们看到了不同的关注点，从中感悟到自己分管工作中某些方面的不足，促使我们思考问题更全面，开阔了思路。

小教科领导是各校展示的幕后英雄，每所学校的展示，他们都对程序亲自把关，各项活动逐一审查，每一处细节都逐一落实到位，他们是幕后的专家，他们对各校特色建设的真知灼见，更起到了引领方向的作用。正是因为教委领导安排得细致周到，展示活动环环相扣，从特色展示活动这一切入点，展示了各校特色办学的思路与做法，让特色办学真正落到了实处，这也使我区小学特色建设工作盛况空前。

## 二、各校特色　异彩纷呈

本次特色展示涉及的范围很广，既有底蕴深厚的百年老校，又有发展迅猛的新建校；既有稳步提升的城镇校，又有地处偏远依然执着前行的农村校；既有各具特色的大校，又有全员参与的小学校；既有为数众多的普教校，又有别具一格的特教校；既有完全小学，又有中小衔接的一贯制学校……

各类学校特色定位准确，百花齐放，异彩纷呈。每所学校都做到了各项规章制度健全，管理规范，重视过程，在实施中有考核，有评价。不同的学校让我有不一样的收获。从后南仓小学的"科技教育"中，我感受到了百年老校深厚的文化积淀，从老北京街头场景，到校本课程工具盒展示的"七彩课堂"的理念，这些都让我感受到细小之处的独具匠心；在北京二中通州分校，我学习到了"10个好习惯教育行动"，并把经验推荐给我校教师；从潞县镇中校的"健康校园"中，我感受到无论从校园环境到校本课程，无论从师生活动到学校管理，无论从宏观管理到微观细节，学校的点点滴滴都彰显着办学特色理念，就连上课铃声都是学校的校歌，他们把楼道布置上升为校园文化。通过对东方小学"生命教育"特色的观摩，我更深刻感受到我校教师基本功的培训迫在眉睫，我们已经制订了教师培训计划，首先就是从教师三笔字抓起；从司空小学的"诗化教育"中，我看到学校对教师队伍的打造有长远规划，注重培养教师的发展潜质，这是学校发展的不竭动力的源泉；在永乐店中心校展示中，我学到了精细化管理的各种具体方法，永乐店中心校的校本课程"作文导航"非常精彩，我们学校老师在教学中已经开始学习借鉴；史家分校的"欣赏教育"渗透到学校管理的每一个细节，其校本课程真正实现了学生的自主选择；育才学校的"博物教育"，让我体会到一贯制学校独特的办学优势；民族小学的"好习惯养成教育"让我惊叹全体学生的全方位展示；从张家湾中心校"做主人"教育中，我感受到几任校长办学理念的一脉相承与不断发展；梨园中心校的特色展示，让我体会到学校对人性的尊重和管理的人本化实施；玉桥小学"博雅教育"的独特性引起我深深的思考；从南关小学"人文素养教育"中，我看到了校长对学校办学特色发展与继承关系的再思考和他们的实践探索；中山街小学的"艺术教育"让我产生"百年中山，底蕴悠长；百年老校，艺术殿堂；百年古槐，见证梦想；百年求索，再创辉煌"的感慨；培智学校的孩子们笑对生活、快乐成长的态度让我感动；东关小学面对来自五湖四海的学生开展的"群体适应性教育"让我看到了特色建设的脚踏实地；实验一小的"发现教育"让我感受到学校师生活动的精彩……

多姿多彩的特色办学经验，让我感受到通州小学教育浓浓的春天。这一年，伴随着各校特色展示的进程，是通州小学特色建设飞速发展的一年、成长的一年。

### 三、长远发展　谋划全局

清末陈詹然有这样的名言："自古不谋万世者，不足谋一时；不谋全局者，不足谋一域。"特色建设是个系统工程，不可能一蹴而就，只有站在全局高度，韬光养晦，才能运筹帷幄，以积极的态度处理好各校各自领域特色的生存和发展问题，最终实现学校发展的长远目标。

每一所学校的特色展示都是办学目标、课程、活动、教师团队的打造等各方面的整体呈现，虽然方式各不相同，但都是基于对学校工作的系统思考。明确的办学思想，使一所所学校从校园环境、设施水平到教育教学改革、办学规模，都呈现出强劲的发展态势。本次特色展示涉及到学校工作的方方面面，各校都把此次活动看成学校工作的全方位展示，是学校几年甚至几十年办学特色经验的结晶，促进了学校整体工作的提升。各校将展示活动看成了一次对学校全面提高学生思想道德素养和行为习惯教育的过程，对各年级学生进行了系统的文明礼仪教育；看成了一次课堂教学践行学校办学理念的实践过程；看成了学校校园文化建设的过程，彰显了校园文化建设成果。各校重视了校园环境布置，动静结合，既有常规要求，又展示了学校特色内涵；既有教育主题，又有学生展示的空间，很多学校师生一起动手美化学校环境，校园处处"让墙壁说话"，发挥了校园文化潜移默化、润物无声的作用。此次活动必将促进各校特色办学的长远发展。

## 四、校长智慧　团队实践

校长是一所学校的灵魂，有人说，一所学校的成功70%取决于决策人的作用。学校的办学特色之路是校长带领干部教师这个团队思考求索的过程，是一个学习提高的过程，是一个不断修正完善的过程，更是一个艰辛跋涉的过程。

在参与各校展示的过程中，我感悟着一位位校长的人格魅力。以赵昆山、肖金茹等校长为代表的老校长们，对特色建设有新认识、新思考；中青年校长们更是勇于改革，引领着各校特色之路。我借阅了李文凤校长的读书笔记电子版仔细品读，校长们的办学思想深深地吸引着我，感染着我。我感受到了校长们对工作强烈的事业心和责任感，他们对学校办学特色的执着追求令人难忘。他们有个人的管理特色，立足实际，从大处着眼，小处着手，时时有新思路、新想法，他们是学校办学特色的勇敢实践者。校长们在工作中善于学习，勤于思考。他们回顾过去，反思现在，着眼未来，各项工作都做得精益求精。他们不断总结，积累经验，形成了自己的管理特色，成为特色建设道路上的勇敢开拓者。理念的认同度、内涵的深刻度、参与的广泛度、实践的系列度、优势的显现度，使校长们的理念得以顺利转化为教师的教学行为。特色建设成为通州教育发展的不竭动力。

## 五、专家领航　实战培训

在参与评审的过程中，最大的受益者就是我们这些评委们。这一年真的很忙，但在这一过程中，我体会到了成长的快乐，累并快乐着！

这种学习来自专家的现场诊断。本次区教委投资聘请专家对每所学校的特色进行现场指导，这种既有理论高度，又结合我们熟悉学校的典型案例的专题培训形式，使我们收获很大。从朱懋勋教授的报告中，我捕捉到北京市课改的研究方向是"效率与效益、质量与代价的关系"；从张熙所长在潮县镇中心小学的现场说法中，我体会到学校特色应该怎样询问"关联"；从教育学院何玉萍教授的讲座中，我寻找着学校特色建设的切入口，从何教授的讲座中我第一次听到"六项思考帽"理论，回校后我就上网查找相关资料，力争用这种思想指导高效课堂的研究；从史根东教授的专题讲座中，我了解到教学中如何做到可持续发展，怎样打造优质教育；市教科院蔡歆主任的报告，促使我思考怎样将教育特色从局部向整体推进；从教育学院校长研修学院的杨秀智院长的报告中，我领悟到"教育就是生命影响生命的过程。教育是有温度的，教育就是点燃心火"；华南师大基础教育培训与研究院王红副院长的点评引导我们对学校特色展示之后"我们要做什么？应该做什么？学校特色工作将走向何方？如何'深挖''聚焦'？怎样形成学校的'性格'？"等问题继续进行深入的思考。

在评审的过程中，老专家们的参与更起到了把脉诊断的作用，他们丰富的实践经验，卓越的教育智慧，是全区教育的精神财富。

在向各校学习的过程中，也提高了我自身对学校办学特色的认识水平。这次特色展示，让我有机会全方位走进一所所学校，有机会领略各校特色办学的全貌，不同的学校，显示出了不同的风格。参加评审活动的过程确实是一个学习提高的过程，这种形式比那种整天躲在自己学校的小圈子里闭门造车要增长见识、开阔眼界。整个展示过程给我们提供了一个个鲜活的案例，各项活动让我们看得见、学得着、可借鉴、促发展。与其说是我们在参与评审，不如说我们在和每所学校一起学习，共同成长。总之，有幸作为此次特色展示活动的评委，我深感不虚此行，我感受到了不同风格学校的精彩。套用朱懋勋教授的话说就是"我看到了，我听到了，我感受到了！"

我们在特色办学的大道路上行走，在学校办学的理想与现实之间且行且悟，相信若干年后的某一天，我们仍会津津乐道："当初我们学校特色展示的时候……当初我做特色展示评委的时候……"那出现在我们行程中的一切，才是属于我们自己的精彩，是我们人生不可多得的经历，而我们心灵中那些最为丰富的情感与顿悟也在且行且悟之中融进了我们的生命。让我们在进一步深化学校特色建设的道路上继续前行！

创 | 新 | 篇

# 抓好"零起点"教学 提升育人质量

为了深入贯彻中共中央办公厅、国务院办公厅《关于进一步减轻义务教育阶段学生作业负担和校外培训负担的意见》、北京市教育委员会《关于进一步减轻义务教育阶段学生作业负担和校外培训负担的措施》等文件精神及市、区教委关于"零起点"教学工作的相关要求，有效进行幼小衔接，我校开展了一年级"零起点"教学工作的有益实践。

## 一、深入学习，提高认识

（一）加强领导，分工负责

学校建立"零起点"教学工作领导小组，校长亲自担任组长，教学副校长为副组长，主管教科研主任、主管课程主任及一年级语文、数学、英语教研组长为组员，全面开展"零起点"教学的领导、实践以及自查自纠工作。"零起点"教学是"双减"工作的重要内容，要加强领导。学校针对一年级"零起点"教学工作强化督查、指导和评价，对教师违规行为及时纠正，纳入教师绩效考核，落实管理，总结交流经验，加强课程实施的有效途径、方法和规律的研究，为"零起点"教学工作保驾护航。

（二）积极宣讲，达成共识

学校开展"零起点"教学工作培训，宣讲市、区专项工作精神，组织教师开展学习讨论等，不断提高认识。合理安排学科教师。学校在暑期分工时，兼顾各学科、各年级，特别注重考虑一年级各学科教师的工作安排，力争做到有市、区骨干教师引领，成立一支老中青三结合的学科研究团队。在领导小组会上，校长再三重申：要站在"双减"工作的高度，站在促进学生全面发展的高度，重视"零起点"教学工作，要不折不扣地遵照市、区教委的工作要求，把市、区教委的通知精神传达到各组，让每一位教师都清楚地知道开展"零起点"教学工作的重要性。教学校长组织召开了一年级"零起点"教学工作专项行动大会，会议上，全面解读了一年级"零起点"教学工作专项行动政策精神，详细部署了落实相关要求的具体措施。

## 二、合理安排，深入落实

学校每学期将"零起点"教学工作列入学校工作计划，并由校长负责监督实施，保证工作效果。

（一）规范课程管理

学校严格执行国家和北京市、通州区课程设置方案要求，确保开齐课程、开足课时，严禁随意增减课程和课时。

（二）明确教学标准

开学初，学校就对全体教师，尤其是对一年级教师做出了"遵守教师职业道德，尊重教育教学规律，坚持'零起点'教学，不增减课程、不提前教学、不超标教学"的明确要求，严格按照课程标准进行教学，各科科学制定、严格执行学期计划，严禁超标、超前教学。

（三）聚焦课堂教学

加强随堂听课。开学初，校长带领领导班子在开学前两周对一年级所有学科、所有教师进行全覆盖听课。在听课的过程中，关注教师能否按教学计划的设计组织课堂教学，观察课堂内容、进度是否与教学计划一致；观察教师是否对学生一视同仁，对"零起点"学生是否存在歧视性语言和行为。引导教师注重学生的学习方法的指导、学习能力的培养和训练。课堂教学力争做到"四多"。即基础目标达成多，有效思维时间多，情感内化质变多，学习方法习得多。面向全体学生，确保基础，分层提高。课堂上扩大学生参与面，拓宽发言面，每节课学生的发言面要达到 50% 以上，活动参与率要达到 100%，每节课能力训练不低于 10 分钟，确保每个学生都参与到教学活动中。学校加强学困生研究，对学困生开展有针对性的个别辅导和帮教。

（四）重视习惯培养

学校加强一年级新生心理、学习习惯和学习方法的辅导，使一年级新生逐步适应校园生活和学习。各学科任课教师要致力于培养学生学习方面的好习惯，如：专心听讲、勤于思考、积极发言、交流表达、团队合作、实践创新等。随时关注学生的注意力、坐姿、握笔姿势、课堂纪律、物品摆放等学习习惯的调整和规范，关注三维教学目标的落实。学校在日常听课、检测和查阅作业时检查学生学习习惯的落实和学习能力的培养情况。教师应在教学中注意关注全体学生，不让任何一个学生掉队。

（五）加强校本教研

学校加大过程性教研力度，统一各班、各学科教学进度，严禁超前教学、压缩课时的现象。开学第一周，学校组织各学科教学研讨活动，培训学习各学科课程标准，交流教学经验，严格按照"零起点"教学标准组织教学。在一年级任课教师座谈会上，老师们纷纷表示，实施"零起点"教学不仅是减轻学生负担的体现，更是一种"慢的教学艺术"的体现，要在学生适当的时候做适合的事情，要尊重学生的成长规律。作为一年级的教师，一定严格按照教学计划教学，不会超标超时，要重视学生的良好学习习惯的养成。

### 三、接受监督，行稳致远

（一）公开接受监督

学校通过宣传栏、公示栏、校园网站等多渠道公示一年级开设的课程和各学科教学计划、课程表等，并通过班级群、微信公众号发送相关通知，公开、自觉接受社会的监督。为了切实落实"零起点"教学，减轻学生过重的课业负担，学校开展了广泛调查，发放家长问卷、学生问卷，了解家长及社会对"零起点"教学工作的认识，扩大宣传，改进学校工作，争取多方面支持，争取社会及家长的认同，助力"零起点"教学工作落到实处。

（二）定期座谈、访谈

学校定期召开教师座谈会，了解学生学习基础、学习习惯等情况，了解教师关于"零起点"教学情况，确保各学科在一年级教学中，都严格按照国家课程标准设置教学目标，按照上级教育行政部门和小学教研部门下发的教学进度，规范地组织教学。各科教学都要符合国家课程标准及教材的要求，不随意提高教学难度，不随意加快教学进度。在教学过程中，教师对所有的学生一视同仁，在了解每个学生学习基础的前提下因材施教，设置其"最近发展区"，采取多种措施开展教学活动，做到既面向全体学生又照顾个别差异。

学校定期进行学生访谈，随机选取部分一年级学生进行对话交流，了解一年级学生的语文、数学、英语等知识是不是零起点。了解学生学习进度、作业布置及学校适应情况，了解教师是否存在随意提高教学难度、加快教学进度的行为，了解教师是否存在对"零起点"学生有言语和行为的歧视现象，了解教师布置的作业能否在校内完成，有没有家庭书面作业等。

# "双减"背景下的作业管理

减轻学生过重的作业负担是"双减"工作的主要内容之一,重点在作业统筹,关键在作业落实。如何做好作业管理是学校有效落实"双减"工作的重中之重。依据中共中央办公厅、国务院办公厅《关于进一步减轻义务教育阶段学生作业负担和校外培训负担的意见》、北京市教育委员会《关于进一步减轻义务教育阶段学生作业负担和校外培训负担的措施》《通州区中小学作业管理工作方案》等文件精神,我校进一步规范作业管理,切实抓好作业布置、批改、反馈统筹,制定了《通州区官园小学作业管理办法》,建立学校、教研组、班主任、任课教师四级作业总量调控机制,完善四个环节的作业统筹,严格控制学生作业量,全面提高作业质量,减轻学生作业负担,促进学生全面健康成长。

## 一、教师自我规范

（一）规范作业布置行为

任课教师加强作业的自我管理,提高各科作业的统筹和整体设计布置能力。按照市、区教委要求及学校规定,严控作业总量。一二年级不布置书面作业,可在校内适当安排巩固练习,其他年级每天书面作业时间不超过60分钟,作业必须在课内布置,利用自习课及课后服务时间实现大部分作业都能在校内完成,做到各学科书面作业基本不出校。高年级课外作业以实践类、动手类为主。建立班级作业公示制度,做到"人人可见"。学校为各班统一配置了磁卡"作业公示栏",张贴在黑板一角,由班主任负责,各学科教师做好每天作业量的调节,每节课下课前,任课教师及时公示当日班级作业。坚决禁止教师在网上或利用手机通过微信、短信等方式给家长布置作业,学生离校后,严禁通过任何方式再布置作业。

（二）提升作业设计能力

教师要提高自主设计作业能力。任课教师要根据学段、学科特点及学生实际需要和完成能力，精选作业内容，控制作业难度。布置分层作业、弹性作业和个性化作业，切实避免机械、无效训练，严禁不加选择地布置机械重复性、惩罚性作业。坚决抵制大量重复和机械化的背诵默写，坚决禁止不切实际的作业。任课教师要基于学科课程标准及其他有关课程指导意见，科学设计符合新时代育人要求、体现学校特点、适合学生实际的作业，提高作业的针对性和实效性。

（三）认真及时批阅作业

教师要科学分析学情，对学生每天的作业及寒暑假作业要落实并及时批改，全批全改，不得有误批、漏批，批改的作业要全讲、全反馈。教师批阅作业采用等级制，采取灵活多样的方式对学生作业进行激励性评价。引导学生对作业中的错误及时改正，教师要及时复批，查漏补缺。

（四）切实开展答疑辅导

教师要针对学生作业中出现的错误做好详细记录，做好耐心、细致的辅导。教师对完成作业确有困难的、存在问题的学生，要及时提供帮助、解答，对学困生作业尽量做到面批面改，以切实提高辅导实效，帮助学生更好地完成学习任务。教师要认真分析学情，做好课后答疑辅导。市、区骨干教师和教研组长主要承担全校跨年级的答疑辅导任务，并计入考核。学校将"骨干教师、教研组长、经验丰富教师答疑辅导安排表"张贴在校门口公示，每天安排多位不同学科教师轮流值班，学生可以按照安排找相关教师答疑，也可以随时到各科教师办公室答疑。

每位教师每天对照相关制度，检查自己所有作业的布置、批改、反馈是否规范，是否符合上级要求，是否落实了"双减"目标。

## 二、班级常规协调

班主任老师对本班学生作业要在总量控制上起到统筹、协调作用。班主任每天了解本班所有学科作业的布置情况，若发现有重复性、机械性作业及作业超量现象时，要及时与任课教师沟通，合理控制学生的综合作业量。班主任通过"作业公示栏"、班级任课教师工作群等渠道实现作业预警机制，对班级作业总量进行实时监管。实施学生作业缓写制度。为落实五项管理要求，保证学生充足的睡眠时间，落实教育部关于学生就寝时间要求，若个别学生经努力仍完不成书面作业，学生和家长都可以跟班主任提出作业缓写申请，学生应按时就寝，确保充足的睡眠时间。班主任针对学生及家长反馈的问题，及时和任课教师沟通，妥善处理本班作业中出现的问题。

### 三、教研诊断互促

（一）建立研究小组

学校建立以各年级组长为组长、学科教师为组员的作业统筹领导和研究小组。年级组长负总责，各学科备课组长提前协商每周年级作业总量，控制作业总量和难度，开展作业研究，真正做到作业总量可控，每天作业均衡，作业注重实效。

（二）开展作业研究

学校发挥作业诊断、巩固、学情分析等功能，将作业设计纳入教研体系，系统设计符合学生年龄特点和学习规律、体现素质教育导向、涵盖德智体美劳全面育人的基础性作业，鼓励布置分层、弹性、个性化作业，科学设计探究性作业和实践性作业，探索跨学科综合性作业。

年级组长加强作业设计指导，对本组作业进行布置、批改、反馈等统筹管理，组员间针对作业情况，经常开展交流活动，取长补短。学校经常开展针对学生作业的随机教研，及时发现作业中存在的问题，加强沟通，及时补漏，教研组整体推进，共同提高。

（三）重视探究实践

学校开展探究类、动手实践类和基于网络调查的项目式作业研究，进一步激发学生的学习兴趣，促进学生开阔视野。例如：针对疫情防控工作，我们开展了"抗疫我先行"主题实践作业活动。科学学科引导学生探究"什么是冠状病毒"，加深对防疫工作的认识；数学学科组织学生将全国新冠肺炎确诊病例、疑似病例、治愈出院人数等制作成统计图，引发学生对防疫工作的实时关注与理性分析；劳动技术学科教学生学会日常如何正确消毒，开展《防疫健康小知识》推广；音乐学科引导学生自编防疫小童谣，在学生中传唱；语文学科组织学生制作专题手抄报，赞颂白衣天使，致敬抗疫英雄；美术学科引导学生用彩笔描绘自己心中的"最美逆行者"；英语学科组织学生用英文给其他深陷疫情影响的世界各国小朋友写慰问信，宣传防疫知识，鼓励他们坚定信心、共同战"疫"；道德与法治学科引导学生搜集疫情期间中国对外援助的具体资料，"青山一道，风雨同担"，学生在整理资料数据中感悟全球战"疫"中传递的中国力量及大国担当。多学科协同开展主题研究，既促进了学科整合，又引发了学生对疫情防控工作的全方位思考。

## 四、学校统筹管理

### （一）落实管理职责

学校加强作业全过程管理，每学期初对学生作业作出规划，合理确定各学科作业的比例结构。建立行政干部下沉管理，教研组长统筹协调的管理机制。建立作业公示制度，实施作业预警机制。

### （二）纳入常规考核

制定《学科作业统筹管理办法》，将作业统筹管理纳入教师常规工作考核，学校采取日常抽查、定期检查、座谈调研等多种方式，检查教师作业统筹工作落实情况。学校加强日常作业监控，对不同年级、不同学科作业进行随机抽查，召开教师座谈会、学生座谈会，了解实际情况。学期末，学校进行整体集中作业普查。检查学生作业量及教师检查、批阅作业及反馈情况。通过听课、查阅备课笔记、学生作业等，开展作业负担调查、作业有效性调查、作业落实反馈调查，检查日常作业实际情况、教师教学情况及学生学习情况。召开总结会，及时表扬优点，若发现问题应及时与教研组长、班主任及任课教师沟通，减轻学生的过重负担，加强学校作业管理力度。

## 五、重视家校协同

学校及时与家长沟通，保障学生的身心健康。不给家长布置作业。严禁教师给家长布置或变相布置作业，严禁要求家长检查批改作业，不得下发答案由学生自行批改作业。引导家长树立正确的教育观念，切实履行家庭教育主体责任，营造良好的家庭育人氛围，合理安排孩子课余生活，与学校形成协同育人合力。督促孩子回家后主动完成学校布置的作业，养成自主完成作业、自主管理作业的习惯。引导孩子从事力所能及的家务劳动，激励孩子坚持进行感兴趣的体育锻炼、社会实践、阅读和文艺活动等。引导孩子合理使用电子产品和网络，保护视力健康，防止网络沉迷。家长要积极与孩子沟通，关注孩子心理健康，帮助其养成良好的学习生活习惯。

作业减负不简简单单就是一个减量的问题，提升作业质量是核心。加强并优化作业管理，必将为学生综合素质的提升、可持续发展打下坚实的基础。我们将加强作业研究，力争使作业体现三维目标，激发学生的学习兴趣，既达到使学生温故知新的目的，又要培养学生的创新精神和实践能力。

# 携手同行　协同发展

在通州成为北京城市副中心、正在创建国际化新城的大背景下，如何尽快提升通州基础教育的办学水平成为我们每一所学校面临的课题。当我们正在为如何进一步深入开展教育教学改革，如何迅速提升学校办学水平而冥思苦想之际，市、区教委适时地为我们牵线搭桥，实施"通州与城区学校手拉手对接项目"，我们能与北京第一实验小学这一百年老校手拉手，深感荣幸也倍加珍惜。我们借手拉手活动的契机，尽快提升学校的教育教学质量，提升整体的办学水平。

## 一、建立多种交流机制

（一）校长交流制度

学校建立一把手负责的对口交流学习领导小组，把手拉手工作列入学校工作计划，并由校长负责监督实施，保证活动效果。两校成立由校长任组长，班子成员共同组成的交流活动领导小组。开学初，双方就交流学习的方向、内容、形式及时间做出具体安排。官园小学黄玉钢校长、第一实验小学的韩校长、郭书记等也带领学校班子成员多次深入我校研讨手拉手项目落地工作。

（二）干部教师交流制度

校级和中层干部、教研组长及优秀教师代表，分别走进两校，进行参观访问，以教师的业务交流为重点开展座谈交流活动。

（三）部门互访制度

适时互访，及时分享两校办学经验，实现共同提高。为促进教师队伍专业发展，提升学校管理水平，实现共同发展的目标，促进"手拉手合作办学"项目的深化、落实。学校全体领导班子成员来到北京市第一实验小学进行合作办学交流研讨。座谈中，校长介绍了官园小学的办学规模，以及学校在北京城市副中心背景下教育的优势与发展需求。北京第一实验小学校长介绍了学校的百年发展历史，详尽地解读了学校"生活教人、文化育人"的办学理念。

在座谈之后，我们参观了校园环境，这让我们深刻感受到第一实验小学深厚的百年文化底蕴。最后，两校领导针对手拉手合作办学工作方案进行深入研讨，双方就今后教育教学交流、学科教研、教学管理、校本科研等方面的具体工作进行了协商，并签署了协议，达成了共识。

## 二、开展多种活动

### （一）系列培训活动

我们以合作为契机，以"打造一流教师队伍"为目标，借助手拉手合作项目，助力学校发展。学校规划了"高站位新起点心手相牵提升副中心办学品质——北京市通州区官园小学与北京第一实验小学手拉手项目基础教育质量提升"系列培训活动，分别开展了全体教师培训、班主任及青年教师培训、教研组长及骨干教师培训等活动。

第一实验小学市级骨干教师毕然校长所做的《构建语文学科课程体系，全面提升学生语文素养》的报告让老师们对语文统编教材有了全方位的认识。马静老师主讲的《大手牵小手，在"亲子"系列活动中共读、共写、共成长》，让我们体会到如何将语文教学与班主任工作融合，创建独具特色的班级文化。主管德育工作的广外分校车海英校长的《谈教育的时时处处人人》报告让老师们体会到时时处处是育人之时，甄珍主任所做的《做现代班主任，从班级文化建设开始》的报告，让老师们体会到真知、真爱才能育真人。听了第一实验小学各位名师的专题讲座，老师们深有感触。大家纷纷表示要向这些老师一样，认认真真地抓好日常工作，静得下心来，沉得下气去，耐得住寂寞，经得住挫折。一位老师参加培训时现场写成了一首小诗表达自己的感受，"每次提升培训的感觉都是自主的体验，每天努力多一点，让幸福将自己充满。书读多了能通神，修己安人才能更擅渡舟船。高站位，新起点，心相连，手互牵，同舟共济再向前！"通过各种形式的手拉手培训，全体教师在教育理念、师德修养、业务素质、课堂教学水平等方面得到全面提高。

### （二）课堂教学研究活动

开展提高课堂教学实效的有效策略的研究。通过专题研讨、主题论坛、教育沙龙、网上交流等形式有效开展交流活动。

结合我校赵影老师参加区"秋实杯"课堂教学评优活动，上学期我们连续两次与第一实验小学开展了语文教学设计主题讲座及课例研讨活动。毕然校长亲自指导备课，两校之间多次互访，多次研磨教学设计，第一实验小学还真诚无私地向我们开放了专家资源，例如全国著名语文特级教师乔亚梦老师在第一实验小学的引荐下多次深入我校现场指导、点评，为我校青年教师现场指导课堂教学，开展备课专题讲座，让我们受益匪浅。在毕校长和乔老师的引领下，我们的语文课堂更加注重唤醒学生的学习自信，唤醒学生的阅读积累，唤醒学生整个的生命体验。最终，我们以优异的成绩获得了区"秋实杯"奖。

（三）教学改革交流活动

针对教学改革热点，开展专题交流活动，提高教师科研水平。第一实验小学还向我们捐赠了颜凤岭校长及各学科骨干教师出版的几百本教育教学专著，以此供干部教师们日常学习实践。我们带领教师走进第一实验小学，走进重大特色活动的现场，把握最前沿的教育改革方向。

加强课程建设交流。学校就学科课程建设、校本课程开发、课题研究等问题组织教师学习交流，以此扩大交流的范围，提高交流的质量。例如：我们组织各学科教师现场观摩了在第一实验小学举行的西城区第十八届"金秋杯"开放周活动。我校数学青年教师观摩了沈宁老师做的《扇形统计图》的课堂教学展示课，聆听了市基教研中心小学数学教研室贾福录主任的精彩点评。我校语文老师观摩了市基教研中心语文教研室张立军主任的现场课及专题讲座，观摩后，我们组织相关学科教师讨论，老师们一致认为，第一实验小学的教学展示活动无论是课堂教学还是说课都很好地诠释了"坚持全面育人，培养关键能力，关注实际获得"的活动主题，并值得我们深入地学习和借鉴。

（四）德育经验分享

更新教育理念和班主任管理理念，就如何在新型师生关系、家校关系下进行常规班级管理等问题开展研讨。我校组织教师参加第一实验小学的"德育课程化特色节"活动，以提高德育工作水平。我校德育部门组织学生观看了第一实验小学《王爷爷讲少先队》的演出，欣赏了第一实验小学的新年音乐会等。丰富多彩的活动，让我们全校师生耳目一新。

（五）实现共同发展

任何事物都不是单向的，共同发展才是目的。暑期我们组织官园小学和第一实验小学部分骨干教师、教研组长，共同参加了基础教育论坛杂志社在昆明举办的"变与不变：统编教材视野下的作文教学——'行知研习'第六届全国小语名家·写作教学种子教师深度研习营"培训和"'行知研习'2019暑期小学数学'问题解决'教学深度研习营"培训活动。在这一周的培训时间里，我们同吃、同住、同学、同研。培训班的学习，为两校教师带来的不仅仅是思想上的震撼，更多的是行之有效的教育教学经验的分享，是对教育工作的深刻理解与感悟，是对今后工作的规划与设想。

### 三、实现资源共享

扩大学习范围，实现资源共享。开放教育资源库，实现两校教师业务交流的全面化和常态化。我校借助第一实验小学名校的教育资源，将更多优质的专家资源引进学校，开展专题讲座，以此更新教师教育观念，促进整体办学质量的提升。例如：我们组织全体教师在网上观看了第一实验小学北京市语文学科带头人毕然校长主讲的《浅水洼里的小鱼》，组织数学教师观看了杜雪菲老师主讲的《乘法的初步认识》、史冬梅老师的《用字母表示数》，组织体育老师观看了《原地多种姿势拍球》等课例。资源共享给我们的日常教学管理带来了悄然的变化，我们的课堂教学越来越重视做到"四多"。即基础目标达成多，有效思维时间多，情感内化质变多，习得学习方法多。面向全体学生，确保基础，分层提高。

依据共享的评价资源，我们加强了学校教学质量的情况分析，抓好日常教学质量。我校坚持以训练为主，提高训练质量。反馈性训练讲究及时，探索性训练讲究实用，综合性训练讲究提高，模拟性训练讲究前瞻。注重形成性检测分析，重视对各单元重难点进行分类梳理；开展好综合复习，注重归类复习，组内、校内资源共享。例如：上学期，第一实验小学和我校开展了语文、数学、英语等学科单元、综合练习等学科评价资源的共享。针对第一实验小学提供的学科评价资料，我们开展了主题校本教研活动。主要安排是：首先各学科教师研读教材，把握好各学科教学及质量提升方向。接着组织所有语、数、英教师在规定时间内像学生一样把第一实验小学提供的本学科试卷认真做答后，再组织学生分学科检测，然后语、数、英组长带领本组教师对照检测试卷分学科汇总，归纳检测中的主要优势及存在问题，然后逐题开展分析，找出今后教学研究及改进的方向，并将质量提升要求及研究方向落实到日常每一节课的教学中。我们还把学生日常练习中发现的各种问题编制成各学科《易错题集》，这也避免了重复性错误，提高了课堂教学效率。

资源共享促进了我们对试卷讲评方式的研究，我们在讲评中学习。在试卷讲评课中老师们越来越重视体现"三有"：有重点，有方法，有收获。具体要求如下：进行全面客观分析，针对错误进行评讲，摆出问题让学生探究，提供模拟训练，引导学生反馈与总结。针对重点问题进行基本训练和扩展训练。通过评价资源的共享，拓宽了我校教师的学科视野，促进教师更深入地钻研教材，有效地体现出手拉手交流活动的真实意义。

## 四、反思实践提升

我们深知，市教委倾力打造的手拉手项目绝对不是让我们简单地复制和拿来主义，更多的应该是办学理念和方法上的启迪和感悟，是引发我们对自身问题的思考。要实现学校的发展，关键还是在学习中自省，在反思中实践提升。在手拉手过程中，我们有目的地开展了下列活动：

（一）养成评课习惯

在教师去第一实验小学听课前，我们进行了听评课的培训。教师听评课按下面三步进行：

1.课前要有一定的准备工作

尤其是同年级、同学科的课，这节课授课教师准备上什么内容，我们要提前研读教材，了解教材编写的意图是什么，是怎样编写的，有没有难点、疑点；同时设想，假如让我教这节课，我准备怎样上，在听课时进行对比思考。

2.听课中要认真观察和记录

教师听课要高度集中注意力，不仅要听，还要看，要仔细捕捉讲课者的语言和表情，记下每个教学环节和教学方法。边听边观察思考。既要看教，又要看学。看教者对教材的钻研，重点的处理，难点的突破，教法、学法的设计，教学基本功的展示。看学生的学，要看学生的课堂表现，看学习参与的情绪，学习的习惯。

3.听课后要思考和整理

教师听课后从三方面反思：假如我是学生，从学生的角度看一节课，是否符合学生实际，是否促进了学生主动发展；假如我是执教者，这节课该怎么讲；假如我是教育专家，跳出课堂，品评课堂，是否体现了新理念、新思想、新方法。反思后教师写出"听评课反思一得"，学校汇编成《课堂教学反思录集锦》，以此吸收他人有益的经验，改进自己的教学。

4.吸收借鉴

听课后咀嚼回味，有些可以照搬模仿，有些可以改进，有些提供借鉴。只有这样我们才能真正做到取长补短，达到听课的目的。

（二）经典回眸活动

在现场听课后，我们组织了"经典回眸"评课活动。听课教师分享听课后留给自己印象最深的一个环节或一个瞬间进行评析。对经典的回眸，有利于新的教育理念在教师日常教学中的吸收与借鉴。

（三）对比分析活动

我们充分利用创先泰克网络资源，开展对比分析找差距活动，活动安排是：教师先自己独立备课，再看手拉手学校相同内容优秀教学录像或观摩现场教学，然后评名师课与自己所备课的异同，对比分析找出差距，最后补充修改自己的教案、学案。教师通过与高品质课堂对比，和名师同行，迅速提升了自己的课堂教学能力。我们力争在寻找差距中渐有所悟，在不断反思与改进中更上一层楼，在学习与研究中，品味教育，享受教育，让我校的课堂、学生、教师同样精彩。

## 五、成效初步显现

两年的手拉手项目无论在理念上还是实践上都给我们带来了很多很多。在这两年中，我们也取得了一些成绩。在课程建设上，我们的校本课程多次获北京市课程建设成果一等奖。体育老师郑甜，代表全区参加北京市体育教学设计、课堂教学评优荣获一等奖，被推荐代表全市参加全国体育评优课，再次荣获了全国评优课一等奖，在全国一等奖的课例中又脱颖而出，荣幸地参加了在四川德阳举办的全国体育优秀课例现场展示。我校王祎等青年教师代表全区参加了北京市数学、英语、品社等学科评优课都获得了一等奖的好成绩。刚毕业一年的康学文老师，本学期又被推荐代表通州区参加北京市课堂教学设计比赛。作为我们区教学的最大赛事——"春华杯""秋实杯"课堂教学竞赛，我们也是连年捧杯。在区质量调研中，我们在全区 79 所学校中，各学科成绩始终都名列前茅。这些成绩是对参赛教师更是对我们学校日常扎实教研，植根于课堂的最大肯定，是手拉手成效的具体体现。

## 六、后续深入合作

后续的许多具体活动还需要我们继续加强与第一实验小学的联系与沟通，

及时调整工作方案，力争最大限度地发挥手拉手项目的作用。作为基层校，我们的需求很多，这一方面说明在教育质量提升的工作中我们还任重道远，另一方面更说明我们热切地期望手拉手名校对我们伸出热情援助之手，让我校教育教学工作尽快适应北京城市副中心的发展需求，这也是我们全校干部教师的一种积极向上的追求和决心。

著名作家刘墉在《攀上心中的巅峰》一书中所写的："你可以一辈子不登山，但你心中一定要有座山；它使你总往高处爬，它使你总有奋斗的方向；它使你任何一刻抬起头，都能看到自己的希望。"感谢市区教委的暖心之举，在质量提升方面给我们提供了这一最强有力的技术支持！在座的市级名校为我们引领了今后的办学方向，"仰望天空的时候，一定可以发现另一个视角！"我们一定将第一实验小学及各位市级名校先进的教育理念应用到我们副中心的教育实践中，一边领悟理念的高点，一边琢磨方法的可行。我们会在现实问题中寻找突破点，在学校固有特点中寻找切入点，在教育发展趋势中寻找挂钩点，不忘本来，吸收外来，面向未来！力争让我们官园小学凭借"日积跬步，以至千里"的精神，同样行走在首都教育改革的最前沿！

"相知无远近，万里尚为邻"。我们有幸和北京第一实验小学一群志同道合的教育人，一起奔跑在寻找教育理想的路上，回头有一路的故事，低头有坚实的脚步，抬头有清晰的远方！致敬同行路，感恩再出发！让我们心手相牵，一路同行，打造出富有官园特色的教育品牌，为学生幸福人生奠基，让优质教育同样在北京城市副中心开花结果！

# 在语言实践中　提高英语听说读写能力

我校有 6 位英语教师，其中 3 位为区级骨干教师。为了提高英语教学质量，我们根据英语学科特点及学生实际，从专题研究入手，加强和改进英语教学管理，以现代教育观念来指导英语教学。现小结如下：

## 一、提高认识　坚持培训

面对英语学科比较枯燥和学生在母语环境中学习英语的种种困难，我校教科研领导小组与任课教师反复研究，明确了英语教学的基本思路：听说领先，认读跟上，寓教于乐，学用结合，培养学生综合运用语言的能力。我校把英语课的研究专题确定为"把英语课上成语言实践课"，制定了具体措施，通过专题研究来突破英语语言环境的限制，让学生多张口，把书本中的死知识变成学生的活语言。

建设一支综合能力强，整体素质高的教师队伍是学校发展的重中之重。学校重视英语教师的培训工作。

（一）以理论培训为纽带，提高教师的理论素养。定期组织教师学习，加强学科课程标准、教材、教学参考书的使用等常规培训，向实践要理念。

（二）加强校本培训，采取校内培训和组内培训相结合的方式，组内骨干教师传帮带，针对一节课、一个专题做深入细致的研究。

（三）加强备课的研究，提高教师的专项素质。抓住关键课、重点课进行研究与教案设计，充分发挥"个人钻研、小组研究、教案共享"的集体备课优势，以专题研讨的形式，相互砥砺，共同提高。

## 二、注重过程　整体提高

（一）立足课堂

积极倡导"新课标，新教材，新课堂"。把学习新课标与实践新课标有机地结合起来。转变教学观念，改进学习方式突出五个重点：即把"备"的重点放在对学生的了解和分析上；把"教"的重点放在学生学习方法、方式的指导上；把"改"的重点放在对学生分层次要求、分类提高上；把"导"的重点放在学生心理、思维的疏导上；把"考"的重点放在学生自学能力和创新能力的培养上。要求每节课都要体现新观念、新思路、新方法。"成功的外语课堂教学应在课内创造出更多的情景，让学生有机会运用自己学到的语言材料。"多年来，我们坚持课堂教学英语化，要求英语教师尽可能地用英语组织教学，为学生渲染一种用英语思维、用英语交际的良好氛围，使学生在英语环境中学习语言、实践语言、体会语言。课堂上，教师对学习内容和周围的情景，用流利的英语进行自然得体的叙述、提问、启发、指导，使学生耳濡目染，受到潜移默化的影响。教师通过展示一条英语谜语或谚语，出示一张富有儿童情趣的图片、投影片，播放一首英文歌曲、一段录像等方式，再配以教师形象的手势、幽默的简笔画，这些不仅为学生创设了和谐愉快的英语学习氛围，而且有利于激发学生的学习兴趣和参与意识，使课堂真正变成语言实践的主阵地。

课堂中丰富的语言实践为学生参加英语词汇大赛奠定了基础。

（二）团结合作

英语组教师朝气蓬勃，在工作中拥有一份热情，一股冲劲和韧劲。教研组是一个团队，一个团队要有凝聚力，就离不开良好的团队精神。我们倡导合作精神，坚持打整体仗。一方面不断强化整个团队分工不分家的团结协作精神，另一方面又不断鼓励大家争优创先，以实现整体优化。

（三）教研相长

教科研的主阵地在课堂。在日常教学中，我们努力做到在教中研，研中教，教研相长。加强集体研究，取长补短，确定重难点，分析问题，找出解决措施。充分发挥骨干教师的引路、示范作用，中青年教师比翼齐飞，从而提高教研组的整体实力。

每学期开展骨干教师"引路课"。活动步骤：①选择课题，集体备课，体现本组的研究专题，体现自己的特色；②分组上"引路课"，教师分组听课；③分组评课、研讨，找出本课的特点、改革的亮点，分析问题，找出解决措施，取长补短，起到引路示范作用。④其他教师从"引路课"中受到启发，分别上"评优课""展示课"。

## 三、讲究方法  加强指导

### （一）激发兴趣

小学英语教学的任务之一就是培养学生稳定而持久的学习兴趣。在英语教学中，动辄让学生死记硬背，会使学生感到枯燥无味，产生厌学情绪。老师们把调动学生学习的积极性放在首位，引发学生对英语的浓厚兴趣，坚持做到：一人一名，一课一歌，一月一故事。"一人一名"，即给每个学生起一个通俗易懂而又别致的英文名字；"一课一歌"即教授脍炙人口的儿童英语歌曲，使学生"曲不离口"；"一月一故事"即教师引导学生用所学单词自编英语故事并表演，提高英语的使用率，培养了学生的听说能力。

老师们采取了灵活多样的方法，创设不同的情景，激发学生兴趣，让学生积极、主动、快速、准确地掌握英语单词。老师们制作了学生喜欢的教具，如实物、卡片、挂图等，使抽象的语言变得形象直观，给学生提供想象和创新的空间，增强学生对英语单词的理解和记忆。我们努力追求那种"课伊始，趣已生；课正行，趣正浓；课已毕，趣犹存"的英语课堂教学特色，使学生乐学、爱学，提高学习效率。

### （二）加强指导

1. 分层训练。学校加强了对英语课堂听、说、读、写训练的指导。听：重点进行语言模仿，增强听音辨词的能力。说：师生对话、生生对话，巩固操练旧知识，人人过关，不留死角，扩大词汇量，培养独立拼词能力。读：采用教师范读、带读、师生互读、分角色读的方法，训练正确朗读。根据"一情一景"，提供一篇与课文难度相当的短文供学生阅读，读后给关键词，引导学生看图复述、努力体现"句—段—篇"的立体式阅读教学，培养英语阅读能力。写：培养学生正确、整齐地用斜体行书在四线三格上书写的习惯，重点单词、句子都在课上掌握，当堂作业当堂完成。通过"听、说、读、写"训练，促使学生做到"听其音能写其形，见其形能读其音。"

2. 探索方法。"授人以鱼，不如授人以渔"，教师们总结出各种教学方法，促使学生主动探索。如老师们探索出的单词记忆方法有：

（1）直观记忆。例如，在教学水果名称时，教师把水果带进教室，让学生在感知这些实物的基础上记忆单词，学生记得很快。

（2）音、形、义相结合记忆。如：按字母的发音规律去记忆单词，效率高，不易遗忘。

（3）类比、对比法记忆。把两种及两种以上相近或相关的事物放在一起加以比较、鉴别、区分，从而更快、更牢固、更正确地记住单词。

（4）联想式记忆。联想就是由此及彼、由一事物想到另一事物的心理过程。通过联想，在学习新知识的同时，又巩固了旧知识。

（5）集中记忆。分两类，一类是把发音相同的字母组合的词放在一起，先教字母组合的发音，再教单词，使学生学有规律。另一类是同音异型词，这类词，不仅发音完全相同，并且外形相近，把它们放在一起辅导，学生对拼写上的细微差别能区分清楚。

另外，老师们还采用了谐音记忆、结合例句记忆等方法，收到了良好的效果。很多学生能够做到见词能读，提笔能写，张口能说，听能听懂。

## 四、大胆改革　实践创新

（一）改革学习方式

我们在英语课上，采取教师个别辅导、学生任意结合小组的合作学习方式，构建师生互动、生生互动的英语合作教学模式。例如：老师在教1—10这10个数词时，首先课件出示一条小鱼游过来，甩着尾巴吐出一个个大泡泡，英文出示1、2、3……又出示10朵红花，教师用英语一个一个数，自问自答，接着拿出十根铅笔，师生一起数，然后拿出10顶小黄帽，学生自己练习用英语数。在学生对数词有了初步印象后，再引导学生正着数、倒着数、跳着数，开展小组接词竞赛。最后教师鼓励学生创新，小组合作，学生有的说房间号、公共汽车号、电话号码、邮编等，有的编唱《数字歌》等歌曲，还有的大胆创新，一人扮演老师，随意出十以内加法题，学生们都争先恐后地用英语问答，课堂气氛十分活跃。通过"说一说、评一评、演一演、唱一唱"等活动，强化听说训练，变教师的"一言堂"为师生共同参与的"群言堂"，增加了学生语言实践的力度。

为了优化"识记—操练—应用"这一过程，我们坚持每节课前或课后五分钟为学生自由谈话时间，学生自由结合、即兴问答、英汉互译、展示讨论等，在自荐的基础上，择优在班内表演，既锻炼了听说，又培养了实践能力。

（二）拓展延伸

学校设立英语课外小组，使课堂知识得到拓展延伸。结合本校的读书特色，每学期有计划地选购适合学生特点的英语读物，满足学生的英语学习需要。每年的读书节、"六一"儿童节都有学生自编自导的英语节目，为学生营造一个生活化的语言环境，给学生一个开放的英语学习的空间，激活学生的思维和创造能力。

为了进一步加强英语教学管理，我们将英语课推向社会，搞开放课，召开家长座谈会，征求意见，不断改进英语教学工作。

我们最深刻的体会是：想学是动力，乐学是前提，会学是关键。成功地学，学得轻松，学得愉快是我们的奋斗目标。

# 校本资源中心建设与应用

## 一、校本资源中心的建设目标

在信息技术高速发展的今天，依靠技术与教学的整合，很多教学改革中的难点被一一突破。例如教师引导下的学生自学、个别化教学、合作学习、研究性学习这样原本实现起来较为困难的教学方式，在信息技术环境下可以得到很好的支持，既不失传统教学优势，又不增加教师工作负担。因此，在信息技术支持下，这种实现培养学生自学能力和因材施教个别化教学的新教学式研究成为课程改革的一个重要发展趋势。

我校在几年的基础教育教学资源开发和新课程教学研究的基础上，经过多年的研究和实践，提出了"校本资源中心"的全新解决方案和建设目标：

（一）支持新课程资源的全面整合

"新课程资源整合"是指通过先进的软件开发技术和理念，探索一种科学合理的教学资源管理与服务模式，充分整合自有资源、引进资源和日常生成的资源，并形成资源"自我健壮，持续发展"机制，为教学提供丰富的数字资源服务和教学应用服务。

"新课程资源整合"主要内容是以学科《课程标准》以及课程教材为线索，建立区域新课程资源保障体系以及课程资源保护、开发及共享应用机制，从全区出发充分调动所有教师参与的，支撑本地化需求的动态校本资源中心，提高教学资源利用效率，从根本上解决新课程教学和教师专业发展过程中的课程资源共享问题。

（二）支持开展资源共享的教学实践活动

我校支持教师全面、有效地共享和应用"校本资源中心"的数字化教学资源，全方位优化课前、课中、课后等日常教学行为，支持课程教学的全面应用，为全面、具体落实新课标教学要求，提升学校教学水平提供可操作手段。

（三）支持教学创新模式探索与研究

"校本资源中心"建设的目的是为了开展"教学创新应用"。所以，"校本资源中心"的建设必须考虑实现"班班通堂堂用"，支持开展"网络学案教学""分层学案教学""人机互动反馈教学"等新课程网络互动教学实践。引导教师学会如何利用课程资源和网络教学支撑平台优化日常教学，针对课前、课中、课后等环节大胆探索新课程强调的"自主、合作、探究"教学活动和过程，提高教师专业化发展能力。

## 二、建设与应用现状及取得的成绩

（一）加大投入力度，加快现代教育技术硬件、软件建设

1. 近几年，我校的硬件设备已逐步趋于完善。教学资源库也已存有大量的教育教学资源，如鹏博士、各学科课例、同步教材、优秀教案、备课系统、课件集、百科知识、科学探索、教师信息技术培训电子教材等等。我们对学校校园网进行了更新，新安装了信息化教育平台，为教师教学、培训、设计、制作数学教学资源包及应用网络提供了良好的平台和丰富的资源。

2. 成立资源库建设领导小组，人员配备有干部2人，负责制度制定和规划、管理、协调、检查等工作；网管2人，负责资源服务器和资源管理系统软件维护、进行资料的电子化转换、使用人员的培训以及资源审核等工作；资源录入15人，负责对资源库按一定规则进行分类、编码、上传、从网上搜索和下载更新的信息资源等工作。

3. 建设NBC教育资源系统平台。它包含资源建设、用户服务及资源收集与整理等功能，以实现网络资源的规范搜集、分类、组织和调控等程序化整理。我校用2年左右时间，初步建成涵盖整套学科教材的、适合本校教师应用的教学资源库，课堂教学课例资源库和部门形成性文件资源库。

（二）初步建立了基于网络环境下的小学数学校本化资源库

我们根据教育部《基础教育教学资源元数据规范》进行设计，按小学学科知识要点进行分类构建，初步建立了"基于网络环境下的小学校本化资源库"。

1. 数学素材库

数学素材是教师在进行教学设计过程中能被直接引用的基本材料，以图片和文本方式呈现的栏目设置有：

（1）基础知识：各种数学概念、定理、公式等。

（2）数学史话：介绍与各种数学知识相关的渊源、由来和数学背景。

（3）数学故事：介绍古今中外的数学故事、名人轶事、趣事。

（4）数学童话：以童话的形式再现数学知识，并配以漫画。

（5）生活数学：与各知识要点内容密切相关的现代社会的工业、农业、商业。

（6）数学课件：完整的或按知识点制作的电脑 CAI 课件、网络课件、电子教案。

2. 专家库

教育专家或教师的优秀说课、教学设计、数学教案、教学过程、教学方法、教学思想、研究成果等集中起来，为教师教学提供借鉴。

3. 基本题库

包括基本题、变式题、综合题、思考题、能力测试、项目研究等综合性实验内容和综合性、思考性较强的数学奥林匹克课外讲座资料。

4. 日常教学问题库

精选教师遇到、发现、产生的问题和困惑及其反思。

（三）基于网络环境下的小学校本化资源库的应用

应用是本课题的最终目的，通过本课题的研究，不断积累第一手材料，总结经验。实验教师通过建设数学教育资源库——应用（发现问题）——优化资源库——再应用，循环往复、不断提升。

我们采用教学网站形式作为资源用户的前端应用环境，后台则采用数据库对资源存储进行管理。以教学资源为核心，按照小学知识单元和知识点以及教师使用习惯设定不同的栏目及资源内容；在此基础上还提供基于资源的教学应用工具，使资源使用更符合教师和学生的思维、使用习惯，并为我校数学资源库的推广奠定基础。

1. 校本化资源库的建设与应用，提高了教师计算机应用水平，优化了课堂教学结构。

教师的现代信息技术意识和操作能力大大增强。通过培训和研究行动实践，教师们普遍提高了对现代信息技术的认识。他们从实践中体会到：与传统的教学方法、手段相比，适当地应用事先经过精心挑选的教学资源，确实具有强大的优势。他们都认为，现代信息技术教育是我国教育改革和发展的必然趋势，是推行素质教育、改革课堂教学、优化教学过程、实施优质教育、培养造就 21 世纪经济社会发展的新型人才的迫切需要。目前，部分教师的信息技术素质有较大提高，技术操作能力大大增强，教学观念也大有转变。

2. 校本化资源库的建设与应用，提高了教师专业素质，教师在成就了学生的同时也成就了自我。

在这一研究课题中，教师拓宽了获取信息的渠道，增强了团队合作精神。教师过去查阅资料、获取素材，都是各自需要什么就查什么，没有把资料系统整理，用完后就丢弃掉了。如今教师可以把收集到的资料整理成资源包后提交到资源库，形成系统，有利于后来者使用。资源库的丰富性、方便性，让教师们深深感到开放与合作的重要意义，感到与同仁的合作和交流是促进自己更快成长的有效途径。

### 三、研究中出现的困惑和有待解决的问题：

（一）教学资源库还不完善。目前，教师的负担非常重，如何在现有条件下迅速提高教师的信息技术素养，增强他们的总结、反思、归纳能力，还有待积极探讨。

（二）要把单个的以 word 格式为主的教学资源包上传到网上，使其具有交互性、超文本特性和网络特性，这也是目前亟需解决的问题。

（三）如何顺应新课改的要求，利用各种教学资源创造学生自主学习环境，使教学适合大多数学生的要求，为不同个体的发展创造条件，这也有待我们下一阶段进行重点研究。

（四）我们在完成这一课题研究之后，将继续研究探索教学资源应用平台的建设，使之成为更高级的智能化教学辅助系统。

# 培养青年教师示范岗

通过"培养青年教师示范岗"的创建，促进青年教师不断成长，促进课堂教学水平的不断提高，从而带动全校教学工作水平的整体提升。

## 一、开展教学活动　提高青年教师素质

（一）加强培训促学习提高

学校有计划地开展各种学习活动。组织教师学习学科课程标准及课改有关文件，学习方式采取教师集体学习、小组学习、个人自学相结合的形式，坚持教学工作理念先行，引导青年教师做到"四点"，即：多学一点，多用一点，多总结一点，多提高一点，博采他山之石，使青年教师跟上时代的足音，并自觉地将理论、方法运用到工作实践中，做到精勤不已，厚积薄发。各种教学刊物、全国评优课录像、课改讲座录像等音像资料已成为教师在校园网上经常浏览的资源。通过集体学习、小组学习、个人自学相结合的培训方式，使"三维目标""多维评价"等课改理念深深地植根于教师的教学思想中。青年教师们也努力实践，用自己的教育行为解读课改精神。

（二）教学沙龙促交流沟通

学校提供交流平台，开展互动式研讨，加强教师之间在新课程实施中的专业切磋、协调、合作，共享经验，探讨问题，互相学习，彼此支持，共同成长。教学沙龙活动中，老师们对课改中出现的问题各抒己见，经常出现为一个问题，大家争论得面红耳赤，研究气氛浓，研讨效果好，这种学术思想的交流、思维火花的碰撞促进了教师间的了解与沟通。青年教师走上了大教研的舞台，实现了教师之间的资源共享。

## 二、坚持实践练兵　引导青年教师创新

（一）开展集体备课活动

1.提出备课要求

提出六备：①备教材生成的价值。②备教学资源的开发。③备教学过程的构建。例如："情境—活动—体验""问题—讨论—总结""选择—自悟—交流"等等。④备学习方式的选择。⑤备师生问题的生成。⑥备教学活动的开展。

2.组织集体备课

围绕"课堂教学设计"，各组每周组织一次集体备课，要求把握好每一课的教学目标，围绕目标的制定与达成，进行下列研究：①明确一个目标——由整体到个体。这个目标应该是先设定整体的目标，即单元的目标，因此在集体备课之前，教师必须通览教材，对本单元的教学内容有一个总体把握。在此基础上再设定具体某一课的教学目标。②提出一些问题——由具体到概括。这些问题可以是具体的问题，如关于情境创设的，或是关于某一个教学设计问题的，或是关于某一个练习题的，或是关于学习方式方法的等等。在此基础上，概括出一些共性的问题，共同研究解决策略。③研究一些策略——由理论到实践。问题提出以后，针对一些重点的、有针对性的问题，全组成员共同商议，寻找最佳的解决策略。这些策略不能仅局限在理论层面，更要注重解决实际问题，突破教学重点或难点。④交流一些体会——由教训到经验；交流每个人教学中的一些体会，可能是成功的经验，也可能是失败的教训。⑤共享一些资源——由信息到课例。根据实际情况，选择有价值的信息，充实到自己的教案中，运用到自己的教学中，实现资源共享。

（二）优化课堂教学活动

上好三类课，以此来推动课堂及教学改革，促进教师队伍整体素质的提高。三类课是：青年教师教学过关课、教学改革大赛课、教学改革观摩课示范课，注重参与过程的提高。做到全体教师抓过关，青年教师上水平，骨干教师出特色。发挥骨干教师的示范作用，开展各年级各学科引路课，以点带面，一片云推动另一片云，一棵树晃动另一棵树，互相促进，引领教师在教学实践中获得专业化发展。

立足课堂实践。我们要求课堂教学牢记"三忌"，达到"三无"。"三忌"即忌满，教学是师生双边活动，给学生留出思考的时间、空间；忌灌，课堂不能成为教师一言堂；忌演，将课堂教学夯实，体现真实性。"三无"即教无定法，教无止境，教无不教。

### 三、开展群众科研　加强实践反思

开展小专题研究。我们坚持以教研为中心，要求各组教师精心备好每一节课，在指导思想上突出学生的主体地位，在教学结构上突出新模式，在教学内容上突出重点、难点，在教学设计上突出探究、实践能力的训练，在教学方法上突出启发式、小组合作讨论式、自我发现式、质疑答辩式；在学法指导上，突出搭桥铺路，激活思维；在教学手段上，突出现代教育技术的应用。学校要求教师进行创造性教学，通过各种方法引导学生由"学会"到"会学"，给学生提供自主探索的机会，运用挖掘式、引申式、联想式、发散式等方法，对教材进行加工处理，创造性地组织教学活动，培养学生自主探究的能力。

# 国学教育与三级课程整合彰显学校读书特色的探索

著名国学专家、央视百家讲坛名家论坛嘉宾、四川师范大学李里教授说"国学,中华民族固有之学问也。"国学是中华民族优秀传统文化的核心价值体系,中华民族因为自己博大精深的文化而存续!当今世界,中国传统文化更显示出其独特魅力和非凡价值,世界各地争相修建孔子学院,纷纷从中国传统文化中寻找智慧的源泉。作为学校,合理开发和利用传统文化资源,担当起传承国学经典的重任更责无旁贷。欧阳修说"立身以立学为先,立学以读书为本。"书籍是人类知识的总结,通过读一本好书,让学生得以明净如水,开阔视野,丰富人生。朱熹诗云:"半亩方塘一鉴开,天光云影共徘徊。问渠那得清如许,为有源头活水来。"一个人读书的过程,就是传承文化、培植精神、润泽心灵的过程。读书活动是新课程标准实施下学校教学的延续和补充,我校办学特色就是"深化读书活动,创建书香校园"。二十一世纪是中国的世纪,在经济全球化时代,世界各地争相修建孔子学院,纷纷从中国传统文化中寻找智慧的源泉。作为炎黄子孙,我们更应当尊重自己民族的传统文化,合理开发和利用传统文化这个重要资源。学校要创造条件,营造一种学习传统文化的氛围。国学是传统文化当中重要的组成部分,我们有义务宣传国学,开展国学教育。同样,国学经典也为我校读书活动开辟了新的途径。课程整合是指将两种、两种以上的学科,融入课程整体中去,改变课程内容和结构,变革整个课程体系,创立综合性课程文化。新课程改革试行国家、地方和学校三级课程管理,国家课程在育人目标的统一性和基础性方面具有优势,地方和学校课程则在尊重具体的学校、社区环境和师生的独特性和差异性方面起着重要作用。校本课程是学校自主研发的,具有本土化特性,反映学校传统和办学特色,体现学校教育资源,满足学生个性化需要的学校课程。从三级课程的实施角度看,只有树立了课程的校本化意识,三级课程管理制度的理念才能真正落在实处,新课程的校本化实施也为我校将国学教育与三级课程整合,彰显学校读书特色提供了可能。

我校确立了将国学教育与三级课程整合，深化读书活动，彰显学校办学特色的工作思路，即：将国学教育与国家课程整合，体现读书特色；将国学教育与地方课程整合，凸显读书特色；将国学教育与校本课程整合，深化读书特色。通过国学教育修身励志，通过国学教育培养人格情趣，通过国学教育促进学生博学益智，通过国学教育提升学生的综合素养。我们坚持不断研究，不断探索，不断完善。

## 一、将国学教育与国家课程整合，体现读书特色

国学教育跨越德育、智育、美育等范畴，将国学教育融于国家课程教学之中，更能使二者相得益彰。

（一）国学教育与学科整合相结合

随着基础教育课程教材改革的不断深入，整合思想引起了人们越来越多的关注。不同学科之间进行融合，能够超越不同知识体系，形成1加1大于2的效果。读书所具备的整体性、实践性、开放性、生成性等特性为教师在教学实践中进行课程整合提供了平台和广阔的空间，将国学教育与多学科教学内容进行整合又为我校读书活动的开展提供了丰富多彩的课程形式。

读书无定法，贵在得法。在国学教育实施过程中，我们深深体会到校内外结合是缺一不可的。因此，选择结合方法、上好结合课则成为我们实施国学教育与学科课程整合的重要内容。首先，我们在探索结合的方法上做文章，从提高学生阅读能力这个基本素质入手，采用文科突破，以点带面的方法，进行适时、适量、适度的课内外结合，强化巩固课本知识，补充课内知识的不足，帮助学生将知识进行迁移、延展、贯通。在这一思路的指导下，语文教师根据课文内容和教材编排特点及教学要求进行适时、适度的指导，初步总结出课前、课中、课后三结合的操作要求，课前结合主要是创设一个广阔的信息背景，为新知识教学做好铺垫；课中结合主要是课堂教学的补充和提高，有利于突出教学重点，突破教学难点；课后结合成为课堂教学的巩固和延伸。三种结合方式的综合运用能够达到补充、深化、巩固、延伸课内知识，提高学生听、说、读、写能力的目的。其次，我们在抓好结合课上下功夫。结合课的具体方式是：学一篇重点课文带几篇课外国学读物，抓住结合点，以课内带课外，以课外促课内，形成良性循环。结合课做到五落实，即：时间落实、读物落实、辅导落实、笔记落实（三至六年级会写三种类型笔记：

摘抄型、提纲型和感想型）、活动落实。这样得法于课内，收益于课外。例如：在教学语文《论语》一课时，课前结合时，要求学生查找关于孔子的生平简介等相关资料；课中介绍《论语》的作者和编著年代，参阅古今对《论语》的注释，适当补充有关论语的小故事等；课后，让学生搜集《论语》的其他相关内容，如：关于如何做人、关于学习的态度、关于学习的方法、关于君子人格的塑造等方面《论语》中的阐述，查找喜欢的《论语》中的名言，如："学而时习之，不亦说乎？有朋自远方来，不亦乐乎？人不知而不愠，不亦君子乎？""君子食无求饱，居无求安，敏于事而慎于言，就有道而正焉，可谓好学也已。""温故而知新，可以为师矣。""学而不思则罔，思而不学则殆。"等。

教师在各学科课程中都要结合学科特点融入国学教育的内容。适当向学生推荐传统经典范文、诗词，促使学生博览国学经典。

此外，我们还将国学教育与音乐、美术、信息技术、品德与生活、品德与社会、科学、数学等多学科整合在一起，如：在音乐教学中融入中国古典音乐欣赏；在美术教学中注意体现民族特点，充分发扬我国民族、民间优秀的艺术传统；在写字教学中，把国学知识和书法结合在一起，写书法，学国学，使原本枯燥的书法学习变得有滋有味；在品德与生活教学中，《弟子规》更是配合进行有效教学的必备教材。

（二）国学教育与综合实践活动相结合

在国学教育过程中，我们始终坚持面向学生的生活世界，超越课本知识学习的局限，引导学生从生活、社会现实中提出问题，制定活动主题，并深入自然情景、社会背景或社会活动领域，开展探究、体验、实验等学习活动，形成对自然、对社会、对自我的整体认识，发展良好的情感、态度和价值观。学校定期开展国学教育集体实践活动，开展国学教育专题讲座，观看国学大师讲座录像，拜读经典国学作品，开展国学论坛等形式让更多的学生走近国学，了解国学，提高国学素养。学校还围绕"忠、孝、礼、仪、廉、耻"等主题开展系列国学教育实践活动，传承中华传统美德。比如，结合五年级品德与社会的《丰富多彩的民族节日》内容，我们开展了系列综合实践活动。我们通过组织学生查找中国传统民俗知识，阅读有关五十六个民族资料，和家长一起过节日，收集民间俗语，创办民族文化知识手抄小报、展示民俗中的儒家文化等活动，密切了学生与社会的联系，收到了很好的教学效果。

可见，在国家课程的实施中，将国学教育与生活实践、社会实践相结合，拓展了学生的学习空间，提高了他们的综合素养。

## 二、将国学教育与地方课程整合，凸显读书特色

如果说国家课程的价值在于共性的话，地方课程体现了地域文化特点，更符合本区域学生的发展特点及自身要求，在利用地方课程资源、反映地域特点、增强课程的适应性等方面，都具有重要的价值。通州是一座历史文化名城，在这块古老的土地上，向来是文脉蔚然、古韵萦绕。千年底蕴，形成通州特有的运河历史地域文化，而这些也是我们开展国学教育不可多得的宝贵资源。我区地方课程中，有很多内容是结合本区地域特点而编写的，我们抓住这些特点，开展国学教育读书活动，凸显学校的读书特色。

例如，在学习地方课程《家乡的河流》内容时，以"走进运河"为题，我们开展了特色国学教育读书活动。著名学者张友茂先生认为："一条运河，可以写一部文化史，可写一部外交史，可写一部诗史，还可写一部文物史。"历史上的京杭大运河文化注重文化意识形态，以雅为主，融入了儒家、道家和释家的思想，成为独具特色的一种文化模式。我们引导学生课下阅读《运河书库》的文章，观看电视剧《漕运码头》，组织参观燃灯塔、三教庙、运河文化广场、八里桥等重要人文古迹、历史景观，感受运河文化的深厚底蕴。接着组织学生查找三方面资料：第一，地理类。大运河的地理位置、流经地区、运河风光、京杭大运河历史与时代变迁、旅游资源、治理与保护等；第二，名人类。学习以大思想家李卓吾为代表的名人文化；第三，民俗类。以花会、庙会、旱船、高跷等为代表的民俗文化等。教师引导学生从运河文化的历史意义及如何弘扬运河文化等方面，提出问题，确定研究主题，分组进行研究，制定本组的《大运河申遗国学提案》。学生情绪高涨，积极投入到调查、分析、筛选、整理资料，填写调查报告中，并写下自己的体会。然后，以小组为单位，分别展示研究成果，互相观摩，共享收获。接着开展研究成果介绍活动，每组完成介绍后，同学们以头脑风暴的形式对该组进行提问，以考察每一组的研究深度，并为以后进一步开展研究打下基础。最后是活动之后的思考，同学们提出"运河文化是我国古代劳动人民的辛勤与智慧的杰作，我们这一代还能创造这样的伟大奇迹吗？"这样有深度的问题，在学生的心中树立起弘扬运河传统文化的远大志向。研究结束后，老师把辞赋名家金学孟的《大运河颂》送给学

生："时兴盛，今日憧憬；南水北行，但祈速成。取钱塘之一瓢，弥京津之波兴；启鸣笛之南下，载棉绒之锦梦。辉兮，煌兮，复我兴盛！煌兮，辉兮，还我春梦！"

### 三、将国学教育与校本课程整合，深化读书特色

文化是一个民族的标志和灵魂，让国学教育走进校园，走进课堂，才能真正寻找到中华民族的精神家园。所以，我们把国学教育引入课堂，纳入课程体系中，作为学校校本课的主要内容，每周有专门的课时，确保时间落实。有专门的老师为学生讲授《弟子规》《三字经》《千字文》《论语》《中国古典诗词欣赏》等我国传统启蒙教育课程，力图以国学教育校本课程的开展进一步深化办学特色，张扬学生个性，激活潜能，促进学生的创造品质充分发展，让更多的孩子接受传统文化的熏陶，弘扬民族文化精神。在推进国学教育校本课程的进程中，我们非常注重根据学生的年龄特点，对不同年级、不同层次的学生提出不同要求，既照顾整体，又注重个性，以此激发学生的潜能，促进他们智能的发展，提高学生的人文修养。

（一）注重学以致用，拓宽国学教育途径。

国学经典内涵深厚，其中蕴含的道理对学生一生都会有着不可估量的影响。雅言传承文明，经典润泽人生。我们开展国学教育的目的就是传承国粹，陶冶性情，指导行为，开发智能，提高素养。在诵读国学经典之外，我们还要让学生学会应用，把道德修养和人文素养运用到生活中去。"父母呼，应勿缓，父母命，行勿懒……"《弟子规》教育孩子做人的准则，让孩子从中学到孝顺长辈、诚实守信、仁爱待人、知礼谦逊的美德，从而拥有温文尔雅的气质，起到明理、正行的作用。

（二）注重方法的适切性，增强国学教育的实效性。

为充分调动学生读书的积极性，我校采用的方法有"国学大王教你读国学"的专题广播、国学主题汇报、"精彩两分钟"国学介绍、"猜猜看"国学知识竞赛等。通过读经典、讲故事、观察体验、写国学日记等形式，学生在内心感受到国粹的深刻含义，并付诸行动，促进国学经典诵读与多元智能协调发展。在国学校本课实施过程中，我们创造各种方式鼓励学生参与国学学习的热情，并探索了诵国学、唱国学、演国学、论国学、用国学等多种形式。例如：我们根据学生的年龄特点和心理需求，用流行歌曲的曲调，搭配国学经典诗词

进行传唱，让古典与现代同行，激发兴趣，调动学生学习的积极性，引导学生从追星转移到对祖国传统文化的热切追求，让经典在无声无息之中悄然传播，起到"润物细无声"的作用。

活动的开展，给学生创造了上台展示的机会，使学生对国学产生了浓厚的兴趣。在国学教育的学习过程中，我们不仅要求学生会读书，还要求他们会学习。除了国学教材外，我们号召学生阅读多方面国学书籍，像经类、史类、兵书类等，都可以是学生阅读的内容。在这一过程中，我们提倡，但不做硬性要求，主要是引导学生广泛涉猎，博览群书，这既激发了学生的积极性，又拓展了学生读书的广度和深度。

（三）注重标准的渐进性，调动学生学习国学的积极性。

"学习标准"建立于学习的过程中，我们从知识与能力、过程与方法、情感态度与价值观，这三个维度对学生进行综合评价。我们在学习过程的评价中，以表现性评价为主，用"多棱镜"的目光去审视学生，从多维的角度去评价他们的表现，采用自评、小组评、家长评、教师评等多元化的评价，推动学生可持续发展。

我们注重探索多种评价方式，如：活动评价法，具体操作方法是围绕国学教育开展多种活动，包括"四会"，即国学故事会、名句推荐会、经典欣赏会、国学诵读会等，在活动中评价学生的阅读情况。再如：作品展示法，具体操作方法是定期开展国学读书笔记、国学手抄小报的交流展示，充分利用好图书角、黑板报、学习园地等媒体展示学生们的阅读成果，力争将评价贯穿于国学读书活动的始终。学期末对国学学习中表现突出的学生授予"国学之星""国学小博士"等称号。这些活动，学生可根据自己的读书水平选择性参加，逐步提高。各项国学读书活动的开展，给学生搭建了展示学习国学成果的舞台，培养了读书兴趣，同时学生的口语表达、思维逻辑、归纳概括等能力均得到了全面发展。

国学大师文怀沙说，几千年的中国传统文化就是"精神的氧气"，在三级课程的整体推进过程中，国学教育的开展成为我们更好地落实三级课程的桥梁和纽带，国学经典为我校读书特色的深化提供了终身发展不竭的"源头活水"，促进了三级课程的校本化实施。国学教育、三级课程之间互为补充、相得益彰，共同促进了学校读书特色的深化。今后，我们将继续坚持三级课程的开发、融合，来传承、弘扬国学精神，最大限度地满足学生个体发展的需求，提升学校的办学品位，彰显学校的读书特色。

# 悦读国学经典　　点亮智慧人生

学校围绕"悦读国学经典，点亮智慧人生"的主题，将国学经典融入语文课堂教学，从阅读书目的选择、阅读教学的指导、阅读活动的开展等方面进行研究和实践，让学生在阅读中滋润心灵，培养良好的学习习惯和思维品质，为学生终身学习打下基础。

## 一、研究的目的及意义

阅读是获取知识的基本途径，是学科学习的基础。从一定意义上讲，阅读决定了一个人认识的广度和思维的深度，影响人的生活方式和综合素养，是自主学习、终身学习的关键。

自建校伊始，我校就把"抓读书活动，促全面育人"作为学校的办学特色。历经了三十几年的艰苦探索，学校阅读特色建设大致经历了四个阶段：第一阶段——激发兴趣，让学生喜爱阅读；第二阶段——有效阅读，让学生广泛阅读利于身心发展的书籍；第三阶段——涵养素质，促进全面发展；第四阶段——"悦读"教育，让"悦读"点亮学生的智慧人生。

"悦读"是鼓励学生用快乐的心去阅读经典，是培育心灵重要的、有效的手段，它能滋润学生的心灵，同时培养学生良好的学习习惯和思维品质，适合学生未来发展需要。

为深化学校"悦读"教育特色，深入开展阅读实践研究，学校开展了"国学经典融入小学语文课堂教学的实践与探索"的课题，本课题研究主要有以下目的：

（一）在书目选择方面，学校总结形成一套科学选书和图书推荐的机制，并指导学生学会选择书目。

（二）在阅读教学方面，学校深入研究如何将国学经典融入语文阅读教学，优化语文课堂中的阅读教学，探索多样化的教学方式和评价体系。

（三）在阅读活动方面，学校积极创新活动形式和内容，激发学生阅读兴趣，同时将传统文化、国学经典、品格教育融入其中。

## 二、研究的方法及步骤

（一）研究方法

1. 文献法

学校通过文献资料的搜集、学习、分析和占有，了解国内外关于提升学生阅读鉴赏能力的最新进展和实际状况，掌握相关的先进理论和方法，为阅读研究提供理论支持和方法指导。

2. 问卷调查法

学校针对整体阅读现状进行问卷调查，对学生自身的阅读情况、学校开展阅读的情况有所了解，为后续的研究提供依据和参考。

3. 访谈法

访谈法作为问卷调查法的补充，主要是从阅读教学和具体的课堂教学实践层面入手，对学生和教师进行面对面的访谈，通过访谈法进一步进行调查，以便达到调查结果的全面性和系统性。

4. 行动研究

学校根据国内外先进的教育教学理论，提出提升学生阅读鉴赏能力的理论假设，在实践情景、实践条件保持自然状态的情况下，将理论假设应用于开放的、自主的课堂教学中，对师生的教育行为进行监控，加强案例研究，在一定时间内，将效果资料进行分析比较，探索出正确的教学途径和方法。同时采用经验总结的形式，对事实材料，进行有目的有计划的筛选、分析、积累、总结，并使之上升到一定的理论层次，以便于实验教师的进一步反思，促进有效课堂教学和阅读活动的开展，从而达到提升学生阅读鉴赏能力和教师阅读教学能力的目的。

（二）研究步骤

1. 开展阅读现状调研

学校通过调研问卷和深入访谈的方式对影响学生阅读发展的"生态圈"进行全面扫描，了解并客观地呈现学校的总体阅读建设现状和学生的阅读发展状况，在此基础上充分发挥评价的正确导向作用，推动以学生的阅读能力提升为目的的校园阅读工作的全面开展。

调研主要采用问卷调查的方式，随机抽取学校的部分领导、学生及其家长，分别填写学校问卷、学生问卷和家长问卷，了解学生个人阅读的情况、学校阅读开展的情况、家庭阅读开展的情况。

2.广泛宣传阅读国学经典的重要意义

学校将通过召开全体教师大会、旗下讲话、给家长发放一封信等形式，让教师、学生、家长了解阅读国学经典的重要性和必要性，激发教师、学生、家长的参与热情，营造良好氛围，使教师、学生自觉自愿地参加到课题的研究中来。以学生、家长、教师的和谐互动与共同成长为归宿。

3.成立课题研究小组

教师在继承、弘扬中华民族传统文化教育中起着骨干、主导和示范的作用，是国学教育重要的保障机制。我们清楚地知道，以现阶段我校教师的国学水平是远远不能适应国学教育需要的，"以其昏昏，又怎能使人昭昭呢？"因此，学校首先在教师中广泛开展国学经典诵读、研讨活动，用教师的行为去影响学生、带动学生。在广泛诵读的基础上，学校成立课题研究小组，将有志于进行国学教育研究的教师纳入课题组，负责课题实验方案的制订及其实施。通过采用自主学习、集体培训、交流研讨、专家讲座、外出参观等形式提升课题组教师的国学素养。

4.将国学经典融入语文课堂

我校将国学教育的内容与校本课程有机结合，把校本课程作为对学生进行国学教育的主渠道，在语文阅读课堂教学中融入国学经典，建构国学教育课程体系。在国学经典教学内容的选择上，我们遵循学生身心发展规律和年龄特点，侧重三个维度，即精神层面、文化层面、记忆层面，分年级推进，形成系统，循序渐进。我校根据不同学段学生的活动学习特点和记忆规律特点，坚守"国学教育生活化、愉悦化、故事化"和"经典诵读日常化、持续化、共享化"的实施原则，努力让孩子们在自由中学国学、快乐中诵经典，不断增强教育的生动性和实效性。其主要目的是激发学习兴趣，普及国学知识，促进学生全面发展，培养学生终身受益的素质。

## 三、研究的结论及成果

本课题围绕"悦读国学经典，点亮智慧人生"的主题，在阅读书目选择、阅读教学指导、阅读活动的开展、教师阅读素养提升、家长书架建立等方面进行实践。

（一）指导学生学会选择书目

一本好书可以改变人生轨迹。教师根据学生的年龄特点及兴趣爱好，定期在班内召开好书推荐会，通过《推荐书籍目录》帮助学生选择健康有益的书；同语文课结合，教师根据课文特点进行适时、适度的指导，学一篇课文推荐几篇课外读物供学生选择。教师在课前、课中、课后推荐书目供学生选择阅读：课前推荐，为新知识教学做铺垫，创造一个广阔的信息背景；课中推荐，是课堂教学的补充和深化，有利于突出教学重点，突破教学难点；课后推荐，成为课堂教学的巩固和延伸。学校组织教师编写校本教材，通过《推荐书籍目录》帮助学生选择书目。

（二）指导学生学会读书方法

学校将国学经典融入语文课堂，每周一节阅读课，教给学生阅读方法。每节语文课 3 分钟阅读演讲分享阅读体会。每天上两节 15 分钟的晨读和午诵微课，诵读经典。每晚 30 分钟亲子阅读，养成习惯。

教师针对书籍特点及个人需求，指导学生将精读与浏览相结合、理解性阅读和鉴赏性阅读相结合、读写相结合、读背相结合。

在指导学生精读的方法上，教师总结出"读、画、听、思、议、练"有机结合的方法。"读"：读文章；"画"：画重点词、句，或将字面的意思用形象的图示表示出来；"思"：是独立思考；"议"：小组间、同学间合作讨论，针对问题阐发不同观点，通过同学间的辩论，学生自主获取知识；"练"：在教师指点下有效地进行练习。

此外，教师在指导学生阅读过程中，注意抓好"读前辅导"和"读后深化"两大环节。教师在组织学生阅读前，先向学生简介书的内容、主题思想和时代背景，并且提出问题和要求，引导学生读懂读深；阅读之后，利用晨会、班队会活动时间，组织学生座谈讨论、演讲、写读后感等强化阅读效果，达到"读后深化"的目的。

（三）指导学生学会积累材料

引导学生边读书边积累，阅读后采用不同形式，记录下自己的收获感受。写好三种类型的读书笔记，摘抄型、提纲型和感想型。通过"四会""三赛""两展评"等方式，展示学生积累的成果。"四会"：故事会、读书推荐会、佳作欣赏会、拓宽知识会；"三赛"：朗读背诵好文佳段赛、短文速读赛、读写知识赛；"两展评"：读书笔记展评、优秀文集展评。确保小学阶段课外阅读量达到 145 万字、背诵古今优秀诗文 160 篇（段）任务的落实。学校还积极鼓励学生阅读之后通过写作、思维导图或绘本创作等形式将自己的所思、所悟、所想、所感表达出来。学校每月出版一期《成长》报，发表学生作品，给学生创造展示的舞台，让学生体验到了阅读的成就，培养了阅读的兴趣。

（四）开展读书交流活动

学校通过丰富多彩的读书交流活动，为学生搭建了读书展示的舞台，使学生变死读书为读活书，增加学生读书成就感，从而激发学生读书的原动力。

1. 以班级为单位，开展故事会、班会、书评会、演讲会、朗诵会、作文比赛、阅读知识竞赛、优秀读书笔记展、自编自演课本剧和小品等读书交流活动。

2. 充分利用橱窗、板报、广播、闭路电视、学校网站等途径开展专题读书活动。

3. 在拓展阅读的外延上，学校成立不同层次的诵读社团，从诵读经典古诗词入手，让学生从诵读中体会韵律，品味情趣，领悟人生。

4. 学校每年举行"读书节"大型系列活动，展示读书成果。活动内容包括：定期组织课外阅读知识竞赛、请毕业生或作家到我校作报告、名著欣赏讲座、演讲比赛、课本剧、名著阅读交流、征文比赛、朗诵比赛、文艺演出、设计电子小报和专题网页等。

5. 每年"六一"儿童节学校都颁发"读书大王""读书先进集体"奖项，每学期进行读书手抄小报、读后感、读书摘抄评比。

6. 读书与社会实践大课堂相结合。在读书的同时积极参加社会实践活动。

（五）提升教师阅读素养

爱读书的教师很容易培养出爱读书的学生。学校每年提出教师必读书目和选读书目。必读书目要求每位教师做到精读。选读书目要通读，要求教师写好读书笔记。为了鼓励教师读书，学校向教师读书积极分子赠送专业书籍、为骨干教师订阅教育杂志。

（六）建立家庭书架

学校通过家长会、家长学校等形式，鼓励家长配合学校在家激发学生阅读兴趣，培养学生读书习惯。爱读书的父母很容易带出爱读书的孩子。学校建议家长建立家庭小书架，家长和孩子共同读书，耳濡目染、潜移默化地影响孩子。建议家长花一定的时间，根据推荐的课外阅读书目，与孩子一同选购，参加学校组织的亲子读书活动。

通过本课题的实践探索，我校开展阅读教学、阅读指导、阅读活动的最大收获是为学生终身学习打下了基础。学生可以利用读书习惯的养成、读书能力的提高，在人生的不同阶段，不同的工作环境，不断地提升自己的认识水平、思想水平、能力水平、道德水准，为终身学习打造了一把金钥匙。

读书使学生的知识更丰富，我校已连续多次代表通州区参加市红领巾知识竞赛和儿童情景剧比赛，分获二、三等奖的好成绩。学生在连续4年的"红读"活动中有90多人次获市区征文、摄影、书面知识竞赛等一、二、三等奖，占全区总获奖人数的50%。我校2人获市级"读书小状元"称号，我校少先队被评为北京市读书特色先进单位。

学校连续多次代表通州区参加市红领巾知识竞赛，分获一、二、三等奖的好成绩，连续二十几年荣获红领巾读书活动市级先进单位，近千名学生在各级读书征文等活动中获奖；先后有二十多名学生荣获北京市级读书小状元称号。学校被评为全国艺术教育先进单位。学校连续六届参加北京市课程建设成果评选，读书实践活动校本课程获得三届一等奖，三届二等奖。学校读书经验以章节的形式在《寻求学校德育新定位》一书中刊载。学校连续被评为主题读书活动北京市先进学校，全国示范学校。

"读书足以怡情，足以博采，足以长才"，"抓读书活动，促全面育人"这已成为我们官园小学全校师生的共识。从官园小学毕业的学生，无论是走进了高等学府还是已经在社会的不同岗位上创造创新，他们都会带有官园小学的影子，带着读书的爱好，带着改变人生、改造社会的信仰与信念，在生命中书写一个大大的"人"字!

四、研究的深化及发展

通过本课题的研究与深化，将国学经典阅读与学校办学特色结合起来，把开展中华经典诗文诵读活动，作为增厚学生文化底蕴、建设书香校园、开展语文综合性学习、建设校本课程的一种策略。

"开展悦读教育"是我校的办学特色。学生以往阅读书目主要是以古诗词、美文、名家名篇赏析为主，对于像《弟子规》《三字经》《千字文》《中国古典诗词诵读》《声律启蒙》《中国古典诗词欣赏》等传统蒙学读本和诗歌美育读本涉猎得不多。现在，通过本课题的开展，学校把这些读物中的内容充实到校本教材中，丰富学生阅读内容，对深化我校的读书特色起到推动作用。

通过本课题的开展，让优秀传统文化精髓内化于教师、学生之心、外显于教师、学生之行，通过传统文化的浸润，实现"幼儿养性、蒙童养正、少年养志、成人养德"，培养师生的君子风范，做有传统文化气息的中国人。

同时，学校努力营造积极向上、清新高雅、健康文明的校园文化氛围。通过中华经典文化的诵读，去领略经典的魅力，启迪智慧的火花，去倾听生命的歌唱，感悟人生的真谛，去憧憬理想的德育，养成高尚的德性！中华经典诗文诵读活动使学生受益终身，也必将对学校发展产生多方面的深远的影响。

# 从阅读走向"悦读"

一个人读书的过程，是传承文化、培植精神、润泽心灵的过程。正如刘白羽先生说的那样：书籍为我们展开了一个广阔的世界，一个浩瀚的海洋，一个苍茫的宇宙。朱熹诗云："半亩方塘一鉴开，天光云影共徘徊。问渠那得清如许，为有源头活水来。"

我校办学特色是开展"悦读"教育，就是引导学生用快乐的心去阅读。围绕办学特色，我们开设了"读书实践活动"系列阅读类校本课程。这类课程是国家课程的延续和补充，提供给学生的是终身发展不竭的"源头活水"。正如读书节中孩子们的宣言说的那样"阅读悦生活""阅读阅快乐"，让"悦读"点亮学生的智慧人生。

## 一、课程开发的目的和依据

读书活动在我国古代早已蔚然成风。"读书破万卷，下笔如有神""读书百遍，其义自见"……古代许许多多文人墨客的宝贵经验跃然纸上，流芳百世。时至今日，祖先的经验仍值得我们后人借鉴。"一本好书，一生财富"。读书是人们重要的学习方式，是人生奋斗的航灯。阅读是一扇窗，是一条路，帮助我们通向另外一个客观世界，去获取人类文化的精华。一个人的精神成长史实质上就是一个人的阅读史，而一个民族的精神境界，在很大程度上取决于全民族的阅读水平。阅读可以完善人性，提升修养，拓展人生；阅读可以丰富生活，愉悦身心，静享幸福；阅读可以调节情绪，丰富情感，使我们懂得感激、感动、感恩。让每一个孩子养成良好的读书习惯，并在读书实践中形成一定的人文素养，在孩子的灵魂深处储存一笔精神财富，这应是学校教育的一项重要的工作目标。现在知识更新越来越快，单纯靠教科书已远不能适应时代的发展。人类获取知识80%靠阅读，仅靠课内的阅读是远远不够的。扩大课外阅读量势在必行，阅读能力的高低已成为影响一个国家和民族未来的直接因素之一。

课程改革的形势要求我们要培养一批会动手、动脑，有实际操作技能、敢于创新的新型人才。读书实践活动是新课程标准实施下学校教学的延续和补充，要大面积地提高教育教学质量，就得开拓学生的视野，丰富学生的知识和实践能力。

读书实践活动校本课程的开设就是要坚持"以学生发展为本"，以读书实践为载体，培养学生的创新精神和实践能力，为学生的终身学习和可持续发展打下坚实的精神基础。

### 二、课程的主要特点

我们以学生发展为目标，开发读书实践活动课程。在学习内容的选择上，坚持知识性、实践性、趣味性、实用性相结合。读书实践活动课主要包括两大类。第一类：阅读内容，扩大学生的阅读量，包括儿歌、古诗、散文、故事、国学经典等。我们已经编印的系列读本包括《爱读》《乐读》《美读》《赏读》《品读》《享读》等。第二类：读书方法，包括阅读技能的培养、读写结合训练、读书实践活动等。

各年级段阅读的内容各有侧重：低年级以儿歌、童话故事为主，激发阅读兴趣，使学生产生阅读愿望，让学生喜爱阅读；中年级以古诗、名人故事、经典佳段为主，丰富学生语言，让学生学会欣赏阅读；高年级以哲理性散文、名家名篇为主，培养学生主动阅读的习惯，享受阅读。

为了突出实践性，我们丰富了学生的活动方式。从学生能力形成的角度出发，设计了"我参与，我实践"环节，包括读一读，说一说，写一写，找一找，画一画，想一想，填一填，背一背，查一查，做一做，猜一猜，拼一拼，比一比，编一编，试一试，展一展，评一评，演一演等，把听、说、读、写、画、演等学习方式有机结合，将阅读知识融于各种实践活动中，激发阅读兴趣，引导学生自主合作探究学习。

我们根据学生的需求不断调整、补充学习资源，根据任课教师教学实践的反馈，多次修订完善教材，使校本课程更有利于学生发展。

### 三、课程的实施

根据校情特点，读书实践活动课程的实施坚持做到四个结合：

（一）与生活实践、社会实践活动相结合

在推进"读书实践"校本课程过程中，我们始终坚持面向学生的"生活世界"，注重密切学生与生活、学生与社会的联系，超越课本知识学习的局限，引导学生从生活、社会现实中提出问题，围绕人与自然、人与社会、人与文化等方面提出活动主题，并深入自然情景、社会背景或社会活动领域，开展探究、体验、实验等学习活动，形成对自然、对社会、对自我的整体认识，发展良好的情感、态度和价值观。

（二）与学科课程整合相结合

随着课程改革的不断深入，整合思想引起人们越来越多的关注。不同学科之间进行融合，能够超越不同知识体系，形成 1 加 1 大于 2 的效果。

在国家、地方、校本三级课程的整体推进过程中，"读书实践活动"课程的开展成为我们更好地落实三级课程的桥梁和纽带。例如：我们开展的"桑梓情深话运河"系列读书实践活动让学生兴趣盎然。通州是一座历史文化名城，在这块古老的土地上，向来是古韵萦绕、文脉蔚然。千年底蕴，形成通州特有的运河历史地域文化，而这些也是我们开展"读书实践活动"不可多得的宝贵资源。地方课程中也加入了《家乡的河流》等内容，我们结合语文学科教学内容引导学生阅读地方文学《运河书库》的文章，观看电视剧《漕运码头》。接着组织学生查找、阅读三方面资料：第一，地理类，大运河的地理位置、流经地区、运河风光、京杭大运河历史与时代变迁、旅游资源、治理与保护等，期间，结合综合实践课程组织学生参观运河文化广场、燃灯塔、三教庙、八里桥等重要人文古迹、历史景观，通过畅游古运河感受新通州等活动，感受运河文化的深厚底蕴；第二，名人类，学习以大思想家李卓吾先生和从通州区走出去的中国著名乡土文学作家、现代"荷花淀派"代表人物刘绍棠为主的名人文化；第三，民俗类，结合社会学科，考察以花会、庙会、旱船、高跷等为代表的民俗文化等。然后结合研究性学习内容引导学生从运河文化的历史意义及如何弘扬运河文化等方面提出问题，确定研究主题，通过调查、分析、筛选、整理资料，填写调查报告，以小组为单位，记录研究体会，制定《大运河保护提案》，展示研究成果，同学们以头脑风暴的形式对各组进行提问，以考察每一组的研究深度，共享收获，并为以后进一步研究打下基础。最后提出更有价值的问题，开展深入研究，同学们提出"京杭大运河是我国古代劳动人民的辛勤与智慧的杰作，我们这一代还能创造出运河那样的伟大奇迹吗？"这样有深度的问题，在学生的心中树立起弘扬运河文化的远大志向。在研究结束后，老师把辞赋名家金学孟的《大运河颂》送给学生，"取钱塘之一瓢，弥京津之波兴；启鸣笛之南下，载棉绒之锦梦。辉兮，煌兮，复我兴盛！煌兮，辉兮，还我春梦！……"国家、地方、校本课程相融合让课堂留有余味。

（三）与学校办学特色相结合

围绕"悦读"教育办学特色，我们开展了课内外阅读相结合的实践研究。课内外阅读采用文科突破，以点带面的方法，进行适时、适量、适度的课内外结合，强化巩固课本知识，补充课内知识的不足。教师根据课文内容和教材编排特点及教学要求进行适时、适度的指导，初步总结出课前、课中、课后三结合的方法。课前结合，为新知识教学做铺垫，创设一个广阔的信息背景；课中结合，是课堂教学的补充和深化，突出教学重点，突破难点；课后结合，成为课堂教学的巩固和延伸。上好结合课。"结合课"的具体方式是：学一篇重点课文带几篇课外读物；抓住"结合点"，以课内带课外，以课外促课内，得法于课内，收益于课外。

## 四、课程的指导与评价

学生的个性发展是校本课程开发的最终目标。我们力图以读书实践活动的开展进一步深化办学特色，张扬学生个性，激活潜能，促进学生多元智能的充分发展。

（一）注重方法的适切性，增强读书的实效性

为了加强学生读书方法的指导，我们组织编写了《书海识路——读书方法汇编》，注意抓好"读前辅导"和"读后深化"两大环节，在组织学生读书前，先向学生简介书的内容、主题思想和时代背景，提出问题和要求，引导学生走进文本，读懂文本；读书之后，组织座谈讨论、演讲、写读后感等活动，强化读书效果，达到读后深化的目的。

（二）注重标准的渐进性，调动学生读书的积极性

"学习标准"建立于学习的过程中，我们注重学习过程的评价，以"表现性评价"为主，用"多棱镜"的目光审视学生，探索多种评价方式。如：活动评价法，包括"四会""三赛""两评"。"四会"即故事会、读书推荐会、佳作欣赏会、拓宽知识会。"三赛"即朗读背诵好文佳段赛、短文速读赛、读写知识赛等，我们在活动中评价学生的阅读情况。"两评"即读书笔记展评、优秀文集展评。再如作品展示法，我们定期开展读书笔记、优秀文集、手抄小报的交流展示，充分利用好图书角、黑板报、学习园地等媒体

展示学生们的阅读成果，将评价贯穿于读书活动的始终。每学期末我们对全体学生的读书情况进行综合考评，读书特别突出的学生还要被评为"读书之星""读书小博士""读书实践小能手"等。各项读书活动的开展，给学生搭建了展示读书成果的舞台，培养了读书兴趣，同时学生的口语表达、思维逻辑、概括归纳等能力得到了全面发展。

我们学校开展读书活动已经坚持了 35 年。春种一颗幸福的种子，坚持以播种的初心，不断完善自己，努力使自己达到"自强不息，拒绝平庸，超越自我，止于至善"的境界。在学习与研究中，品味教育，享受教育。

忆往昔，我们收获满满，那是激情燃烧的岁月；看今朝，生命如歌，这是清香四溢的硕果；望未来，我们豪情满怀，前程似锦，那是幸福萦绕的憧憬！雄关漫道真如铁，而今迈步从头越。

"花香何及书香远，美味怎比诗味长？"阅读足以怡情，足以博彩，足以长才！我们的期望是：从官园小学毕业的学子，无论是走进了高等学府还是已经在社会的不同岗位上实现人生的意义与社会价值，他们都会带有官园的影子，带着读书的爱好和习惯，带着改变人生、改写命运、改造社会的理想与信念！让"悦读"点亮学生的智慧人生！让读书成为学生一生的实践！

# 创新"悦读"教育 弘扬中华美德

开展实验研究以来，我校课题组结合实际开展了"国学经典融入小学语文课堂教学的实践与探索"的课题研究，积极探索适合学生年龄特点和认知特点的国学经典阅读，促进学生对传统文化的了解、积淀，推进了我校"悦读"教育办学特色的深入，初步达到了预期目标。

## 一、课题简介

（一）立项背景

阅读是获取知识的基本途径，是学科学习的基础。从一定意义上讲，阅读决定了一个人认识的广度和思维的深度，影响人的生活方式和综合素养，是自主学习、终身学习的关键。自建校伊始，我校就把"抓读书活动，促全面育人"作为学校办学特色。历经了三十几年的艰苦探索，学校阅读特色建设大致经历了四个阶段。第一阶段——激发兴趣，让学生喜爱阅读。第二阶段——有效阅读，让学生广泛阅读利于身心发展的书籍。第三阶段——涵养素质，促进全面发展。第四阶段——"悦读"教育，让"悦读"点亮学生的智慧人生。

（二）课题界定

"悦读"是鼓励学生用快乐的心去阅读经典，是培育心灵的重要的、有效的手段，它能滋润学生的心灵，同时培养学生良好的学习习惯和思维品质，适合学生未来发展需要。由"阅读"到"悦读"的飞跃，形成了我校独特的书香校园文化内涵和科学、健康、审美、实用的校园文化建设风格，并将弘扬中华传统美德教育融入其中，倡导"读书为导，育人为本"。

（三）研究目标

学校深化"悦读"教育特色，深入开展阅读实践研究，重在为学生终身发展奠定基础。本课题研究主要有以下四个目标：

1.创设环境，浸润书香。学校秉承"环境育人"理念，通过对校园环境的重新创设，打破惯有的阅读空间，让阅读走出阅览室。使学生时时有书读、处处有书看，书香满校园。

2. 主题引领，培养习惯。学校通过开展经典阅读、群文阅读、整本书阅读和主题实践等不同类型的阅读课程，形成一套完善的阅读课程体系，引领学生学习阅读方法，逐步养成良好的阅读习惯。

3. 创新形式，丰富体验。学校在尊重儿童成长规律的基础上，强调体验式阅读，将听、说、读、写、看、做、演、画、唱、用融入阅读活动中。

4. 培育心灵，以文化人。学校教育学生从护书到爱书、品书、写书、捐书，在阅读的过程中逐步形成了良好的阅读习惯、道德判断和审美雅趣，学会做人做事，培育健全的人格，筑就幸福的童年。

（四）预期成果

我们总结形成一套本校"悦读教育"的理论体系。在阅读环境创设方面，总结形成一套科学选书和图书推荐的机制，以及班级阅读角、图书馆环境创设和日常管理的办法；在阅读教学方面，从主题阅读、整本书阅读、阅读策略入手，深入研究教学策略，优化语文课堂中的阅读教学；在阅读活动方面，积极创新活动形式和内容，激发学生阅读兴趣，同时将传统文化、国学经典、品格教育融入其中；在阅读与德育结合方面，在德育工作中融入阅读活动，在阅读活动中融入德育的内容，从理论和实践层面探索出一条"悦读育德"之路。

## 二、课题研究进展情况

（一）研究理念

全球学生阅读能力进展研究（PIRLS）表明，学生的阅读态度和习惯、学校的阅读环境、家庭的阅读环境都会影响到他们阅读能力的发展水平。对于学生来说，学校是阅读学习的主要场所，学校的环境和资源会决定阅读学习的气氛；老师对学生有最直接的影响，老师的准备工作、指导方式和教材的选用都会对学生的阅读学习效果起到重要的影响作用。同时，伙伴的阅读行为和态度也会影响学生的发展。家庭也是影响学生阅读能力发展的重要一环，家庭环境主要通过"阅读投入"影响学生的阅读能力。

学校通过调研问卷和深入访谈的方式对影响学生阅读发展的"生态圈"进行全面扫描，了解并客观地呈现学校的总体阅读建设现状和学生的阅读发展状况，在此基础上充分发挥评价的正确导向作用，推动以学生的阅读能力提升为目的的校园阅读工作的全面开展。

（二）研究内容

为详细了解学生的阅读现状及主要问题，问卷调查主要从以下 3 个一级维度 8 个二级维度进行：

| 一级维度 | 二级维度 |
|---|---|
| 学生个人阅读的情况 | 学生阅读兴趣 |
| | 学生阅读行为 |
| | 学生阅读能力评价 |
| 学校阅读开展的情况 | 学校硬件环境和图书资源 |
| | 组织管理 |
| 家庭阅读开展的情况 | 家庭硬件环境和图书资源 |
| | 家长阅读态度和行为 |
| | 家长阅读指导能力 |

调研主要采用问卷调查的方式，随机抽取学校的部分领导、学生及其家长，分别填写学校问卷、学生问卷和家长问卷，了解学生个人阅读的情况、学校阅读开展的情况、家庭阅读开展的情况。

参与本次调研的共有 1 位学校主管领导、565 位家长和 645 位学生。参与调研的 565 名家长中，母亲的人数比父亲多，占家长总人数的 72.70%；家长中受教育程度为大学本科的人数居多，占家长总人数的 67.61%。参与调研的 646 名学生中，男生 319 人，占学生总人数的 49.464%，女生 326 人，占学生总人数的 50.54%；本地学生 462 人，占学生总人数的 71.63%，城市学生 585 人，占 90.70%。

与此对应，学校着手在阅读环境的打造、阅读书单的研制、阅读活动的开展、阅读课程与阅读材料的研发等方面，积极开展实践研究，旨在提升学生的阅读兴趣、培养阅读习惯、学会做人做事，培育健全的人格，筑就幸福的童年。

（三）研究活动

围绕"悦读教育"，学校着手在阅读环境的打造、阅读书单的研制、阅读活动的开展、阅读课程与阅读材料的研发等方面，积极开展实践研究活动，具体包括如下四个方面：

1.科学选书，营造阅读氛围

随着信息技术和数字技术深入到生活之中，学生受到游戏、动画片的影响，经常读一些"口袋书"对学生健康成长产生不利影响。同时学生阅读也呈现多元化趋势，手机、电子书、平板电脑已经代替部分纸质书籍成为新的阅读方式。学校根据小学生身心发展特点,并结合《义务教育语文课程标准》,制定了《官园小学阅读方案》,推出了《推荐书籍目录》,列出了必读和选读书目,每月制作"好书推荐"海报,引导学生读适合自己的书籍。学校在图书馆藏书 3 万册的基础上,为每个班级设置了班级书架,组织学生挑选购买了适合阅读和喜爱的健康书籍,充实到书架中供学生阅读。号召家长设立家庭书架,与学生共同阅读。鼓励学生通过电子媒介阅读健康、经典书籍。通过这些形式,大多数学生具有一定的阅读兴趣,能够坚持阅读健康书籍。

2. 培养习惯,学习阅读方法

主题阅读。包括单篇经典阅读、群文阅读、整本书阅读和主题实践等不同类型。学校依据主题阅读编写了《爱读》《乐读》《美读》《赏读》《品读》《享读》校本教材和《书海识路》导读读本。每周一节阅读课,教给学生阅读方法。每节语文课 3 分钟阅读演讲分享阅读体会。每天上两节 15 分钟的晨读和午诵微课,诵读经典。每晚 30 分钟亲子阅读,养成习惯。

涵泳诵读。在阅读实践中,如何进一步拓展阅读的外延,归纳起来主要是诵读、写作、表演和实践。清代曾国藩谈到自己诵读的体会说:"非高声朗读则不能展其雄伟之概,非密咏恬吟则不能探其深远之韵。"学校成立不同层次的诵读社团,从诵读经典古诗词入手,让学生从诵读中体会韵律,品味情趣,领悟人生。

情感表达。这里所说的情感表达主要是指阅读之后通过写作、思维导图或绘本创作等形式将自己的所思、所悟、所想、所感表达出来。学校每月出版一期《成长》报,发表学生作品,给学生创造展示的舞台,让学生体验到了阅读的成就,培养了阅读的兴趣。

3. 体验实践,激发阅读兴趣

阅读表演——戏剧。学生在深入阅读的基础上,运用或编写剧本,自主安排演员、舞台、道具、灯光、音效、服装、化妆以及导演等,进行排练表演。小学生以课本剧为主。

阅读实践——体验。读万卷书,行万里路。学校将社会大课堂、学科综合实践、游学等与阅读有机整合,让学生在学习和体验中提升综合素质。我们将每年四月定为阅读主题月,开展好书漂流、阅读表彰、好书快递、小小演说家、经典诵读、讲故事大赛、美文推选、我行我秀、好书推荐海报评比等多种阅读实践活动。

#### 4.培育心灵，立德树人

北大教授、作家曹文轩说："阅读是美的，阅读是甜的，唯有阅读，人生才如此美好与明亮。"我们教育学生从护书（保护、爱护书籍）开始，到爱书（对读书产生兴趣）、品书（揣摩文章的表达，体悟作者的思想情感）、写书（表达自己的情感，体现读者的审美情趣）、捐书（与他人，尤其是贫困地区的伙伴分享）、演书（创编剧本，通过表演来表达作者的内心世界），在阅读的过程中逐步形成了良好的阅读习惯、道德判断和审美雅趣，能够与自己的心灵对话，培育健全的人格，筑就幸福的童年。

### 三、课题研究阶段性成果

（一）研究目标的达成情况

学校改善了硬件环境，近一年已经从学校阅读环境打造、图书更新、阅读制度、阅读相关电子设备及软件的引进等方面进行推进。通过调研发现，全校学生的阅读兴趣较高，并且大部分学生每天阅读时间能达到30分钟到1小时。

（二）产生的效果及影响

读书活动的开展具有显性的效果，更具有隐性的效果。我校开展读书活动的最大收获是为学生终身学习打下了基础。学生可以利用读书习惯的养成、读书能力的提高，在人生的不同阶段，不同的工作环境，不断地提升自己的认识水平、思想水平、能力水平、道德水准，为终身学习打造了一把金钥匙。

"读书足以怡情，足以博采，足以长才""抓读书活动，促全面育人"这已成为我们官园小学全校师生的共识。从官园小学毕业的学生，无论是走进了高等学府还是已经在社会的不同岗位上实现人生意义与社会价值，他们都会带有官园小学的影子，带着读书的爱好，带着改变人生、改造社会的信仰与信念，用生命书写一个大大的"人"字！

（三）主要研究成果

学校连续多次代表通州区参加市红领巾知识竞赛，分获一、二、三等奖的好成绩，连续二十几年荣获红领巾读书活动市级先进单位，近千名学生在各级读书征文等活动中获奖；先后有二十多名学生荣获北京市级读书小状元称号。学校被评为全国艺术教育先进单位。学校连续六届参加北京市课程建设成果评选，读书实践活动校本课程获得三届一等奖，三届二等奖。学校读书经验以章节的形式在《寻求学校德育新定位》一书中刊载。学校连续被评为主题读书活动北京市先进学校，全国示范学校。

## 四、课题研究疑难问题

在课题研究的过程中，仍有一些亟待解决和突破的问题：

（一）主观问题

1.课题研究还只停留在较为浅显的层次，还只是一些零散的经验，未能建立完整的体系。

2.理论支撑的力度不够，归纳总结的能力不强，课题反思过于单薄，研究的深度、广度不够，对研究过程中的经验难以提升。

（二）客观问题

1.我国阅读教学研究与实践也在探索阶段，相对完善的、成体系的理论和实践研究相对较少。

2.我们在研究中发现，学生家庭存在个体化差异，家长素质参差不齐，在开展家庭阅读指导时，家校之间如何实现有效配合也是一个值得进一步探讨的问题。

## 五、课题研究改进措施

在总结、反思的基础上，下一阶段课题研究工作的设想及安排如下：

（一）加强理论学习，一方面对当前已完成的工作进行梳理和理论提升，另一方面进一步完善"悦读教育"的理论基础，逐步形成一套体系化的"悦读教育"理论框架。"悦读教育"做到围绕"一个目标"——读书育人。紧扣"两条主线"——加强思想道德教育和促进学生的全面发展。坚持"三个基点"——有效性、针对性、和广泛性。

（二）在阅读教学方面，深入研究教学策略，优化语文课堂中的阅读教学，最终形成一套体系化的校本阅读课程。做到"四个结合"，即：读书活动与课堂教学相结合、与校园文化建设相结合、与家庭教育相结合、与社会实践相结合。

（三）在阅读活动方面，继续探索和创新，用好"五种形式"：一读，指导学生有主题的读，提倡学生广泛阅读相关的课外读物；二写，在认真学习读本的基础上，指导学生写读后感，靠学生们自身的体验来感受读书活动的成效；三赛，围绕主题开展演讲比赛、歌咏比赛、知识竞赛、手抄报比赛、好词佳句比赛等；四学，引导学生学习著名科学家、英雄模范人物的先进事迹和精神，立志成才报国；五做，结合社会实践，围绕读书主题，引导学生为他人、为社会、为大自然做贡献。在活动的形式上，既有作家、专家进校园，也有校园读书节、读书日、图书漂流等形式，通过丰富多彩的阅读活动，丰富学生阅读体验，激发学生阅读兴趣。

（四）在阅读与德育结合方面，进一步探索如何更好地在德育工作中融入阅读，从理论和实践层面探索出一条"悦读育德"之路。

# 以读书活动为载体　开发学生多元智能　促进学生和谐发展

学校办学特色是办学理念的具体化，实践使我们深刻体会到，学校办学应百花齐放，各具特色。以质量求生存，以特色促发展，已经成为我们的共识，我校的办学特色是开展"悦读"教育，我们以读书为载体，创建学校文化，开发学生多元智能，促进学生全面发展。

## 一、读书——培养学生良好的道德品质

雨果说："书籍是改造灵魂的工具，是滋补光明的养料。"林语堂也曾说："读书，开茅塞，除鄙见，得新知，增学问，广识见，养性灵"。这些都说明"书"是道德的载体，如果学生没有良好的道德品质，就不会有与众不同的创造，而良好的道德品质的养成又与读书有着密切的因果关系。通过读书开发学生的潜能，促进学生认知内化及道德情感、价值观的日益增进，情感、心灵进入审美的最高境界。

读书的过程就是教育的过程，从书中吸收德的情感，德的营养，德的启迪。为了进一步拓宽学生的学习空间，也为了让学生拥有一个充实有益的课余时间，我们把读书活动从校园延伸到了家庭，大部分家庭建立了家庭小书架。学校开展"亲子共读""我为家长讲故事""和家长同购书、同读书、同办报"等活动。引导学生、家长同读中华传统美德的故事书，同写一篇读书心得体会，同办一期传统美德小报，共同参加社区的环保活动。家长、学生共建文明家庭，争当合格好公民。这些活动得到家长的大力支持，在家庭也掀起读书热，孩子影响父母，父母激励孩子，学生在全方位的读书活动中，思想道德品质得到了提升。

## 二、读书——促进学生多元智能的开发

读书理解是多元而有层次的，结合学生自己阅读体验、感悟的道理并由低级向高级不断渐进的过程。特别是随着学生年龄、阅历、阅读积累、认识水

平的不断提高，理解的更高层次则表现为学生能在新的情境中对所学知识，通过联想、类比、归纳、演绎等思维形式，做出新的推论。学校根据学生的年龄特点，对不同年级、不同层次的学生，提出不同的要求，既照顾整体，又注重个性的发展，这也促进了学生多元智能的开发。为此，我们制定了"读书达标升级条件"，有"合格"、"良好"、"优秀"、"大王"四个等级；开设了"小博士"和"希望星"读书日，促进了学生读书。我们利用每周一节的读书课，由语文教师指导学生阅读。语文教师在加强指导学生阅读过程中，注意抓好"读前辅导"和"读后深化"两大环节：在组织学生阅读前，先向学生简介书的内容、主题思想和时代背景，并且提出问题和要求，引导学生读懂读深；阅读之后，组织学生座谈讨论、演讲、写读后感等强化阅读效果，达到"读后深化"的目的。我们从班级到学校围绕读书还开展了多种活动，如："读书大王教你读好书"的读书专题广播，读书汇报课评优，各班每天的"精彩3分钟"好书介绍、"小博士谈科学""猜猜看"读书知识竞赛等等，充分调动了学生读书的积极性。给学生创造了上台展示的机会，培养了学生的读书兴趣，同时学生的口语表达、概括归纳等综合素质得到提升。与此同时，我们不仅要求学生自己会读书，还要会学习，号召学生阅读多方面书籍，博览群书。科学技术的、文化艺术的、人文社会的、哲学历史的等等，都是学生读书的对象。

### 三、读书——为学生打开连接课内外的窗口

（一）课内外阅读相结合

摸索结合方法。我们从提高学生阅读能力这个基本素质入手，采用文科突破，以点带面的方法，进行适时、适量、适度的课内外结合，强化巩固课本知识，补充课内知识的不足，有利于学生知识的迁移、延展、贯通。我们首先要求语文教师精读全册教材，挑选出各单元中具有代表性课文，找出结合点，确定补充阅读书目。教师根据课文内容和教材编排特点及教学要求进行适时适度的指导，初步总结出课前、课中、课后三结合的方法。课前结合，为新知识教学做铺垫，创造一个广阔的信息背景；课中结合，是课堂教学的补充和深化，有利于突出教学重点，突破教学难点；课后结合，成为课堂教学的巩固和延伸，达到补充、深化、巩固、延伸课内知识，提高学生听、说、读、写能力的目的。

创建"课内外阅读相结合"的语文教学模式。我们结合学校的"悦读"教

育特色，创建了"课内外阅读相结合"特色型的教学模式。课上努力给学生营造一个宽松、和谐、民主、生动、活泼的读书、学习知识、思考问题的氛围，注意培养学生"同中求异"和"异中察同"的能力，引导学生运用知识举一反三，触类旁通，闻一知十。通过读、说、画、演、写、展、评等形式，研究课内外阅读结合的规律，在潜移默化中提高了学生的全面素质。

（二）抓好几个环节

抓选择读物环节。加强读书方法的指导，训练学生合理地选择读物，培养学生正确的读书方法，加强思维方式的训练，在课内外结合中加强学法的研究，师生共同博览群书，体验语言文字的优美及深刻内涵。

抓"读—背—说—写"环节。第一阶段："读"，培养学生正确的读书方法及习惯，教会学生合理地选择读物，训练学生读书技巧。学校在各个年级、班级大面积开展朗读活动的基础上，还召开朗读比赛，展示成果，提高朗读能力。第二阶段："背"，好文佳段的背诵，促进学生理解文章的思想感情，培养学生吸收、积累语言文字的能力。第三阶段："说"，培养学生把读的、背的内容用自己的语言表达出来，提高语言表达能力。每天开设"展示读书成果五分钟"，即老师课前布置读书作业，帮助学生有重点地选定读书范围，如：作文开头、结尾的写法，与课文有关的名著、名家简介等。在"读"的基础上，在"思"的过程中，用"说"表达出来。第四阶段："写"，阅读是写作的基础，写作是阅读的目的。在读、背、说的基础上帮助学生真正理解文章，让学生有感而发，提笔成文。通过四个阶段的培训，使学生真正掌握并灵活运用了视图、语言文学的能力，提高了学生的写作水平。

实践证明：课内外阅读结合为学生打开了更多的认识世界的窗口，拓宽了学生施展各自才能的天地。课内外相互渗透，知识、能力、情感相互迁移，培养了个性，又大大促进了学生素质的提高。

## 四、读书——培养学生创新意识

学会创新，意味着学生要不断探索以便改进自己的读书与学习方式、方法，不断尝试新的阅读体验和阅读风格，不断对那些习以为常、熟视无睹的事务进行再思索，做出新的解释。要求学生进行创新，并不是要学生探索出整个人类所有未知领域的规律，而是希望学生通过自主探究将智慧变成自己的信念和教养，并将其体现于日常的、细微的生活、学习行为之中。例如：阅读文学作品，我们鼓励学生多读多思，勇于发表与作者不同的见解和主张；阅读自然科学书籍，我们引导学生边积累、边实践，发现新问题，进行新探索，获得新知识。为此，我们力争做到：人人是创新实践之人，天天是创新实践之时，处处是创新实践之地。要求人人树立创新志向，训练创新思维，掌握创新技法，培养创新品格。

"读书足以怡情，足以博采，足以长才。"读书活动是源泉工程，我校开展读书活动的最大收获是为学生终身学习打下了基础。学生可以运用爱好读书这柄利器在人生的不同阶段，不同的工作环境中去不断地提升自己的认识水平、思想水平、能力水平、道德水准，这也为学生的终身学习打造了一把金钥匙。从官园小学毕业的学生，无论是走进了高等学府还是已经在社会的不同岗位上实现着人生意义与社会价值，他们都会带有官园小学的影子，带着读书的爱好，带着改变人生、改写命运、改造社会的信仰与信念，用生命书写一个大大的"人"字！

# 注重过程参与　促进学校办学特色水平的提升

在区教委的精心组织领导下，我们学校参加了三届市基础教育课程建设优秀成果的评选，我们把参赛的过程看成是学习提高的过程，以课程建设成果申报为契机，加强校本课程建设，彰显学校特色，促进学校办学特色水平的提升。在三届市课程建设成果评选中，我们两届荣获一等奖，一届荣获二等奖，现将我校组织参加此项活动的几点体会与思考与大家分享。

## 一、认真学习　深入领会文件精神

我们以市课程建设优秀成果评选活动为契机，推动学校课程建设的深入开展，提高学校干部自身的课程领导力。申报的过程是更新观念的过程，是梳理成果的过程，更是反思课程建设中存在问题的过程。

第一次参加市课程建设成果评选时，我们没有经验，开始觉得无从下手，觉得课程建设成果不像写一篇论文或总结那样得心应手。于是我们反复研读市、区评选工作的具体要求，研读《课程类优秀成果评选量化指标体系》，明确参评条件，学习、领会精神实质。

教委邀请市课程中心程舟主任针对成果申报问题开展了专题讲座，程主任的讲座使我们受益良多，至今还言犹在耳"一节课肯定没有一门课有厚度，支撑材料越全越好，附件越清楚越好。"这些成为我们申报成果的重要参考，也为以后进一步梳理成果起到了很好的引领作用。后来我们又几次聆听了程主任的报告，进一步明确了课程建设的方向是支撑学校办学特色，提升学校的办学品位，促进学生个性的发展。

成果申报前，我们又组织安排了讨论，对照通知要求，将本校课程建设中的成果逐一分析，明确我校的主要优势是什么，应该申报哪类成果等。经过仔细分析，我们觉得课程建设资源类主要是校本教材，我们的校本教材当时编写得还不成熟，还未经过专家严格的审核，参评有些盲目。最终我们确定参加课程建设实施类的评选，在实施中我们还是有话可说、有材料可选的。在经过两年的摸索实践后，去年我们又申报了课程建设资源类的成果。

## 二、高度重视　认真对待参评主件

课程建设成果主件是课程研究过程中形成的主要文件材料，是研究者申报的主要研究成果，是评审的主要对象。要具有科学性、严谨性，要有深入研究推广的价值。成果主件的评审标准是：要密切联系实际，注重理念创新，符合课程改革和学生全面发展的素质教育精神，在原有基础上有创新，或在某一问题的研究上有科学的独到见解，成果要具有典型性和借鉴意义，并能够在本地区或全市范围内起到引领、辐射作用。

以上次我们申报的成果为例，成果的主件是我校开设读书实践活动校本课程的阶段性成果——"读书实践活动"校本课程开发方案。主件分为以下几部分：

（一）校本课程开发的目的和依据。我们从四方面阐述：第一方面，全新的课程改革的新形势要求，包括：基础教育如何把学生培养成具有健全的价值观和负责的生活态度；培养学生具有创造意识和能力，具有参与社会实践的能力的要求。第二方面，校本课程是基础教育课程教材改革以来出现的新的课程形式。第三方面，培养学生阅读能力的重要性。第四方面，我校开展读书活动的历史沿革。

（二）校本课程的总体目标。从三方面阐述：推进学生对自然、社会和自我内在联系的整体认识与体验；激发学生读书的兴趣；进一步完善师生的文化知识结构，彰显学校的办学特色。

（三）课程阶段目标。分低、中、高年级各有侧重，分类制定目标。

（四）校本课程的内容。主要包括：阅读方面（儿歌、古诗、散文、故事等）、阅读技能的培养、读写结合、开展读书实践活动等。

（五）课程实施。根据我校校情特点，校本课程的实施坚持做到四个结合，即：与生活实践、社会实践活动相结合；与课程整合相结合；与学校办学特色相结合；与课堂教学相结合。

（六）校本课程的评价。注重学习过程的评价，以"表现性评价"为主，采用自评、小组评、家长评、教师评等多元的评价方式，推动学生可持续地向前发展。探索多种评价方式，如：活动评价法、作品展示法等，将评价贯穿于读书实践活动的始终。

（七）保障措施。包括领导重视、经费保证、更新观念、实践探索、搭建平台等。

本成果是以我校对校本课程直接研究所得的第一手材料为基础，事实材料是报告的主要内容，成果中详细说明了研究内容、各层次目标、研究方法、研究过程及评价方法。评价方案比较具体，评价主体多元，方法多样，适合操作。

同时为了更加清楚地展示，本成果的体例按照科研报告的形式呈现，还设计了主题词、内容摘要等内容，力争使成果更加科学严谨。

### 三、筛选分类　理清各项支撑材料

参评主件固然重要，但是支撑材料也不容忽视。支撑材料即附件，是课题研究过程中的全部纪实材料及主件的佐证材料。支撑材料对主件起到支撑作用，得能说明主件在日常课程建设中的具体实施情况，是证明材料。我们注重日常课程建设成果的积累、收集，使申报成果时有材料可选。

（一）内容丰富。支撑材料力求全面，要做到内容丰富，形式多样。丰富的支撑材料说明本成果是可行的，是经过实践检验的，是被教师和学生广泛认同的，是有实际效果的。

（二）分类仔细。所有支撑材料的安排我们也是分类考虑的，其中有学校材料、教师材料和学生材料。学校材料说明本课程建设情况是在学校有计划、有组织的精心安排下进行的，是学校通盘考虑的结果，说明本课程的开发不是一时心血来潮，有着学校长远的打算，是值得尝试推广的。教师材料体现教师在校本课程操作环节的执行力。学生的表现是课程建设的最终成果，学生材料是课程建设在学生身上的具体显现。

还以《"读书实践活动"校本课程开发方案》为例，为了说明本课程的研究过程及日常落实情况，我们设计了以下支撑性材料，包括：读书实践活动校本课程纲要、系列校本教材、课程评价标准、读书方法汇编—《书海识路》、各学科课内外结合一览表、学科体现读书特色教学设计、读书实践活动课例集锦、教师专题论文、学生好书推荐、学生活动作品、校本课程管理制度、课程专题总结、学校管理经验、校本课程展——经典诗文诵读会、校本课程部分集体获奖情况统计及部分教师、学生获奖证书复印件等十五项相关材料。力求从多个侧面展示出我们初步的研究成果，使成果内容丰富，形式多样，利用支撑材料说明成果的可行性及本课程在日常教学中实施及落实情况。

## 四、重视细节　统一各项材料格式

课程建设成果申报的过程是学校日常课程建设工作的缩影，是学校课程建设成果的展示，是对校本课程建设的深入反思，是学校办学特色水平的彰显。

# 参考文献

1. 钟启泉 . 读懂课堂 [M]. 上海 : 华东师范大学出版社，2015.

2. 李春葵 . 引导思维碰撞激发创新火花 [M]// 富凯宁 . 今日做教师（三）——新时代教师成功的方程式 . 北京 : 北京日报出版社（原同心出版社），2003.

3. 李春葵 . 遵循学生成长规律实施"零起点"教学 [M]// 翟柳英 . 精准落实"双减"构建教育生态 . 北京 : 中国书店出版社，2022.

4. 李春葵 . 规范作业管理落实"双减"目标 [M]// 翟柳英 . 精准落实"双减"构建教育生态 . 北京 : 中国书店出版社，2022.

5. 叶澜 . 一堂好课的标准 [N] 厦门晚报（教育版），2005.12.16.

6. 李春葵 . 开展数字阅读活动丰富校本教研 [J] 中学课程辅导，2011.13.

7. 李春葵 . 开展国学启蒙教育营造良好教育生态 [M]/ 翟柳英 . 生态学视域下的学校教育生态构建 . 北京 : 北京教育出版社，2021.

8. 李春葵 . 依托数字学校项目改革校本教研方式 [J] 基础教育参考，2012.21.

9. 李春葵 . 将国学启蒙教育与三级课程整合的探索与实践 [J] 教育艺术，2019.1

10. 李春葵 . 创新"悦读"教育，弘扬中华美德 [M]// 王嵩涛 . 中华优秀传统文化与现代语文课堂教学实践研究·中期报告 . 北京 : 北京首都师范大学出版社，2019.

11. 李春葵 . 开发阅读课程引领学生从阅读走向"悦读" [J] 小学教学设计，2020. 增刊 .